本书系

国家社会科学基金"十三五"规划2016年度教育学一般课题
"我国高校本科专业设置调整机制研究"(课题批准号：BIA160130)

主要研究成果

中山大学马克思主义理论学科建设丛书

Zhongguo Fenleibie Gaoxiao
Benke Zhuanye
Shezhi Zhuangkuang Yanjiu

中国分类别高校本科专业设置状况研究 （1999—2018）

廖茂忠 著

中国社会科学出版社

图书在版编目（CIP）数据

中国分类别高校本科专业设置状况研究：1999—2018 ／廖茂忠著．
—北京：中国社会科学出版社，2018.9
ISBN 978-7-5203-2979-8

Ⅰ.①中… Ⅱ.①廖… Ⅲ.①高等学校—专业设置—研究—中国—1999-2018　Ⅳ.①G649.28

中国版本图书馆 CIP 数据核字（2018）第 185131 号

出 版 人	赵剑英
责任编辑	赵　丽
责任校对	张依婧
责任印制	王　超

出　　版	中国社会科学出版社
社　　址	北京鼓楼西大街甲 158 号
邮　　编	100720
网　　址	http：//www.csspw.cn
发 行 部	010-84083685
门 市 部	010-84029450
经　　销	新华书店及其他书店

印　　刷	北京明恒达印务有限公司
装　　订	廊坊市广阳区广增装订厂
版　　次	2018 年 9 月第 1 版
印　　次	2018 年 9 月第 1 次印刷

开　　本	710×1000　1/16
印　　张	20
插　　页	2
字　　数	318 千字
定　　价	85.00 元

凡购买中国社会科学出版社图书，如有质量问题请与本社营销中心联系调换
电话：010-84083683
版权所有　侵权必究

目 录

第一章 综合大学本科专业设置发展 ………………………………… (1)
    一 综合大学专业设置基本状况 ………………………………… (1)
    二 综合大学分门类的专业发展 ………………………………… (2)
    三 综合大学分专业类的专业发展 ……………………………… (15)
    四 综合大学专业布点的状况 …………………………………… (21)

第二章 理工院校本科专业设置发展 ………………………………… (31)
    一 理工院校专业设置基本状况 ………………………………… (31)
    二 理工院校分门类的专业发展 ………………………………… (32)
    三 理工院校分专业类的专业发展 ……………………………… (46)
    四 理工院校专业布点的状况 …………………………………… (55)

第三章 农业院校本科专业设置发展 ………………………………… (65)
    一 农业院校专业设置基本状况 ………………………………… (65)
    二 农业院校分门类的专业发展 ………………………………… (66)
    三 农业院校分专业类的专业发展 ……………………………… (78)
    四 农业院校专业布点的状况 …………………………………… (85)

第四章 林业院校本科专业设置发展 ………………………………… (94)
    一 林业院校专业设置基本状况 ………………………………… (94)
    二 林业院校分门类的专业发展 ………………………………… (95)
    三 林业院校分专业类的专业发展 ……………………………… (104)
    四 林业院校专业布点的状况 …………………………………… (110)

第五章　医药院校本科专业设置发展 ………………………………（116）
　一　医药院校专业设置基本状况 ………………………………（116）
　二　医药院校分门类的专业发展 ………………………………（117）
　三　医药院校分专业类的专业发展 ……………………………（128）
　四　医药院校专业布点的状况 …………………………………（135）

第六章　师范院校本科专业设置发展 ………………………………（143）
　一　师范院校专业设置基本状况 ………………………………（143）
　二　师范院校分门类的专业发展 ………………………………（144）
　三　师范院校分专业类的专业发展 ……………………………（157）
　四　师范院校专业布点的状况 …………………………………（163）

第七章　语文院校本科专业设置发展 ………………………………（171）
　一　语文院校专业设置基本状况 ………………………………（171）
　二　语文院校分门类的专业发展 ………………………………（172）
　三　语文院校分专业类的专业发展 ……………………………（182）
　四　语文院校专业布点的状况 …………………………………（188）

第八章　财经院校本科专业设置发展 ………………………………（197）
　一　财经院校专业设置基本状况 ………………………………（197）
　二　财经院校分门类的专业发展 ………………………………（198）
　三　财经院校分专业类的专业发展 ……………………………（209）
　四　财经院校专业布点的状况 …………………………………（215）

第九章　政法院校本科专业设置发展 ………………………………（224）
　一　政法院校专业设置基本状况 ………………………………（224）
　二　政法院校分门类的专业发展 ………………………………（225）
　三　政法院校分专业类的专业发展 ……………………………（233）
　四　政法院校专业布点的状况 …………………………………（238）

第十章　体育院校本科专业设置发展 ……………………………（243）
一　体育院校专业设置基本状况 ……………………………（243）
二　体育院校分门类的专业发展 ……………………………（244）
三　体育院校分专业类的专业发展 …………………………（250）
四　体育院校专业布点的状况 ………………………………（253）

第十一章　艺术院校本科专业设置发展 …………………………（260）
一　艺术院校专业设置基本状况 ……………………………（260）
二　艺术院校分门类的专业发展 ……………………………（261）
三　艺术院校分专业类的专业发展 …………………………（267）
四　艺术院校专业布点的状况 ………………………………（273）

第十二章　民族院校本科专业设置发展 …………………………（281）
一　民族院校专业设置基本状况 ……………………………（281）
二　民族院校分门类的专业发展 ……………………………（282）
三　民族院校分专业类的专业发展 …………………………（294）
四　民族院校专业布点的状况 ………………………………（300）

参考文献 ……………………………………………………………（310）

第一章

综合大学本科专业设置发展

一 综合大学专业设置基本状况

1999—2018 年度，综合大学本科专业布点有很大发展（见图 1.1 和图 1.2）。①

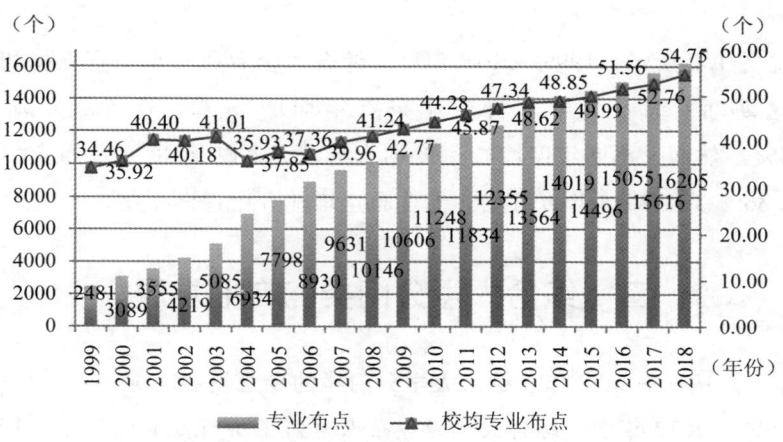

图 1.1 1999—2018 年度综合大学专业布点与校均专业布点

见图 1.1 所示，1999 年度，综合大学本科专业布点 2481 个；2018 年度增加到 16205 个，是 1999 年度专业布的 6.53 倍。2004 年度专业布点增加最多，共增加了 1849 个。1999 年度，综合大学校均本科专

---

① 本书所有数据未包括我国的台湾省、香港特别行政区和澳门特别行政区；本书的"专业"，若无特别说明则特指"本科专业"；本书的"高校"或"学校"，特指"普通高等本科院校"。

业 34.46 个；2018 年度增加到 54.75 个，校均专业设置规模增加 20.29 个。

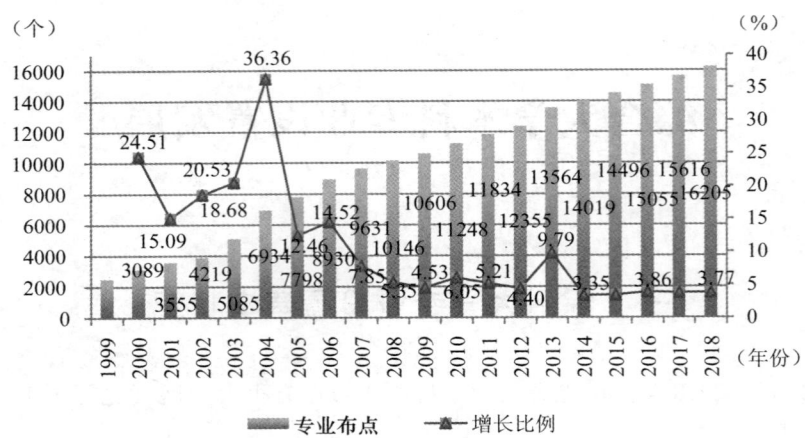

图 1.2　1999—2018 年度综合大学专业布点与专业布点增长趋势

见图 1.2 所示，1999—2018 年度，综合大学专业布点一直保持快速增长。这期间，综合大学本科专业布点年均增长 722.32 个，年增长率 10.38%。然而，不同年度增长速度则有起伏，2004 年度专业布点增幅高达 36.36%。从 2014 年度开始，专业布点增速开始逐渐平缓。

二　综合大学分门类的专业发展

（一）1999—2012 年度综合大学分门类的专业发展状况

1999—2012 年度，综合大学专业布点覆盖了所有专业门类。各门类专业有很大发展，但呈不平衡状态（见图 1.3—图 1.13）。

1. 哲学门类专业的发展

1999 年度，综合大学哲学门类专业布点 33 个；2012 年度增加到 53 个。这期间，哲学门类专业布点增加了 20 个，其占综合大学专业布点比重有所下降。1999 年度，该门类专业布点占综合大学专业布点的 1.33%；2012 年度下降到 0.43%（见图 1.3）。

2. 经济学门类专业的发展

1999 年度，经济学门类专业布点 161 个；2012 年度增加到 516 个。这期间，经济学门类专业布点增加了 355 个，其占综合大学专业布点比重下降较大。1999 年度，该门类专业布点占综合大学专业布点的 6.49%；2012 年度下降到 4.18%（见图 1.4）。

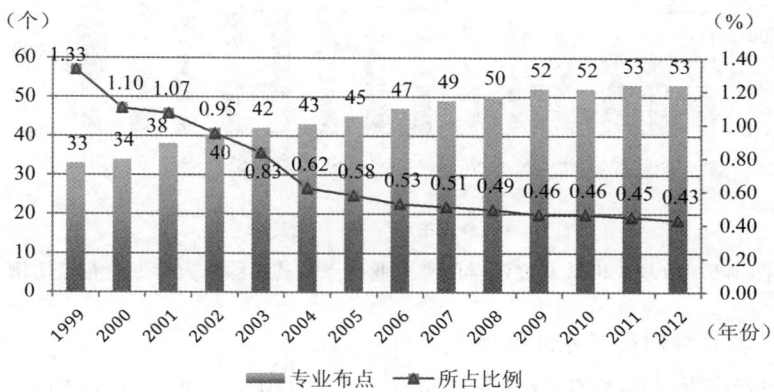

图 1.3　1999—2012 年度哲学门类专业布点及其占综合大学专业布点比例

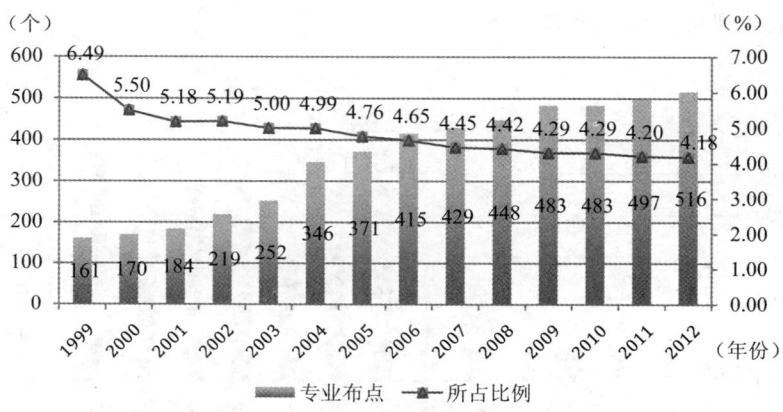

图 1.4　1999—2012 年度经济学门类专业布点及其占综合大学专业布点比例

3. 法学门类专业的发展

1999 年度，法学门类专业布点 138 个；2012 年度增加到 485 个。这期间，法学门类专业布点增加了 347 个，其占综合大学专业布点比重下降较大。1999 年度，该门类专业布点占综合大学专业布点的 5.56%；2012 年度下降到 3.93%（见图 1.5）。

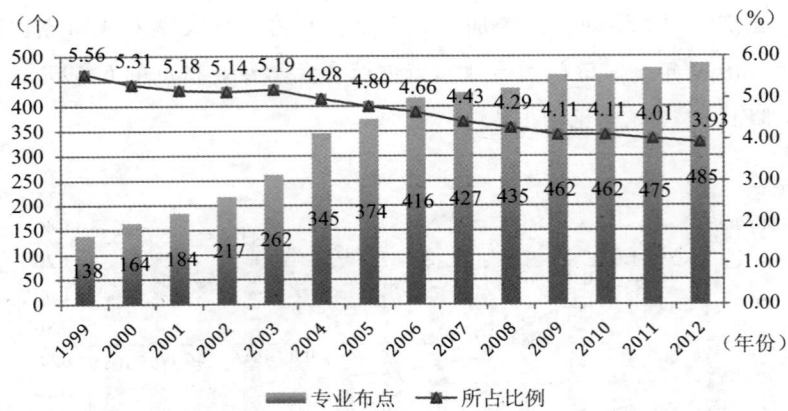

图 1.5　1999—2012 年度法学门类专业布点及其占综合大学专业布点比例

4. 教育学门类专业的发展

1999 年度,教育学门类专业布点 52 个;2012 年度增加到 613 个。这期间,教育学门类专业布点增加了 561 个,其占综合大学专业布点比重有较大提升。1999 年度,该门类专业布点占综合大学专业布点 2.10%;2012 年度上升到 4.96%(见图 1.6)。

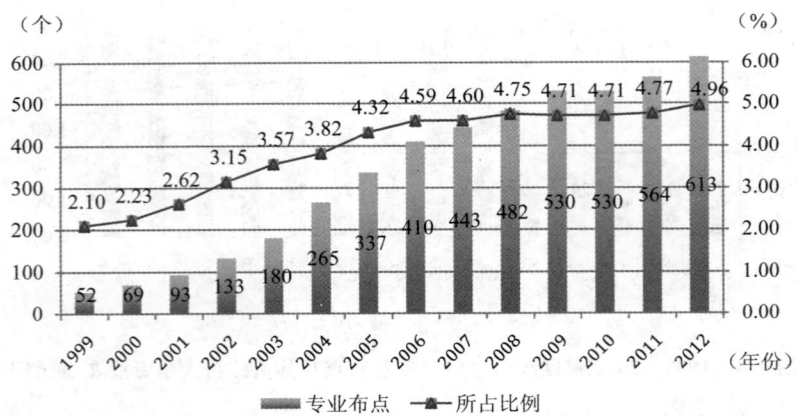

图 1.6　1999—2012 年度教育学门类专业布点及其占综合大学专业布点比例

5. 文学门类专业的发展

1999 年度,文学门类专业布点 420 个;2012 年度增加到 2375 个。这期间,文学门类专业布点增加了 1955 个,其占综合大学专业布点比重有较大提升。1999 年度,该门类专业布点占综合大学专业布点的 16.93%;

2012年度上升到19.22%（见图1.7）。

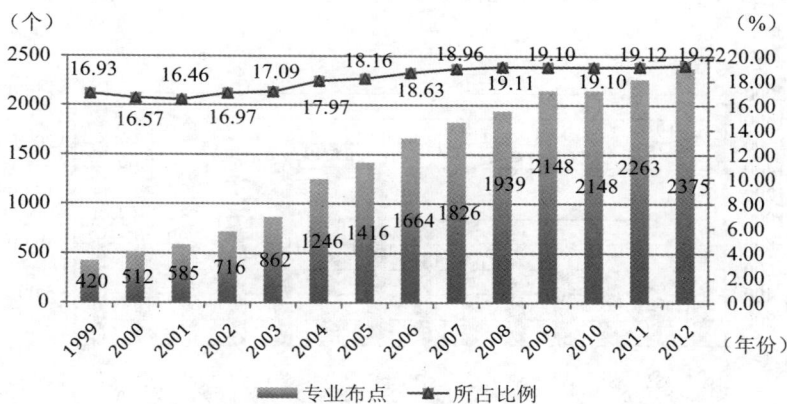

图1.7　1999—2012年度文学门类专业布点及其占综合大学专业布点比例

6. 历史学门类专业的发展

1999年度，历史学门类专业布点71个；2012年度增加到147个。这期间，历史学门类专业布点增加了76个，其占综合大学专业布点比重却逐年下降。1999年度，该门类专业布点占综合大学专业布点的2.86%；2012年度下降到1.19%（见图1.8）。

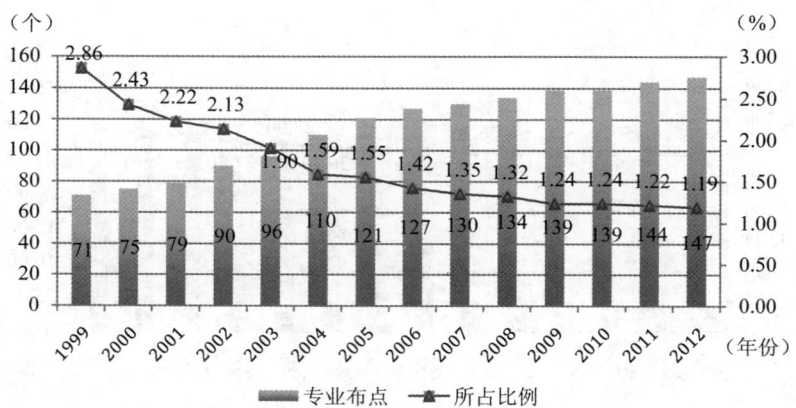

图1.8　1999—2012年度历史学门类专业布点及其占综合大学专业布点比例

7. 理学门类专业的发展

1999年度，理学门类专业布点523个；2012年度增加到1896个。这期间，理学门类专业布点增加了1373个，其占综合大学专业布点比重却大幅下降。1999年度，该门类专业布点占综合大学专业布点的21.08%；2012年度下降到15.35%（见图1.9）。

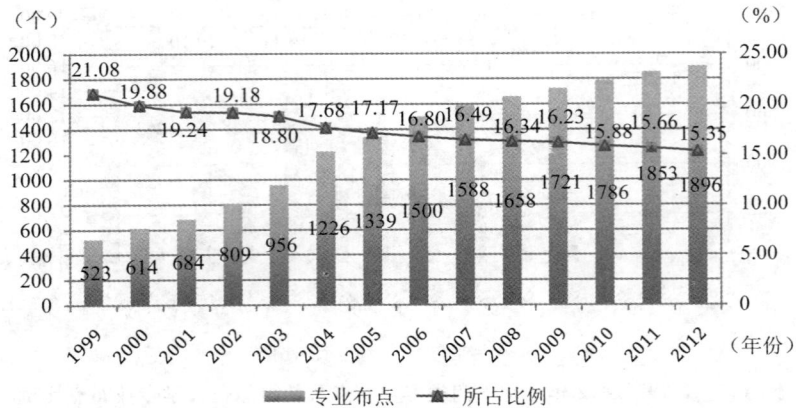

图1.9　1999—2012年度理学门类专业布点及其占综合大学专业布点比例

8. 工学门类专业的发展

1999年度，工学门类专业布点615个；2012年度增加到3607个。这期间，工学门类专业布点增加了2992个，其占综合大学专业布点比重有较大提升。1999年度，该门类专业布点占综合大学专业布点的24.79%；2012年度上升到29.19%（见图1.10）。

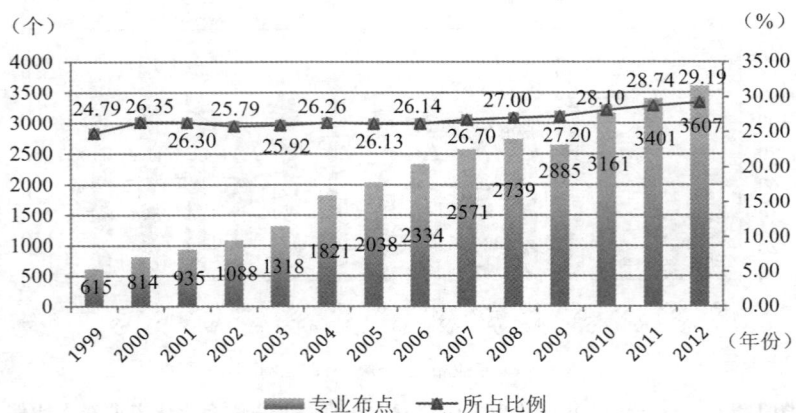

图1.10　1999—2012年度工学门类专业布点及其占综合大学专业布点比例

9. 农学门类专业的发展

1999年度，农学门类专业布点71个；2012年度增加到308个。这期间，农学门类专业布点增加了 237 个，其占综合大学专业布点比重却有所下降。1999 年度，该门类专业布点占综合大学专业布点的 2.86%；2012 年度下降到 2.49%（见图 1.11）。

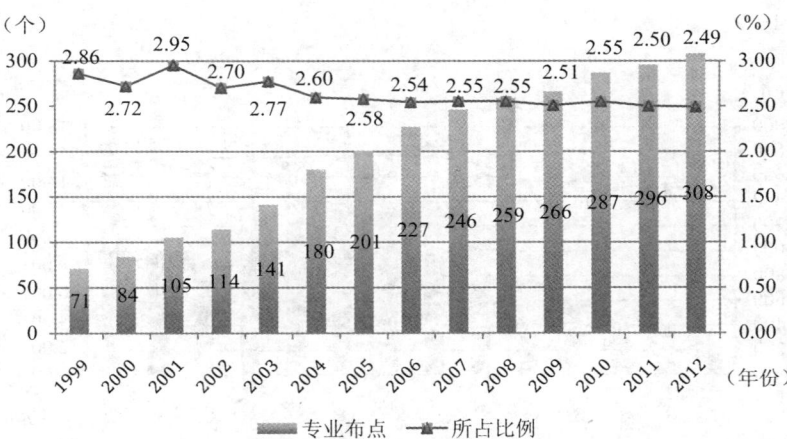

图 1.11 1999—2012 年度农学门类专业布点及其占综合大学专业布点比例

10. 医学门类专业的发展

1999 年度，医学门类专业布点 53 个；2012 年度增加到 454 个。这期间，医学门类专业布点增加了 401 个，其占综合大学专业布点比重有所提升。1999 年度，该门类专业布点占综合大学专业布点的 2.14%；2012 年度上升到 3.67%（见图 1.12）。

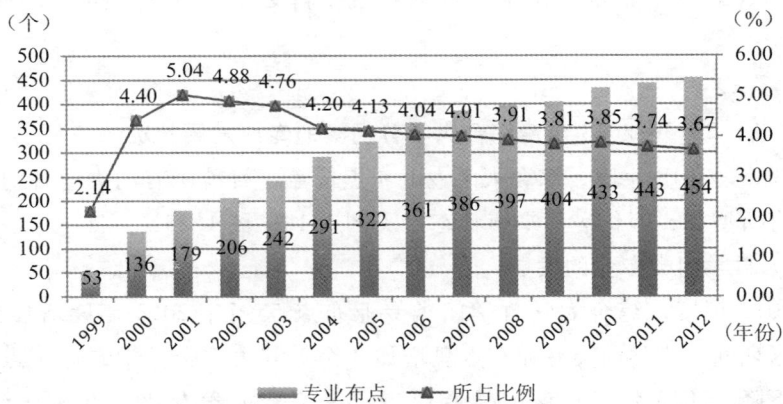

图 1.12 1999—2012 年度医学门类专业布点及其占综合大学专业布点比例

11. 管理学门类专业的发展

1999 年度，管理学门类专业布点 344 个；2012 年度增加到

1901个。这期间,管理学门类专业布点增加了1557个,其占综合大学专业布点比重有所提升。1999年度,该门类专业布点占综合大学专业布点的13.87%;2012年度上升到15.39%(见图1.13)。

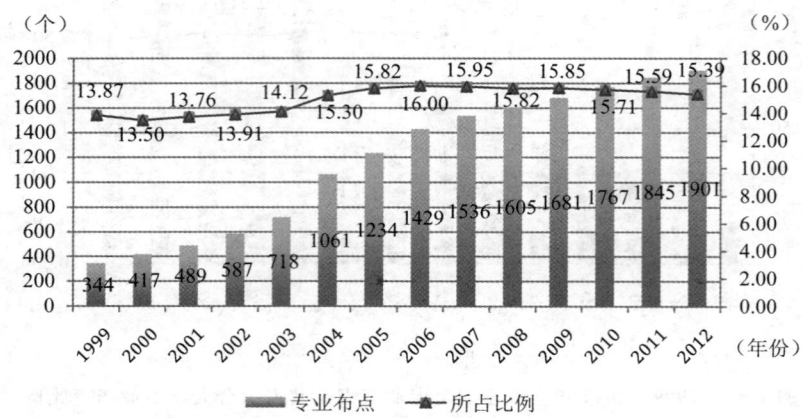

图1.13 1999—2012年度管理学门类专业布点及其占综合大学专业布点比例

1999—2012年度,综合大学各门类专业有很大发展。工学、文学、管理学和理学四个门类增长的专业布点占总增长布点的80%左右。这期间,医学和教育学这两个门类专业发展最快。专业布点数量较少的门类,其占综合大学专业布点比重呈逐渐年度下降趋势,比如哲学、历史学、农学。

(二)2013—2018年度综合大学分门类的专业发展状况

2013—2018年度,综合大学专业布点覆盖了目前所有门类。各门类专业都有所增加,但仍呈不平衡状态(见图1.14—图1.25)。

1. 哲学门类专业的发展

2013年度,综合大学哲学门类专业布点55个;2018年度增加到58个。这期间,哲学门类专业布点只增加3个,其占综合大学专业布点比重有所下降。2013年度,该门类专业布点占综合大学专业布点的0.41%;2018年度下降到0.36%(见图1.14)。

2. 经济学门类专业的发展

2013年度,经济学门类专业布点609个;2018年度增加到771个。这期间，经济学门类专业布点增加了 162 个，其占综合大学专业布点比重略有上升。2013 年度，该门类专业布点占综合大学专业布点的 4.49%；2018 年度上升到 4.76%（见图 1.15）。

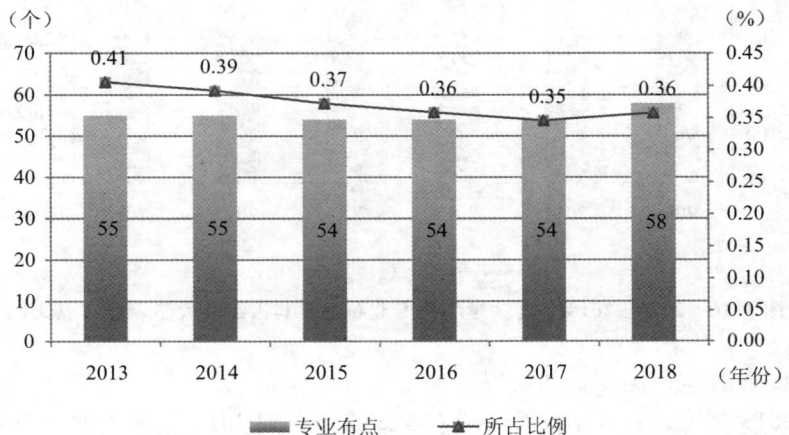

图 1.14　2013—2018 年度哲学门类专业布点及其占综合大学专业布点比例

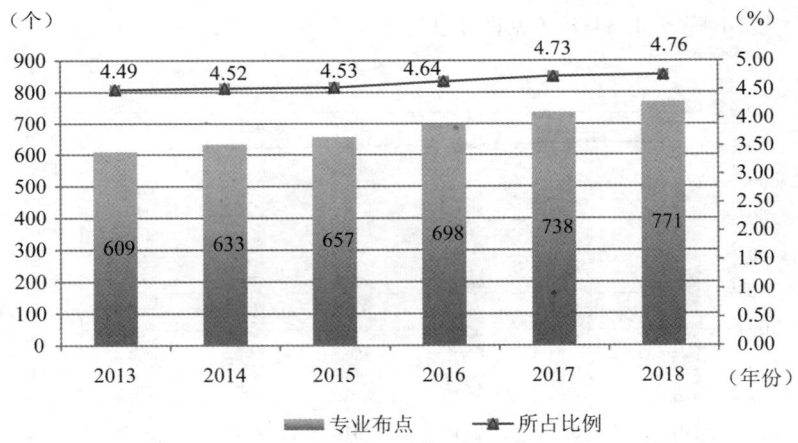

图 1.15　2013—2018 年度经济学门类专业布点及其占综合大学专业布点比例

3. 法学门类专业的发展

2013 年度，法学门类专业布点 501 个；2018 年度增加到 559 个。这期间，法学门类专业布点增加了 58 个，其占综合大学专业布点比重却略有下降。2013 年度，该门类专业布点占综合大学专业布点的 3.69%；2018 年度下降到 3.45%（见图 1.16）。

10　❖　中国分类别高校本科专业设置状况研究（1999—2018）

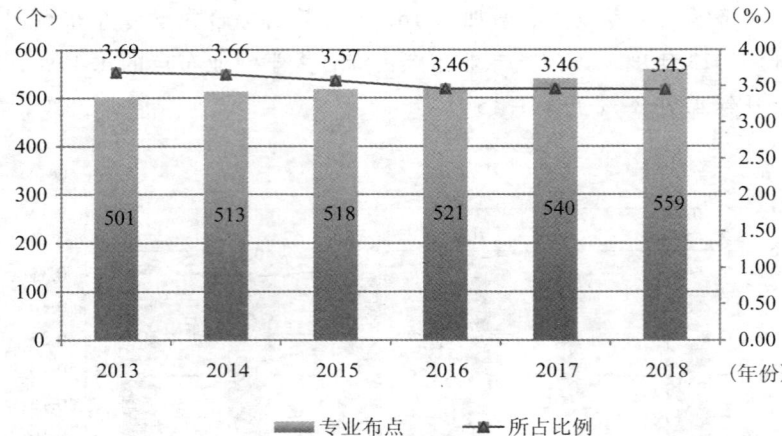

图1.16　2013—2018年度法学门类专业布点及其占综合大学专业布点比例

4. 教育学门类专业的发展

2013年度，教育学门类专业布点605个；到2018年度增加到704个。这期间，教育学门类专业布点增加了99个，其占综合大学专业布点比重却略有下降。2013年度，该门类专业布点占综合大学专业布点的4.46%；2018年度下降到4.34%（见图1.17）。

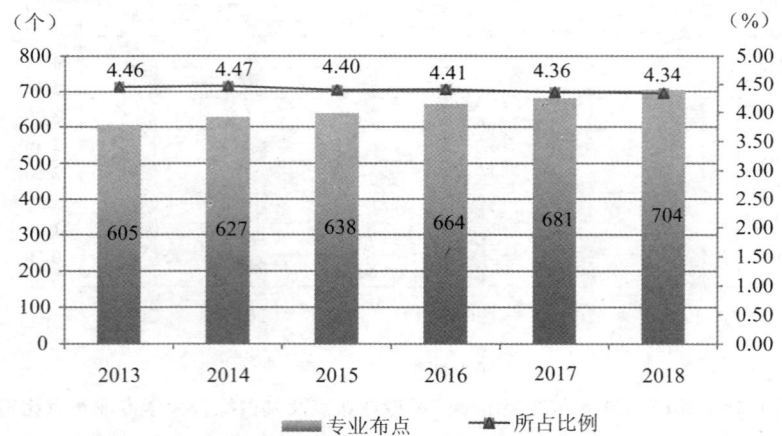

图1.17　2013—2018年度教育学门类专业布点及其占综合大学专业布点比例

5. 文学门类专业的发展

2013年度，文学门类专业布点1502个；2018年度增加到1814个。这期间，文学门类专业布点增加了312个，其占综合大学专业布点比重略有提升。2013年度，该门类专业布点占综合大学专业布点的11.07%；2018

年度上升到 11.19%（见图 1.18）。

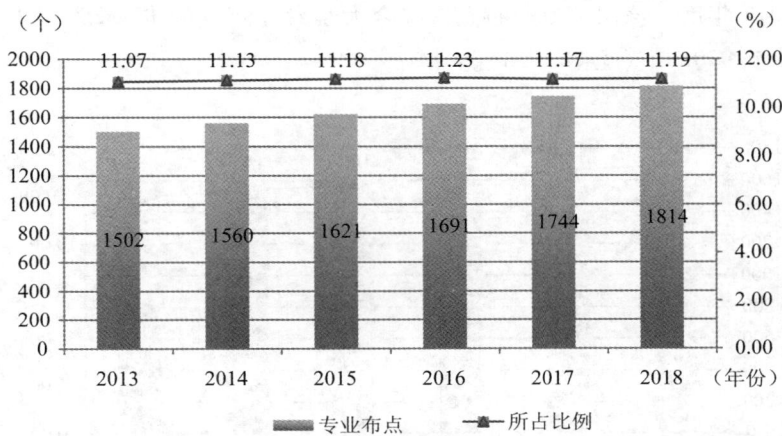

图 1.18　2013—2018 年度文学门类专业布点及其占综合大学专业布点比例

6. 历史学门类专业的发展

2013 年度，历史学门类专业 149 个；2018 年度增加到 179 个。这期间，历史学专业布点增加了 30 个，其占综合大学专业布点比重变化甚微。2013 年度，该门类专业布点占综合大学专业布点的 1.098%；2018 年度是 1.105%（见图 1.19）。

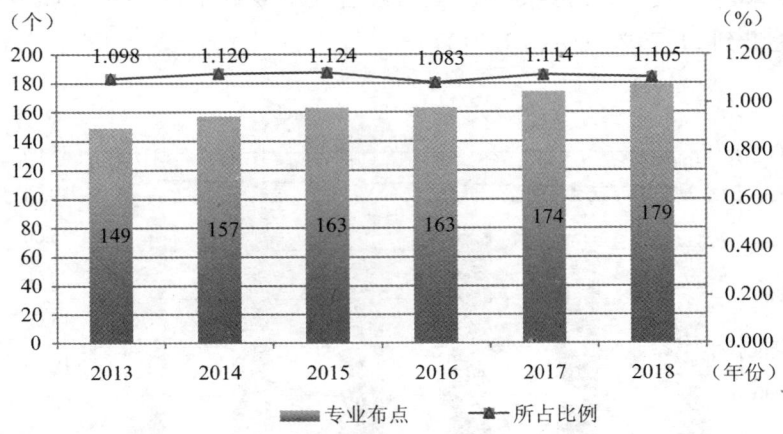

图 1.19　2013—2018 年度历史学门类专业布点及其占综合大学专业布点比例

7. 理学门类专业的发展

2013 年度，理学门类专业布点 1536 个；2018 年度增加到 1617 个。这期间，理学门类专业布点增加了81个，其占综合大学专业布点比重有所下降。2013年度，该门类专业布点占综合大学专业布点的11.32%；2018年度下降到9.98%（见图1.20）。

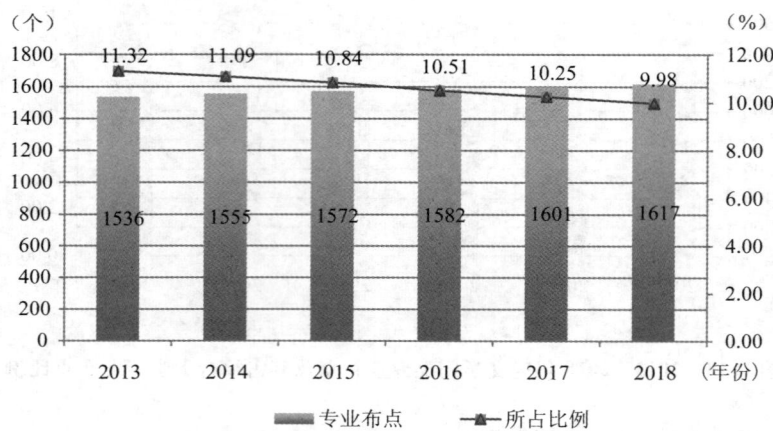

图1.20　2013—2018年度理学门类专业布点及其占综合大学专业布点比例

8. 工学门类专业的发展

2013年度，工学门类专业布点4157个；2018年度增加到5151个。这期间，工学门类专业布点增加了994个，其占综合大学专业布点比重有所提升。2013年度，该门类专业布点占综合大学专业布点的30.65%；2018年度上升到31.79%（见图1.21）。

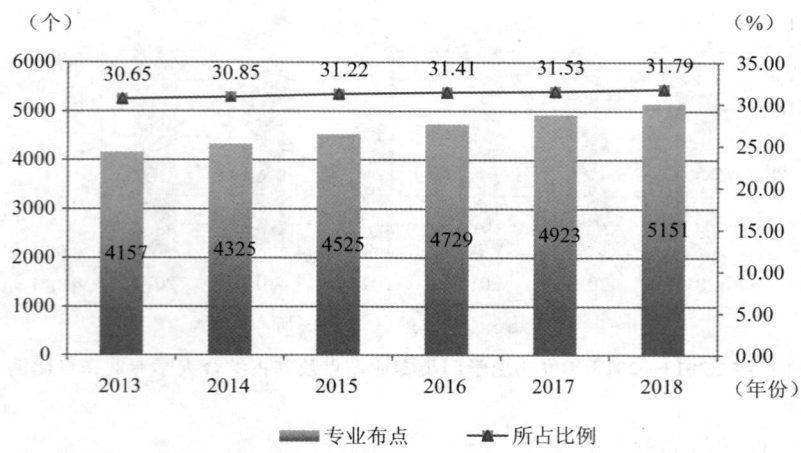

图1.21　2013—2018年度工学门类专业布点及其占综合大学专业布点比例

9. 农学门类专业的发展

2013 年度，农学门类专业布点 302 个；2018 年度增加到 354 个。这期间，农学门类专业布点增加了 52 个，其占综合大学专业布点比重却略有下降。2013 年度，该门类专业布点占综合大学专业布点的 2.23%；2018 年度下降到 2.18%（见图 1.22）。

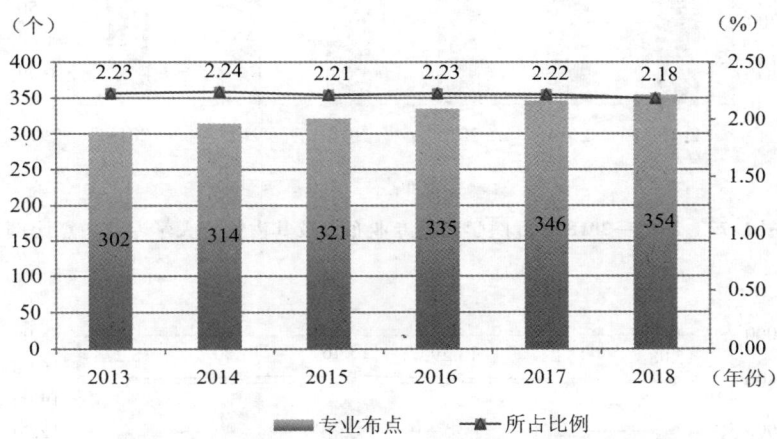

图 1.22　2013—2018 年度农学门类专业布点及其占综合大学专业布点比例

10. 医学门类专业的发展

2013 年度，医学门类专业布点 493 个；2018 年度增加到 635 个。这期间，医学门类专业布点增加了 142 个，其占综合大学专业布点比重略有提升。2013 年度，该门类专业布点占综合大学专业布点的 3.63%；2018 年度上升到 3.92%（见图 1.23）。

11. 管理学门类专业的发展

2013 年度，管理学门类专业布点 2046 个；2018 年度增加到 2474 个。这期间，管理学门类专业布点增加了 428 个，其占综合大学专业布点比重略有提升。2013 年度，该门类布点专业占综合大学专业布点的 15.08%；2018 年度上升到 15.27%（见图 1.24）。

12. 艺术学门类专业的发展

2013 年度，当年度调整专业目录后，新增了艺术学门类。2013 年度，综合大学艺术学门类专业布点 1609 个；2018 年度增加到 1889 个。这期间，艺术学门类专业布点增加了 280 个，其占综合大学专业布点比重却略

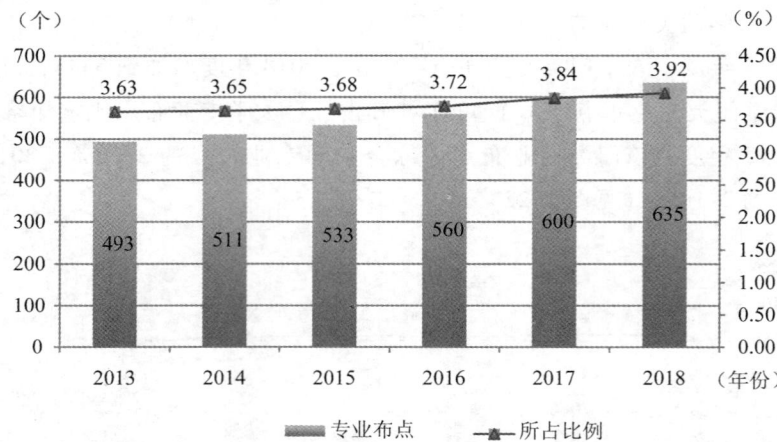

图1.23　2013—2018年度医学门类专业布点及其占综合大学专业布点比例

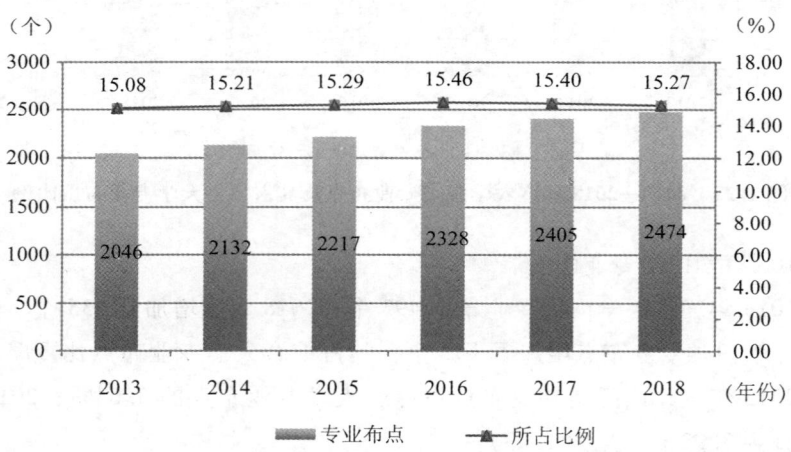

图1.24　2013—2018年度管理学门类专业布点及其占综合大学专业布点比例

有下降。2013年度，该门类专业布点占综合大学专业布点的11.86%；2018年度下降到11.66%（见图1.25）。

2013—2018年度，各门类专业都呈增长趋势。工学、管理学、文学和艺术学门类专业布点的增长占大部分，这四个门类专业布点增长比重占综合大学专业布点增长四分之三左右。其中工学门类发展最快。与前一阶段类似，增加的专业布点主要集中在部分门类专业上，门类专业在发展速度和规模上，以及所占比重方面不均衡现象很明显。

第一章 综合大学本科专业设置发展　　◆　　15

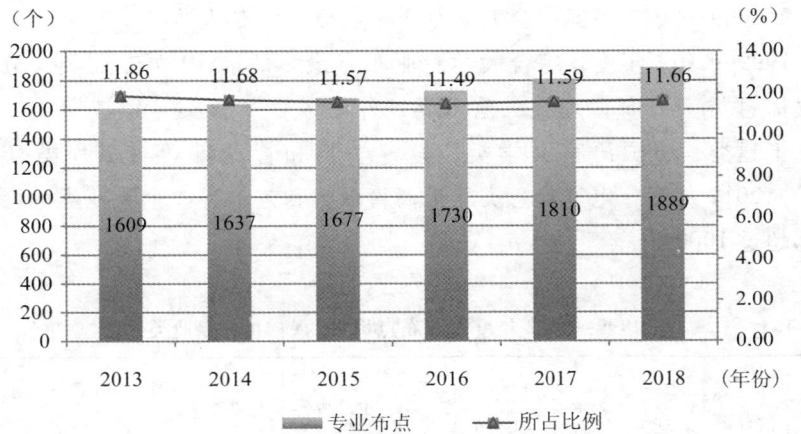

图1.25　2013—2018年度艺术学门类专业布点及其占综合大学专业布点比例

三　综合大学分专业类的专业发展

（一）1999—2012年度综合大学分专业类专业布点

1.1999—2012年度综合大学各专业类专业布点基本状况

1999—2004年度，综合大学设置的本科专业覆盖专业类的逐年上升，到2004年度则覆盖所有的专业类（见图1.26）。

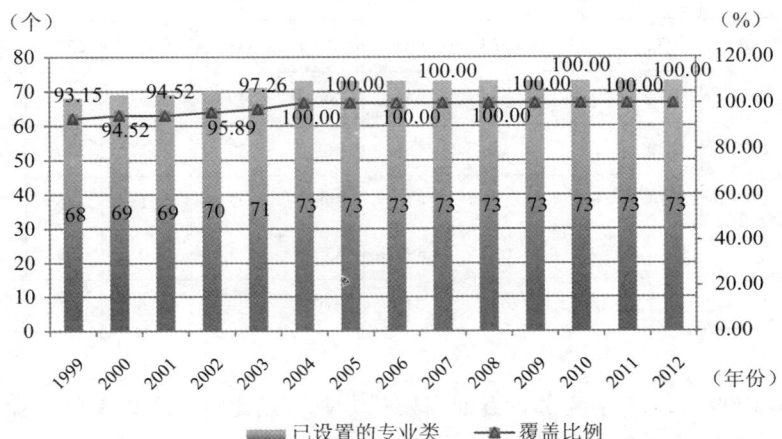

图1.26　1999—2012年度综合大学已设置的专业类及其覆盖比例

2. 1999—2012年度综合大学专业布点最多的专业类

1999—2012年度，综合大学专业布点最多的前10个专业类，分别是电气信息类、工商管理类、艺术类、外国语言文学类、经济学类、机械类、土建类、中国语言文学类、教育学类和管理科学与工程类（见表1.1）。2012年度，电气信息类、工商管理类和艺术类3个专业类的专业布点都超过1000个。

表1.1　　1999—2012年度专业布点最多的前10个专业类　　单位：个

年度	电气信息类	工商管理类	艺术类	外国语言文学类	经济学类	机械类	土建类	中国语言文学类	教育学类	管理科学与工程类
1999	222	190	90	175	161	76	71	86	11	63
2000	273	227	126	199	170	106	104	103	15	77
2001	308	270	168	212	184	122	116	107	25	91
2002	362	331	227	236	219	138	131	135	45	99
2003	433	416	295	269	252	162	168	162	73	126
2004	644	656	443	378	347	215	237	234	119	186
2005	736	750	535	415	371	245	265	250	163	214
2006	875	872	647	483	413	282	303	288	206	248
2007	957	932	722	524	427	315	333	313	226	269
2008	1021	972	782	545	446	346	349	335	245	285
2009	1071	1020	832	580	463	365	365	352	259	296
2010	1148	1074	882	607	479	398	397	361	276	308
2011	1217	1118	949	630	493	430	423	370	299	316
2012	1280	1151	1005	657	510	450	449	376	338	330

3. 1999—2012年度占各类别高校总专业布点比重一半以上的专业类

1999年度，综合大学中，专业类的专业布点占该专业类在各类别高校中的总布点比重达一半的专业类有14个（见表1.2）。其中哲学类和图书档案学类所占的比重都在80%以上。

表 1.2　　　1999 年度综合大学占该专业类在各类别高校中的
总布点比重超过 50% 的专业类　　　单位：个，%

排序	专业类	专业布点	占各类别高校中的总布点比重
1	哲学类	33	84.62
2	图书档案学类	37	84.09
3	马克思主义理论类	6	75.00
4	力学类	6	75.00
5	天文学类	2	66.67
6	电子信息科学类	39	66.10
7	大气科学类	10	62.50
8	环境科学类	28	59.57
9	地质学类	12	57.14
10	海洋科学类	4	57.14
11	新闻传播学类	69	56.10
12	社会学类	25	55.56
13	材料科学类	26	55.32
14	地球物理学类	3	50.00

到 2012 年度，综合大学中，专业类的专业布点占该专业类在各类别高校中的总布点比重达一半的专业类减少到 5 个，分别是马克思主义理论类、图书档案学类、哲学类、大气科学类和天文学类。除马克思主义理论类的专业布点占该专业类在各类别高校中的总布点比重有所增加外，图书档案学类、哲学类、大气科学类和天文学类所占比重都有较大幅度下降。

4. 1999—2012 年度综合大学专业布点增加最多的专业类

1999—2012 年度，专业布点增加最多的前 10 个专业类，分别是电气信息类、工商管理类、艺术类、外国语言文学类、机械类、土建类、经济学类、教育学类、中国语言文学类和公共管理类（见表 1.3）。电气信息类增加的专业布点最多，1999—2012 年度，该专业类专业布点增加 1087 个；到 2012 年度工商管理类和艺术类两个专业类的专业布点也超过 1000 个。

表 1.3　　1999—2012 年度专业布点增加最多的前 10 个专业类　　单位：个,%

专业类	1999 年度	2012 年度	增加专业布点	增加比例
电气信息类	222	1309	1087	489.64
工商管理类	190	1171	981	516.32
艺术类	90	1011	921	1023.33
外国语言文学类	175	663	488	278.86
机械类	76	464	388	510.53
土建类	71	458	387	545.07
经济学类	161	516	355	220.50
教育学类	11	338	327	2972.73
中国语言文学类	86	381	295	343.02
公共管理类	45	328	283	628.89

5. 1999—2012 年度综合大学专业布点增幅最大的专业类

1999—2012 年度，综合大学专业布点增幅最大的前 10 个专业类，分别是测绘类、教育学类、预防医学类、心理学类、护理学类、口腔医学类、艺术类、海洋工程类、交通运输类和地矿类（见表 1.4）。这期间，专业布点增幅最大的是测绘类，其增幅高达 3000%。

表 1.4　　1999—2012 年度专业布点增幅最大的前 10 个专业类　　单位：个,%

专业类	1999 年度	2012 年度	增加专业布点	增加比例
测绘类	1	31	30	3000.00
教育学类	11	332	321	2918.18
预防医学类	2	44	42	2100.00
心理学类	8	109	101	1262.50
护理学类	6	79	73	1216.67
口腔医学类	3	37	34	1133.33
艺术类	90	1005	915	1016.67
海洋工程类	1	10	9	900.00
交通运输类	11	99	88	800.00
地矿类	8	72	64	800.00

（二）2013—2018 年度综合大学分专业类专业布点

1. 2013—2018 年度综合大学各专业类专业布点基本状况

2013—2018 年度，综合大学中各专业类均有本科专业布点。

2. 2013—2018 年度综合大学专业布点最多的专业类

2013—2018 年度，专业布点最多的前 10 个专业类，分别是工商管理类、计算机类、外国语言文学类、设计学类、电子信息类、机械类、中国语言文学类、新闻传播学类、音乐与舞蹈学类和教育学类（见表 1.5）。与 1999—2012 年度相比，布点较多的专业类差别较大，工商管理类成为专业布点最多的专业类。

表 1.5　　2013—2018 年度专业布点最多的前 10 个专业类　　单位：个

专业类	2013 年度	2014 年度	2015 年度	2016 年度	2017 年度	2018 年度
工商管理类	903	933	973	1008	1036	1064
计算机类	638	675	719	767	815	919
外国语言文学类	729	765	802	841	874	913
设计学类	740	760	782	801	824	853
电子信息类	659	671	691	707	721	728
机械类	477	513	541	570	595	614
中国语言文学类	421	434	440	450	456	464
新闻传播学类	351	362	379	400	414	437
音乐与舞蹈学类	354	358	365	378	405	423
教育学类	349	363	371	384	394	403

3. 2013—2018 年度占各类别高校总专业布点比重一半以上的专业类

2013 年度，综合大学专业类的专业布点占该专业类在各类别高校中的总布点比重达一半的专业类减少到 4 个（见表 1.6）。

表 1.6　　2013 年度综合大学占该专业类在各类别高校中的
总布点比重超过 50% 的专业类　　　　单位：个，%

排序	专业类	专业布点	占各类别高校中的总布点比重
1	图书情报与档案管理类	45	67.16
2	哲学类	55	61.80
3	天文学类	3	60.00
4	大气科学类	11	52.38

到 2018 年度，专业布点占该专业类在各类别高校中的总布点比重达一半的专业类则进一步减少到 3 个，分别是哲学类、图书情报与档案管理类和天文学类。这表明综合大学中专业设置具有普遍性，即不同类别院校都有可能设置。

4. 2013—2018 年度综合大学专业布点增加最多的专业类

2013—2018 年度，专业布点增加最多的前 10 个专业类，依次是计算机类、外国语言文学类、工商管理类、机械类、金融学类、设计学类、新闻传播学类、音乐与舞蹈学类、电子信息类和旅游管理类（见表 1.7）。这与 1999—2012 年度专业布点增加最多的前 10 个专业存在较大差异。

表 1.7　　2013—2018 年度专业布点增加最多的前 10 个专业类　单位：个，%

专业类	2013 年度	2018 年度	增加专业布点	增加比例
计算机类	638	919	281	44.04
外国语言文学类	729	913	184	25.24
工商管理类	903	1064	161	17.83
机械类	477	614	137	28.72
金融学类	182	312	130	71.43
设计学类	740	853	113	15.27
新闻传播学类	351	437	86	24.50
音乐与舞蹈学类	354	423	69	19.49
电子信息类	659	728	69	10.47
旅游管理类	221	286	65	29.41

5. 2013—2018 年度综合大学专业布点增幅最大的专业类

2013—2018 年度，多数专业类的专业布点都有所增长。增长比例最大的前 10 个专业类，依次是工业工程类、天文学类、艺术学理论类、航空航天类、医学技术类、基础医学类、金融学类、电子商务类、测绘类和计算机类（见表 1.8）。

表 1.8　　2013—2018 年度专业布点增幅最大的前 10 个专业类　　单位：个，%

专业类	2013 年度	2018 年度	增加专业布点	增加比例
工业工程类	3	11	8	266.67
天文学类	3	7	4	133.33
艺术学理论类	1	2	1	100.00
航空航天类	13	24	11	84.62
医学技术类	68	125	57	83.82
基础医学类	8	14	6	75.00
金融学类	182	312	130	71.43
电子商务类	91	145	54	59.34
测绘类	31	46	15	48.39
计算机类	638	919	281	44.04

四　综合大学专业布点的状况

（一）1999—2012 年度综合大学的专业布点

1. 综合大学设置的本科专业种数

1999—2012 年度，综合大学设置的专业种数逐年增加，各年度专业种数占各类别高校专业总种数的 70% 以上（见图 1.27）。

1999 年度，综合大学设置的专业种数 222 种，占当年度各类别高校专业总种数的 72.79%。到 2012 年度设置的专业种数 451 种，占当年度各类别高校专业总种数的 75.42%。这表明综合大学设置的专业越来越全面。

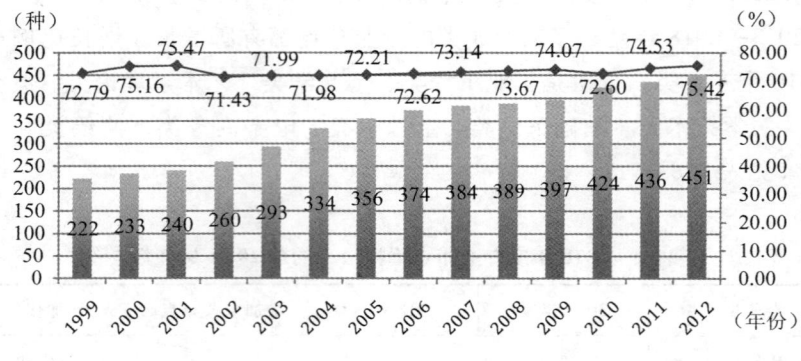

**图 1.27　1999—2012 年度综合大学专业种数及其占各类别
高校专业总种数的比例**

2. 综合大学中较集中设置的本科专业

本研究用本科专业学校覆盖率来考察各类别院校中较集中设置的专业。① 1999 年度，一半以上的综合大学设置的本科专业有 18 种（见表 1.9）。英语、汉语言文学、数学与应用数学和计算机科学与技术专业的学校覆盖率都在 90% 以上。

表 1.9　　　　1999 年度一半以上的综合大学设置的本科专业　　　单位：个,%

排序	专业	专业布点	覆盖学校比例
1	英语	67	93.06
2	汉语言文学	66	91.67
3	数学与应用数学	66	91.67
4	计算机科学与技术	65	90.28
5	工商管理	58	80.56
6	国际经济与贸易	51	70.83
7	会计学	51	70.83
8	法学	49	68.06
9	化学	48	66.67

---

① 本科专业学校覆盖率，简称"专业的学校覆盖率""学校覆盖率"或"覆盖学校比例"。某本科专业的学校覆盖率 = 当年度某专业布点数/当年度院校数 × 100%，

续表

排序	专业	专业布点	覆盖学校比例
10	物理学	47	65.28
11	历史学	45	62.50
12	经济学	44	61.11
13	日语	42	58.33
14	应用化学	41	56.94
15	金融学	39	54.17
16	化学工程与工艺	39	54.17
17	电子信息工程	38	52.78
18	信息管理与信息系统	37	51.39

到2012年度，一半以上的综合大学设置的本科专业增加到22种，（见表1.10）专业布点最多的英语和计算机科学与技术专业得到了进一步的发展。2012年度英语和计算机科学与技术专业覆盖学校比例分别是97.70%和96.93%。

表1.10　　　　2012年度一半以上的综合大学设置的本科专业　　单位：个,%

排序	专业	专业布点	覆盖学校比例
1	英语	255	97.70
2	计算机科学与技术	253	96.93
3	艺术设计	228	87.36
4	汉语言文学	214	81.99
5	国际经济与贸易	205	78.54
6	市场营销	183	70.11
7	电子信息工程	182	69.73
8	数学与应用数学	180	68.97
9	旅游管理	170	65.13
10	法学	167	63.98
11	工商管理	166	63.60
12	会计学	164	62.84
13	土木工程	161	61.69
14	日语	157	60.15
15	通信工程	152	58.24

续表

排序	专业	专业布点	覆盖学校比例
16	财务管理	150	57.47
17	信息与计算科学	146	55.94
18	机械设计制造及其自动化	140	53.64
19	音乐学	139	53.26
20	物理学	135	51.72
21	美术学	134	51.34
22	信息管理与信息系统	134	51.34

3. 较集中在综合大学设置的本科专业

1999年度，综合大学中，专业布点占各类别高校中该专业布点总数的50%以上的专业共有53种，占当年度综合大学设置的专业总种数的17.38%。其中，占80%以上的专业有22种，只在综合大学设置的专业共16种。

到2012年度，专业布点占各类别高校中该专业布点总数的50%以上的专业共有83种，占当年度综合大学设置的专业总种数的13.88%。其中，占80%以上的专业有41种，只在综合大学设置的专业共38种。

4. 增长的本科专业

（1）专业布点增长数量。1999—2012年度，综合大学布点增加的本科专业有430种，共增加了9876个布点。这期间，专业布点增加最多的前10种专业，分别是艺术设计、计算机科学与技术、英语、市场营销、国际经济与贸易、汉语言文学、电子信息工程、旅游管理、财务管理和土木工程（见表1.11）。这表明综合大学专业增加的集中趋势非常明显。从布点增加最多的具体专业看，前十位布点最多的专业主要是新兴的经济管理或应用类专业。

表1.11　　1999—2012年度专业布点增加最多的前10种专业　　单位：个,%

专业	1999年度	2012年度	增加专业布点	增加比例
艺术设计	27	228	201	744.44
计算机科学与技术	65	253	188	289.23
英语	67	255	188	280.60
市场营销	26	183	157	603.85

续表

专业	1999年度	2012年度	增加专业布点	增加比例
国际经济与贸易	51	205	154	301.96
汉语言文学	66	214	148	224.24
电子信息工程	38	182	144	378.95
旅游管理	32	170	138	431.25
财务管理	14	150	136	971.43
土木工程	32	161	129	403.13

（2）专业布点的增幅。1999—2012年度，综合大学专业得到了快速发展。专业布点增幅50%以上的专业有193种；增长100%以上有181种；增长500%以上的专业共70种；增长1000%以上的专业共29种；增长2000%以上的专业共7种。这期间专业增幅最大的前10种专业，社会体育、教育技术学、学前教育、对外汉语、舞蹈学、测绘工程、交通工程、舞蹈编导、预防医学、广播电视编导（按表格顺序）（见表1.12）。其中社会体育专业增加的比例高达7700%。

表1.12　　1999—2012年度专业布点增幅最大的前10种专业　　单位：个，%

专业	1999年度	2012年度	增加专业布点	增加比例
社会体育	1	78	77	7700.00
教育技术学	2	81	79	3950.00
学前教育	3	93	90	3000.00
对外汉语	4	115	111	2775.00
舞蹈学	2	56	54	2700.00
测绘工程	1	25	24	2400.00
交通工程	1	23	22	2200.00
舞蹈编导	1	19	18	1800.00
预防医学	2	35	33	1650.00
广播电视编导	3	52	49	1633.33

（3）新设的本科专业。1999—2012年度，综合大学不断增设新专业，这期间新设置的专业共230种，占2012年度综合大学本科专业总种数的51%。

5. 布点减少或撤销的本科专业

1999—2012 年度，综合大学专业布点减少的专业有 2 种，分别是农艺教育专业和服装设计与工艺教育专业。

1999—2012 年度，综合大学都撤销了服装设计与工艺教育专业。

（二）2013—2018 年度综合大学的专业布点

1. 综合大学设置的本科专业种数

2013—2018 年度，综合大学设置的专业种数逐年增加，各年度专业种数占各类别高校专业总种数的比重都在 70% 以上（见图 1.28）。

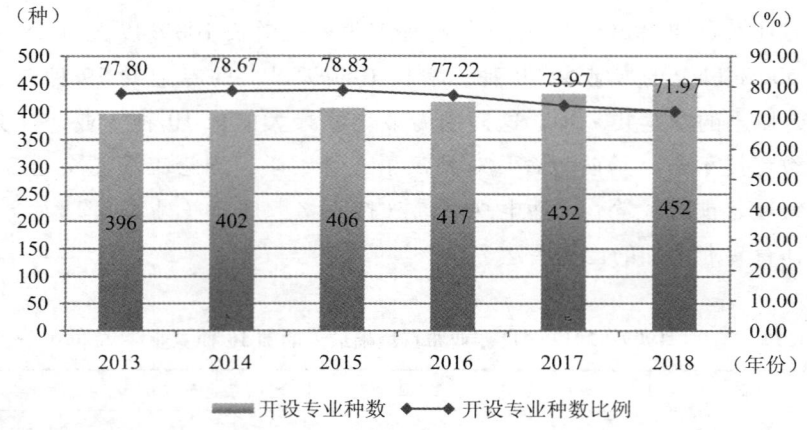

图 1.28　2013—2018 年度综合大学专业种数及其占各类别高校专业总种数的比例

2013 年度，综合大学设置的专业共 396 种，占当年度各类别高校专业总种数比重的 77.80%；到 2018 年度，设置的专业共 452 种，其占当年度各类别高校专业总种数比重的 71.97%。尽管综合大学专业设置的种数占各类别高校专业总种数比重有所下降，但其比例仍超过 70%，这仍然表明综合大学设置的专业很全面。

2. 综合大学中较集中设置的本科专业

2013 年度，一半以上的综合大学设置的本科专业为 21 种（见表 1.13）。专业布点学校覆盖比例 80% 以上的专业有 4 种，分别是计算机科学与技术、英语、汉语言文学和视觉传达设计。其中计算机科学与技术专业和英语专业的覆盖率在 95% 以上。

表1.13　　　2013年度一半以上的综合大学设置的本科专业　　单位：个,%

排序	专业	专业布点	覆盖学校比例
1	计算机科学与技术	250	96.53
2	英语	250	96.53
3	汉语言文学	215	83.01
4	视觉传达设计	209	80.69
5	国际经济与贸易	201	77.61
6	环境设计	202	77.99
7	市场营销	179	69.11
8	电子信息工程	175	67.57
9	财务管理	164	63.32
10	数学与应用数学	174	67.18
11	旅游管理	168	64.86
12	会计学	165	63.71
13	土木工程	160	61.78
14	工商管理	163	62.93
15	法学	162	62.55
16	日语	160	61.78
17	通信工程	151	58.30
18	电气工程及其自动化	138	53.28
19	机械设计制造及其自动化	134	51.74
20	信息与计算科学	136	52.51
21	音乐学	135	52.12

2018年度一半以上的综合大学设置的本科专业仍是21种，且都是2013年度一半以上的综合大学设置的本科专业（见表1.14）。与2013年度相比，各专业覆盖学校比例有所变化，有些专业上升，也有些专业下降，但总体趋于稳定。这表明综合大学的专业设置相似度较高。

表 1.14　　　　2018 年度一半以上的综合大学设置的本科专业　　　单位：个,%

排序	专业	专业布点	覆盖学校比例
1	英语	273	92.23
2	计算机科学与技术	272	91.89
3	视觉传达设计	238	80.41
4	汉语言文学	232	78.38
5	环境设计	232	78.38
6	国际经济与贸易	222	75.00
7	财务管理	207	69.93
8	电子信息工程	203	68.58
9	市场营销	200	67.57
10	土木工程	192	64.86
11	数学与应用数学	191	64.53
12	通信工程	188	63.51
13	会计学	184	62.16
14	旅游管理	179	60.47
15	工商管理	174	58.78
16	法学	173	58.45
17	软件工程	172	58.11
18	电气工程及其自动化	171	57.77
19	日语	169	57.09
20	机械设计制造及其自动化	166	56.08
21	音乐学	156	52.70

3. 较集中在综合大学设置的本科专业

2013 年度，综合大学中，专业布点占各类别高校中该专业布点总数的 50% 以上的专业共 45 种，占当年度综合大学设置的专业总种数的 8.86%。其中，占 80% 以上的专业有 15 种，只在综合大学设置的专业有 13 种。

到 2018 年度，专业布点占各类别高校中该专业布点总数的 50% 以上的专业共 46 种，占当年度综合大学设置的专业总种数的 7.32%。其中，占 80% 以上的专业有 19 种，只在综合大学设置的专业有 17 种。

4. 增长的本科专业

（1）专业布点增长数量。2013—2018 年度，综合大学布点增加的本科专业有 361 种，共增加了 2680 个布点。这期间，专业布点增加最多的前 10 种专业，分别是数据科学与大数据技术、商务英语、物联网工程、网络与新媒体、金融工程、电子商务、软件工程、数字媒体艺术、酒店管理和机械电子工程（见表 1.15）。数据科学与大数据技术是期间新设的专业，其布点却增加最多。

表 1.15　2013—2018 年度专业布点增加最多的前 10 种专业　单位：个,%

专业	2013 年度	2018 年度	增加专业布点	增加比例
数据科学与大数据技术	0	72	72	—
商务英语	32	103	71	221.88
物联网工程	67	134	67	100.00
网络与新媒体	9	67	58	644.44
金融工程	27	77	50	185.19
电子商务	91	141	50	54.95
软件工程	122	172	50	40.98
数字媒体艺术	28	76	48	171.43
酒店管理	27	73	46	170.37
机械电子工程	37	80	43	116.22

（2）专业布点的增幅。2013—2018 年度，专业布点增幅 50% 以上的专业有 122 种，增长 100% 以上有 33 种。这期间专业增幅最大的前 10 种专业，分别是运动康复、网络与新媒体、临床药学、经济与金融、医学信息工程、环境科学与工程、宝石及材料工艺学、中国画、工艺美术和资产评估（见表 1.16）。其中运动康复专业增加的比例最高。

表 1.16　2013—2018 年度专业布点增幅最大的前 10 种专业　单位：个,%

专业	2013 年度	2018 年度	增加专业布点	增加比例
运动康复	2	16	14	700.00
网络与新媒体	9	67	58	644.44
临床药学	2	13	11	550.00
经济与金融	2	12	10	500.00
医学信息工程	1	6	5	500.00

续表

专业	2013年度	2018年度	增加专业布点	增加比例
环境科学与工程	3	17	14	466.67
宝石及材料工艺学	1	5	4	400.00
中国画	1	5	4	400.00
工艺美术	4	19	15	375.00
资产评估	3	14	11	366.67

（3）新设的本科专业。2013—2018年度，综合大学不断增设新专业，在这期间新设置的专业共56种，占2018年度综合大学本科专业总种数的12.39%。

5. 布点减少或撤销的本科专业

2013—2018年度，综合大学专业布点减少的专业共19种。专业布点减少最多的是应用物理学专业，有六所学校撤销该专业。

2013—2018年度，综合大学撤销的专业只有禁毒学专业1种。

第二章

理工院校本科专业设置发展

一 理工院校专业设置基本状况

1999—2018年度，理工院校本科专业有很大发展（见图2.1和图2.2）。

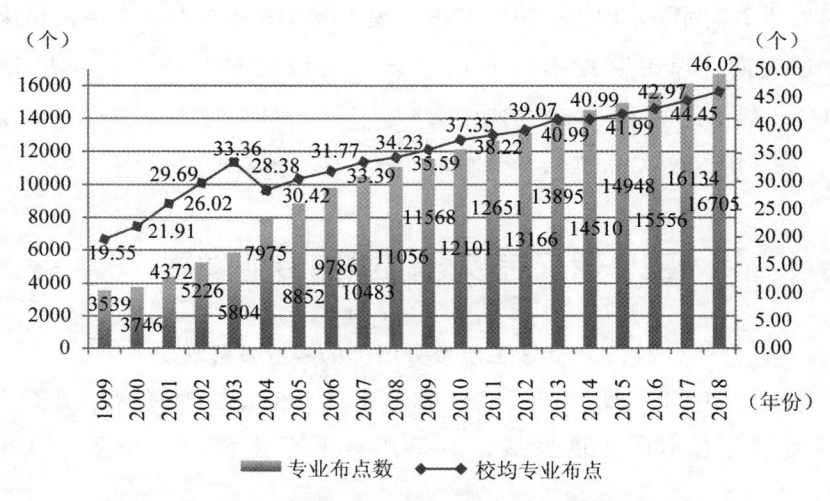

图 2.1 1999—2018 年度理工院校专业布点与校均专业布点

见图2.1所示，1999年度，理工院校本科专业布点3539个；2018年度增加到16705个，是1999年度专业布点4.72倍。2004年度专业布点增加最多，共增加了2171个。1999年度，理工院校校均本科专业19.55个；2018年度增加到46.02个，校均专业设置规模增加26.47个。

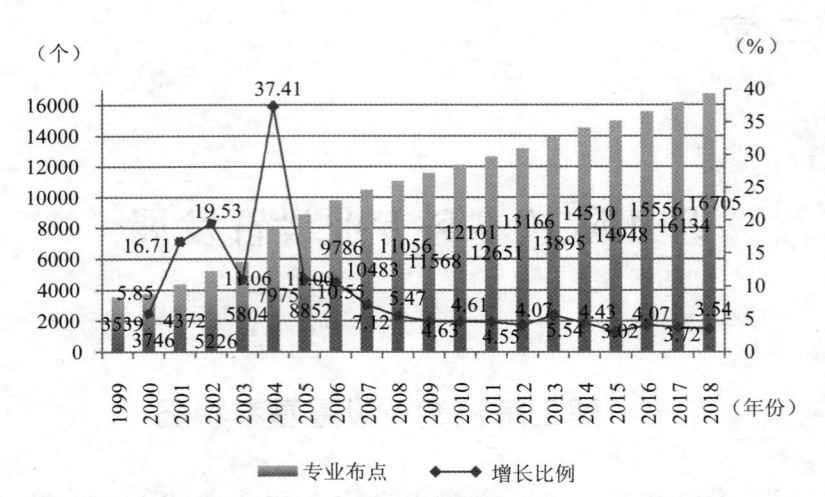

图 2.2　1999—2018 年度理工院校专业布点与专业布点增长趋势

见图 2.2 所示，1999—2018 年度，理工院校专业布点一直保持快速增长。这期间，理工院校本科专业布点年均增长 692.95 个，年增长率 8.51%。然而，不同年度增长速度则有起伏，2004 年度专业布点增幅高达 37.41%。从 2008 年度开始，专业布点增速开始逐渐平缓。

二　理工院校分门类的专业发展

（一）1999—2012 年度理工院校分门类的专业发展状况

1999—2012 年度，理工院校的专业布点覆盖当时的大多数门类。各门类专业有不同程度发展，但呈严重不平衡状态（见图 2.3—图 2.13）。

1. 哲学门类专业的发展

1999 年度，理工院校未开设哲学门类专业。直到 2001 年度才有 1 所理工院校设置了哲学门类专业。2012 年度，哲学门类专业布点增加到 7 个，但其仅占理工院校专业布点比重的 0.05%（见图 2.3）。

2. 经济学门类专业的发展

1999 年度，经济学门类专业布点 161 个；2012 年度增加到 478 个。这期间，经济学门类专业布点增加了 317 个，其占理工院校专业布点比重却略有下降。1999 年度，该门类专业布点占理工院校专业布点的 4.55%；2012 年度下降到 3.63%（见图 2.4）。

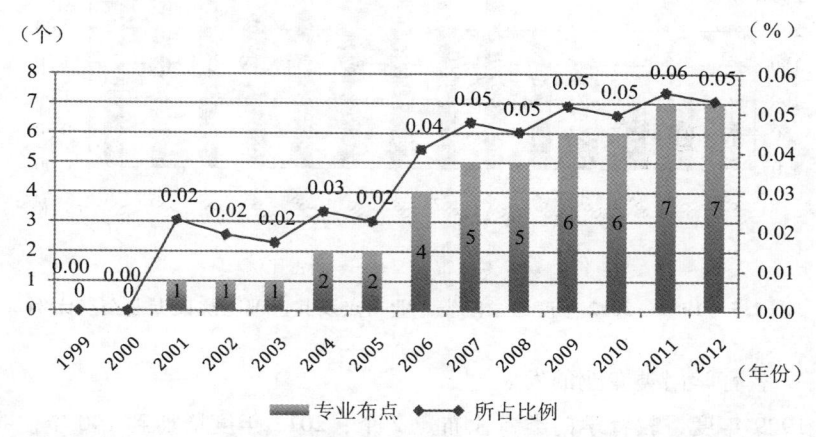

图 2.3　1999—2012 年度哲学门类专业布点及其占理工院校专业布点比例

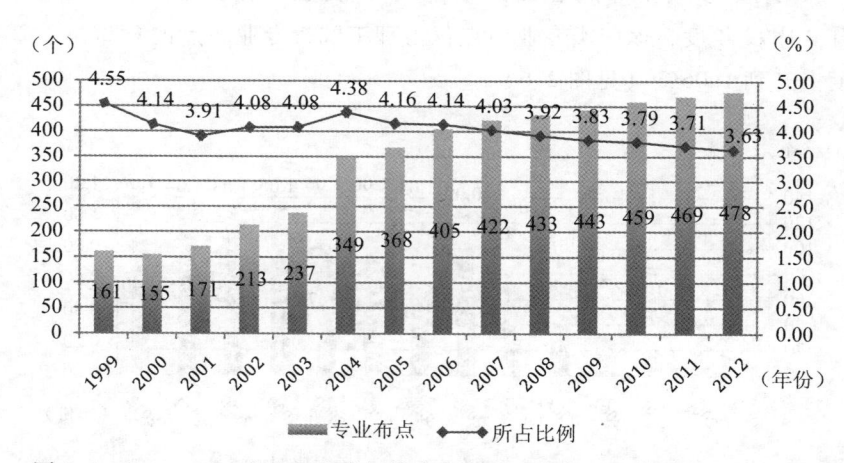

图 2.4　1999—2012 年度经济学门类专业布点及其占理工院校专业布点比例

3. 法学门类专业的发展

1999 年度，法学门类专业布点 97 个；2012 年度增加到 312 个。这期间，法学门类专业布点增加了 215 个，其占理工院校专业布点比重却略有下降。1999 年度，该门类专业布点占理工院校专业布点的 2.74%；2012 年度下降到 2.37%（见图 2.5）。

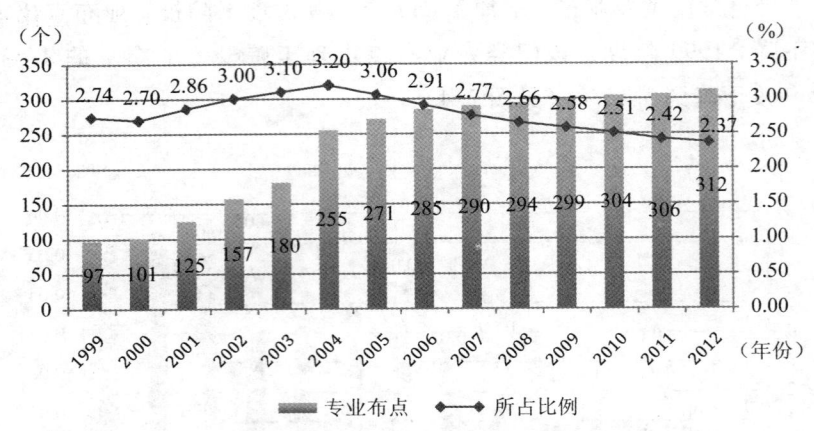

图 2.5 1999—2012 年度法学门类专业布点及其占理工院校专业布点比例

4. 教育学门类专业的发展

1999 年度，教育学门类专业布点 2 个；2012 年度增加到 140 个。这期间，教育学门类专业布点增加了 138 个，其占理工院校专业布点比重有所提升。1999 年度，该门类专业布点仅占理工院校专业布点的 0.06%，2012 年度上升到 1.06%（见图 2.6）。

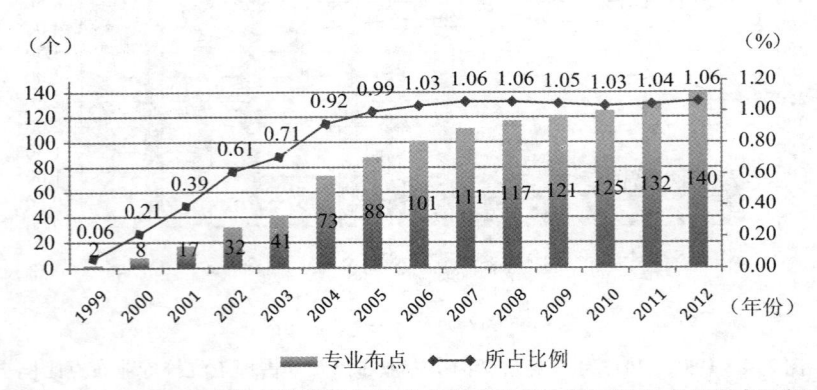

图 2.6 1999—2012 年度教育学门类专业布点及其占理工院校专业布点比例

5. 文学门类专业的发展

1999 年度，文学门类专业布点 209 个；2012 年度增加到 1552 个。这期间，文学门类专业布点增加了 1343 个，其占理工院校专业布点比重有很大提升。1999 年度，该门类专业布点占理工院校专业布点的 5.91%；2012 年度上升到 11.79%（见图 2.7）。

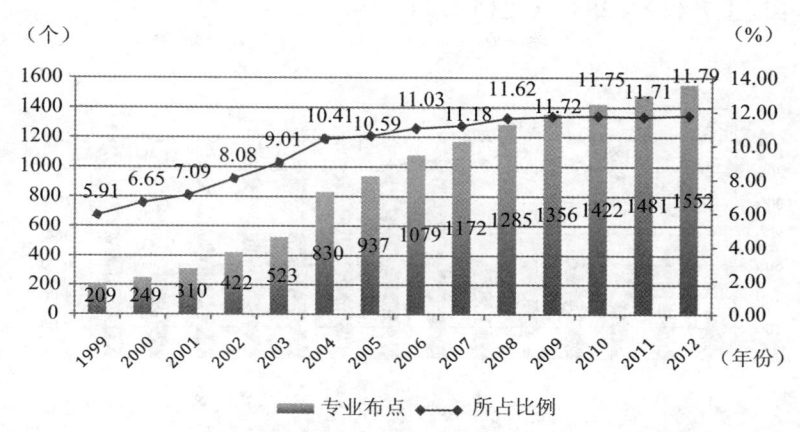

图 2.7　1999—2012 年度文学门类专业布点及其占理工院校专业布点比例

6. 历史学门类专业的发展

1999 年度，理工院校未开设历史学门类专业。2000 年度理工院校有 1 所院校设置了历史学门类专业。到 2012 年度，该门类专业布点增加到 11 个，但其仅占理工院校专业布点比重的 0.08%（见图 2.8）。

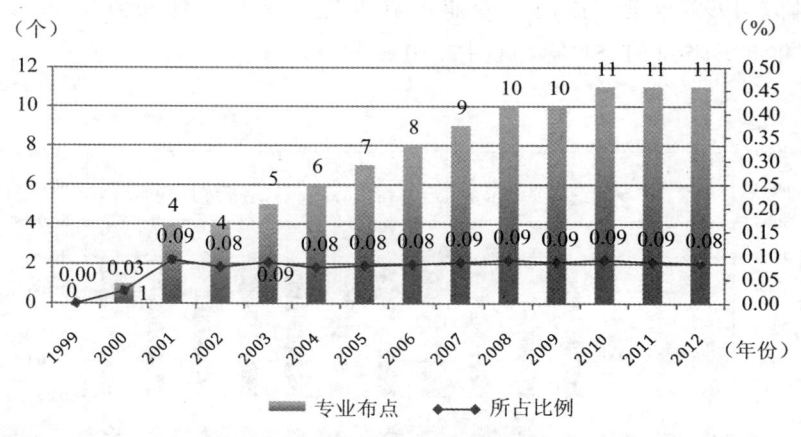

图 2.8　1999—2012 年度历史学门类专业布点及其占理工院校专业布点比例

7. 理学门类专业的发展

1999 年度，理学门类专业布点 288 个；2012 年度增加到 1485 个。这期间，理学门类专业布点增加了 1197 个，其占理工院校校专业布点比重有较大提升。1999 年度，该门类专业布点占理工院校专业布点的 8.14%；

2012 年度上升到 11.28%（见图 2.9）。

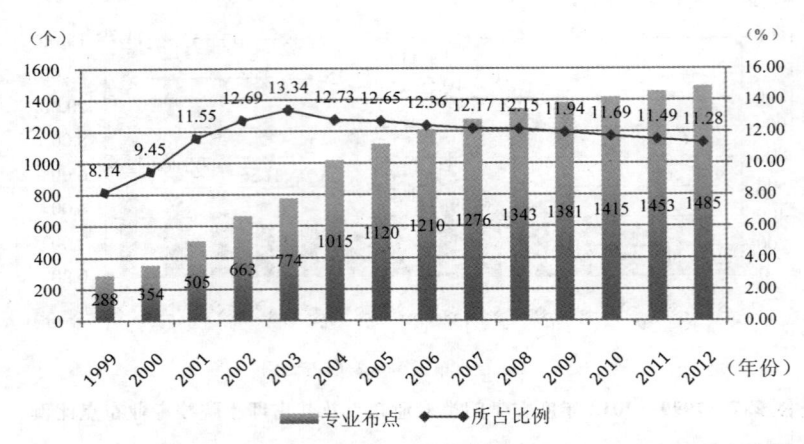

图 2.9　1999—2012 年度理学门类专业布点及其占理工院校专业布点比例

8. 工学门类专业的发展

1999 年度，工学门类专业布点 2250 个；2012 年度增加到 6782 个。这期间，工学门类专业布点增加了 4532 个，其占理工院校专业布点比重却大幅下降。1999 年度，该门类专业布点占理工院校专业布点的 63.58%；2012 年度下降到 51.51%（见图 2.10）。

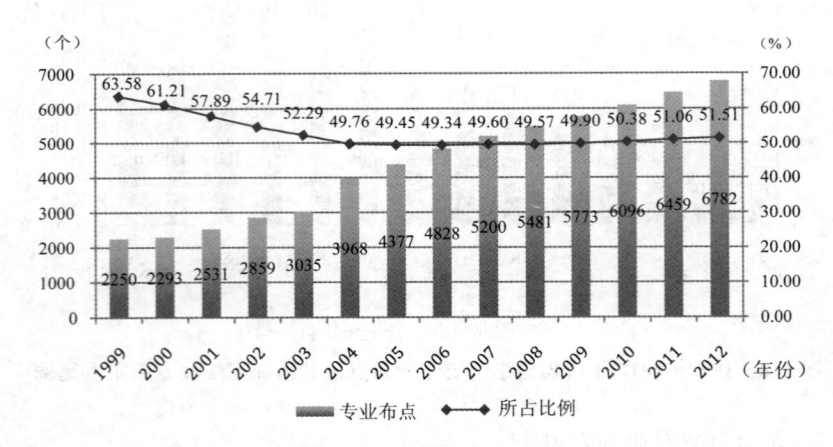

图 2.10　1999—2012 年度工学门类专业布点及其占理工院校专业布点比例

9. 农学门类专业的发展

1999 年度，农学门类专业布点 13 个；2012 年度增加到 75 个。这期间，农学门类专业布点增加了 62 个，其占理工院校专业布点比重略有上升。1999 年度，该门类专业布点占理工院校专业布点的 0.37%；2012 年度上升到 0.57%（见图 2.11）。

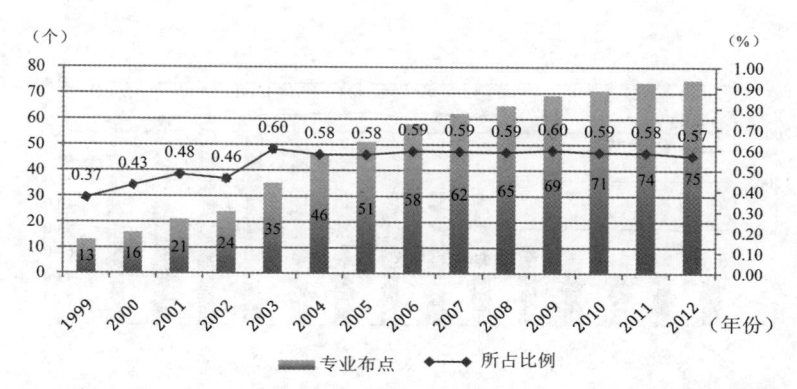

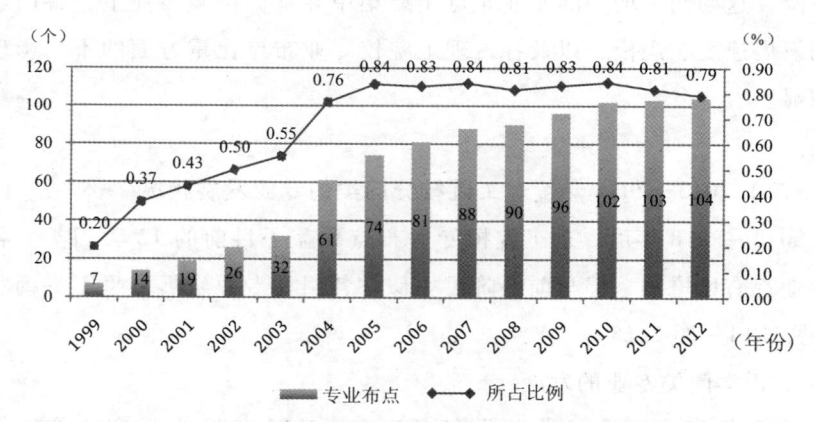

图 2.11　1999—2012 年度农学门类专业布点及其占理工院校专业布点比例

10. 医学门类专业的发展

1999 年度，医学门类专业布点 7 个；2012 年度增加到 104 个。这期间，医学门类专业布点增加了 97 个，其占理工院校专业布点比重有所提升。1999 年度，该门类专业布点占理工院校专业布点的 0.20%；2012 年度上升到 0.79%（见图 2.12）。

图 2.12　1999—2012 年度医学门类专业布点及其占理工院校专业布点比例

11. 管理学门类专业的发展

1999 年度，管理学门类专业布点 512 个；2012 年度增加到 2220 个。

这期间，管理学门类专业布点增加了 1708 个，其占理工院校专业布点比重有所提升。1999 年度，该门类专业布点占理工院校专业布点的 14.47%；2012 年度上升到 16.86%（见图 2.13）。

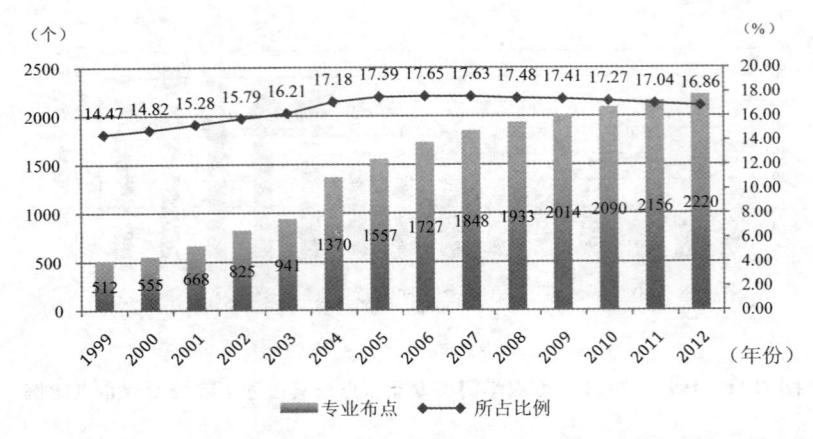

图 2.13　1999—2012 年度管理学门类专业布点及其占理工院校专业布点比例

1999—2012 年度，各门类专业有不同程度发展。理工院校中工学、文学、管理学和理学门类专业布点增长最多。工学门类专业布点占理工院校专业布点比例下降幅度最大，经济学和法学门类专业布点所占比例也都略有下降。这期间，增加的专业布点主要集中在部分门类专业上，各门类专业的发展速度、规模，以及各占理工院校专业布点比重方面的不均衡现象很明显。

（二）2013—2018 年度理工院校分门类的专业发展状况

2013—2018 年度，理工院校专业布点覆盖了目前的 12 大门类。各门类专业都有所增加，但与前一阶段类似，各门类专业发展仍呈不平衡状态（见图 2.14—图 2.25）。

1. 哲学门类专业的发展

2013 年度，哲学门类专业布点 7 个；2018 年度也只有 7 个。但在 2014—2017 年度哲学门类布点增加到 8 个，不过 2018 年度又降为 7 个（见图 2.14）。

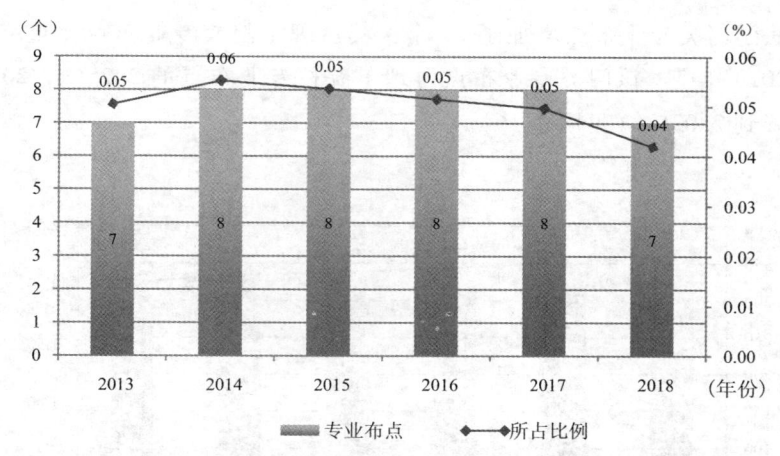

第二章　理工院校本科专业设置发展　　39

图 2.14　2013—2018 年度哲学门类专业布点及其占理工院校专业布点比例

2. 经济学门类专业的发展

2013 年度，经济学门类专业布点 516 个；2018 年度增加到 665 个。这期间，经济学门类专业布点增加了 149 个，其占理工院校专业布点比重略有上升。2013 年度，该门类专业布点占理工院校专业布点的 3.71%；2018 年度上升到 3.98%（见图 2.15）。

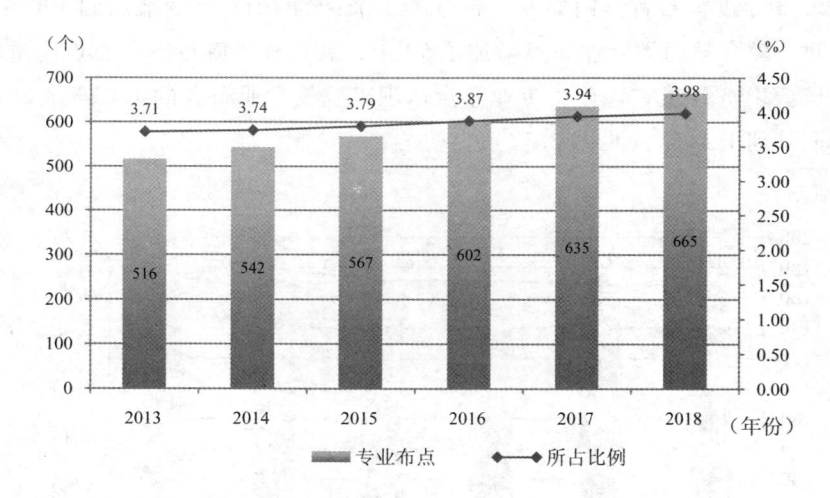

图 2.15　2013—2018 年度经济学门类专业布点及其占理工院校专业布点比例

3. 法学门类专业的发展

2013 年度，法学门类专业布点 312 个；2018 年度增加到 339 个。这期间，法学门类专业布点增加了 27 个，其占理工院校专业布点比重略有下降。2013 年度，该门类专业布点占理工院校专业布点的 2.25%；2018 年度下降到 2.03%（见图 2.16）。

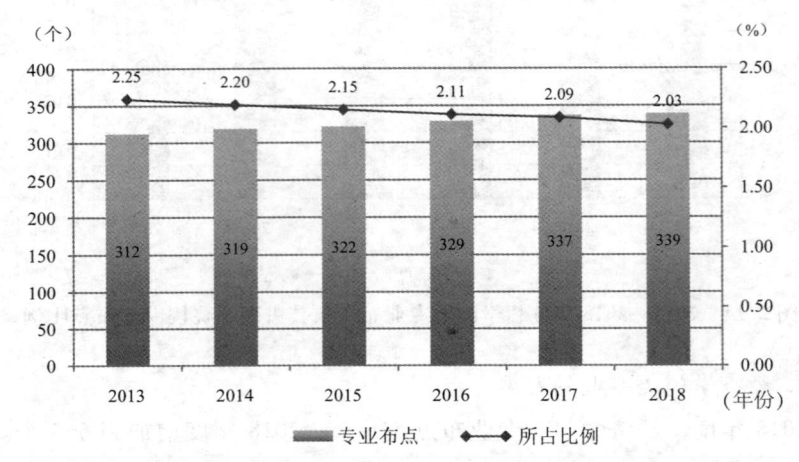

图 2.16　2013—2018 年度法学门类专业布点及其占理工院校专业布点比例

4. 教育学门类专业的发展

2013 年度，教育学门类专业布点 140 个；到 2018 年度增加到 190 个。这期间，教育学门类专业布点增加了 50 个，其占理工院校专业布点比重略有增长。2013 年度，该门类专业布点占理工院校专业布点的 1.01%；2018 年度上升到 1.14%（见图 2.17）。

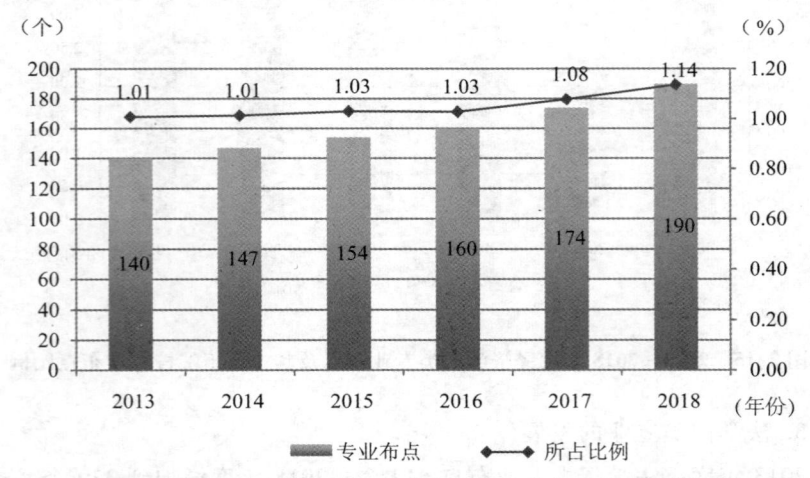

图 2.17　2013—2018 年度教育学门类专业布点及其占理工院校专业布点比例

5. 文学门类专业的发展

2013年度，文学门类专业布点950个；2018年度增加到1152个。这期间，文学门类专业布点增加了202个，其占理工院校专业布点比重略有增长。2013年度，该门类专业布点占理工院校专业布点的6.84%；2018年度上升到6.90%（见图2.18）。

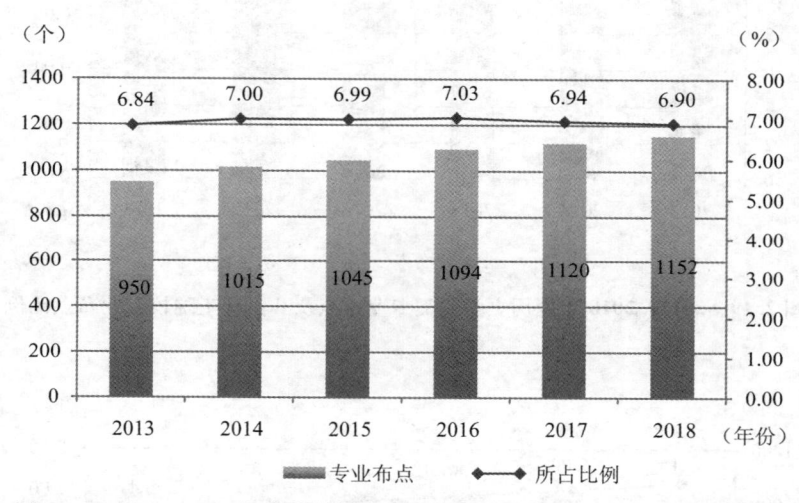

图2.18　2013—2018年度文学门类专业布点及其占理工院校专业布点比例

6. 历史学门类专业的发展

2013年度，历史学门类专业布点11个；2018年度增加到17个。这期间，历史学门类专业布点仅增加了6个，其占理工院校专业布点比重略有增长。2013年度，该门类专业布点占理工院校专业布点的0.08%；2018年度是0.10%（见图2.19）。

7. 理学门类专业的发展

2013年度，理学门类专业布点993个；2018年度增加到1070个。这期间，理学门类专业布点增加了77个，其占理工院校专业布点比重却略有下降。2013年度，该门类专业布点占理工院校专业布点的7.15%；2018年度下降到6.41%（见图2.20）。

8. 工学门类专业的发展

2013年度，工学门类专业布点7287个；2018年度增加到8797个。这

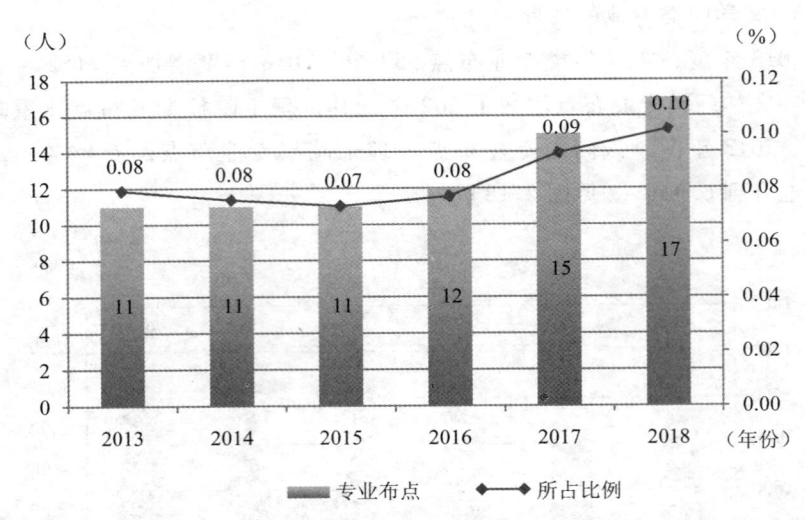

图 2.19　2013—2018 年度历史学门类专业布点及其占理工院校专业布点比例

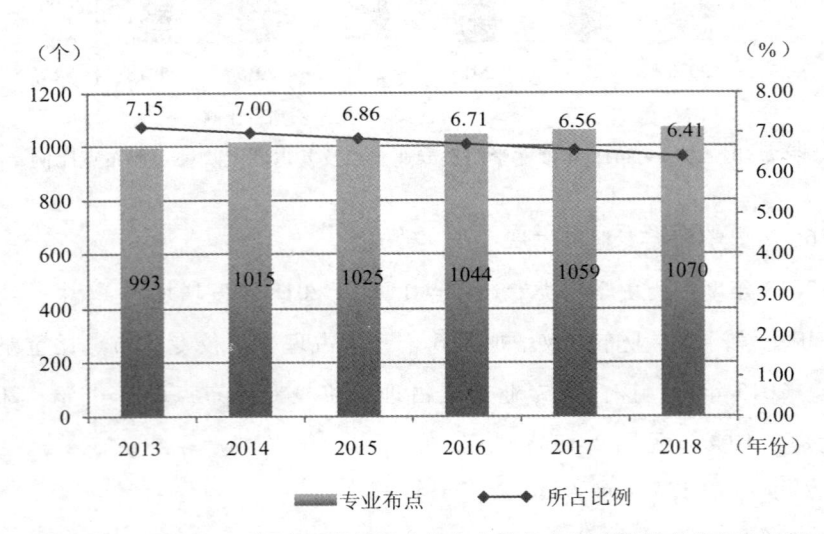

图 2.20　2013—2018 年度理学门类专业布点及其占理工院校专业布点比例

期间，工学门类专业布点增加了 1510 个，其占理工院校专业布点比重略有上升。2013 年度，该门类专业布点占理工院校专业布点的 52.44%；2018 年度上升到 52.66%（见图 2.21）。

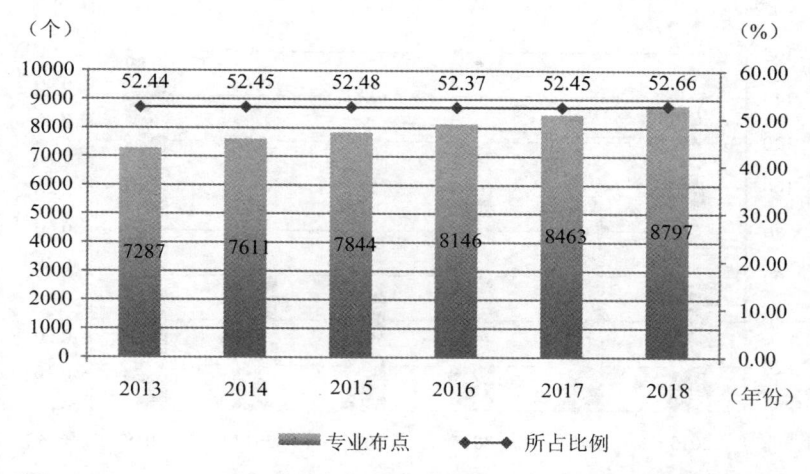

图 2.21　2013—2018 年度工学门类专业布点及其占理工院校专业布点比例

9. 农学门类专业的发展

2013 年度，农学门类专业布点 76 个；2018 年度增加到 84 个。这期间，农学门类专业布点增加了 8 个，其占理工院校专业布点比重却略有下降。2013 年度，该门类专业布点占理工院校专业布点的 0.55%；2018 年度下降到 0.50%（见图 2.22）。

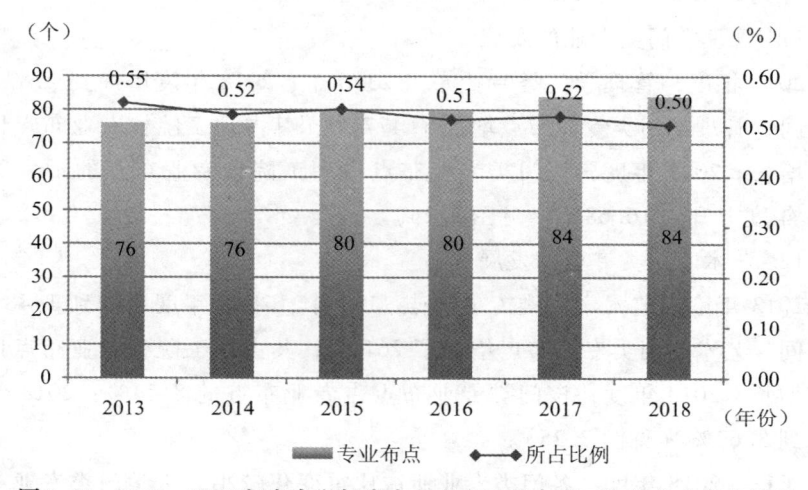

图 2.22　2013—2018 年度农学门类专业布点及其占理工院校专业布点比例

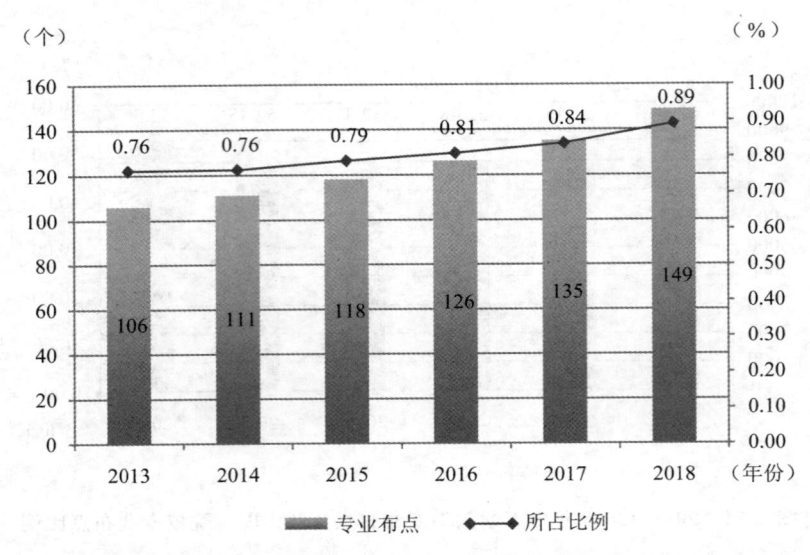

图 2.23　2013—2018 年度医学门类专业布点及其占理工院校专业布点比例

10. 医学门类专业的发展

2013 年度，医学门类专业布点 106 个；2018 年度增加到 149 个。这期间，医学门类专业布点增加了 43 个，其占理工院校专业布点比重略有增长。2013 年度，该门类专业布点占理工院校专业布点的 0.76%；2018 年度上升到 0.89%（见图 2.23）。

11. 管理学门类专业的发展

2013 年度，管理学门类专业布点 2310 个；2018 年度增加到 2787 个。这期间，管理学门类专业布点增加了 477 个，其占理工院校专业布点比重略有增长。2013 年度，该门类专业布点占理工院校专业布点的 16.62%；2018 年度上升到 16.68%（见图 2.24）。

12. 艺术学门类专业的发展

2013 年度，艺术学门类专业布点 1187 个；2018 年度增加到 1448 个。这期间，艺术学门类专业布点增加了 261 个，其占理工院校专业布点比重略有增长。2013 年度，该门类专业布点占专业布点的 8.54%；2018 年度上升到 8.67%（见图 2.25）。

2013—2018 年度，各门类专业所占比重变化较小，工学门类专业布点所占比例仍超过一半，理工院校"工学"特色明显。其余各门类专业都有不同程度发展。

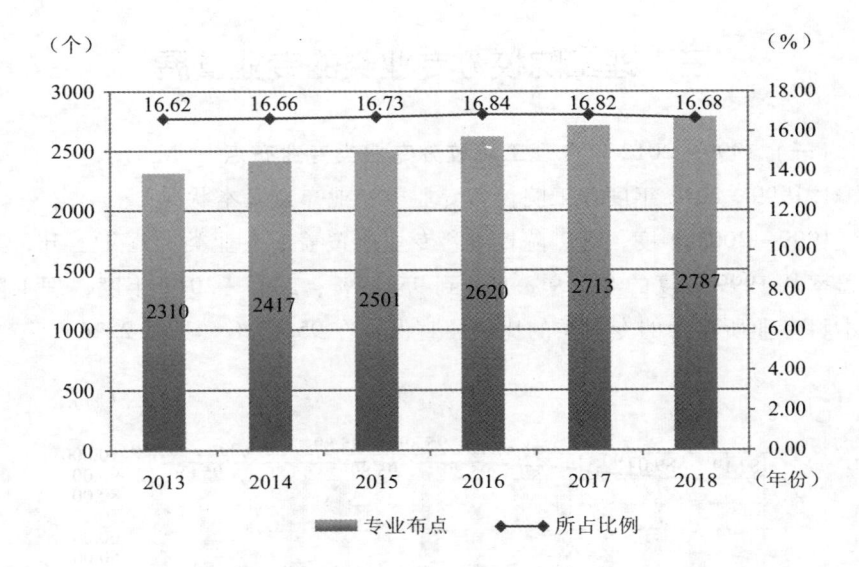

图 2.24　2013—2018 年度管理学门类专业布点及其占理工院校专业布点比例

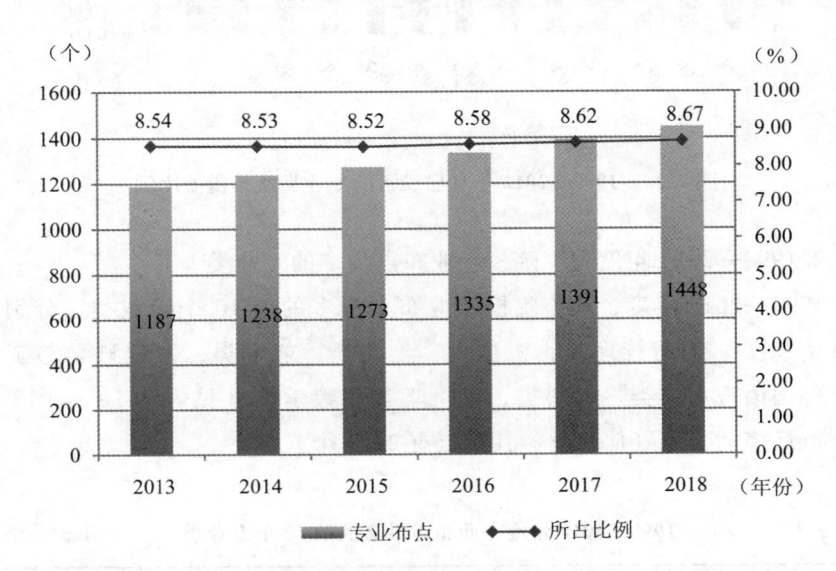

图 2.25　2013—2018 年度艺术学门类专业布点及其占理工院校专业布点比例

三 理工院校分专业类的专业发展

（一）1999—2012 年度理工院校分专业类专业布点

1. 1999—2012 年度理工院校各专业类专业布点基本状况

1999—2005 年度，理工院校本科专业所覆盖的专业类的逐年上升，其覆盖率从 1999 年度的 82.19% 上升到 95.89%；2005—2012 年度，理工院校本科专业所覆盖的专业类的比例一直保持在 95.89%（见图 2.26）。

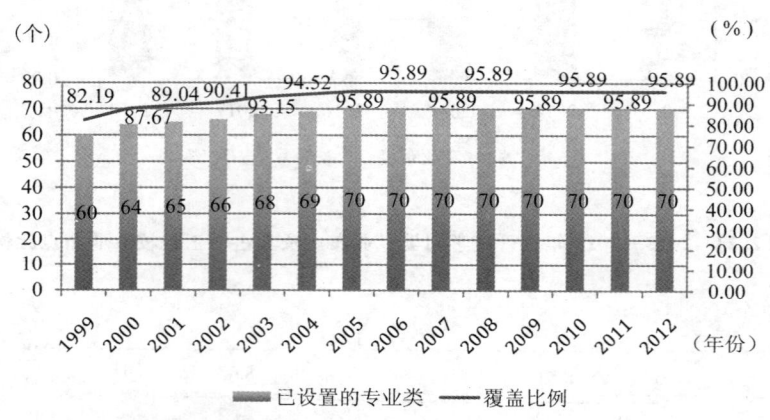

图 2.26 1999—2012 年度已设置的专业类及其覆盖比例

2. 1999—2012 年度理工院校专业布点最多的专业类

1999—2012 年度，理工院校专业布点最多的前 10 个专业类，分别是电气信息类、工商管理类、机械类、土建类、艺术类、管理科学与工程类、外国语言文学类、材料类、经济学类和数学类（见表 2.1）。2012 年度布点最多的是电气信息类，其布点有 2269 个。

表 2.1　　　1999—2012 年度专业布点最多的前 10 个专业类　　　单位：个

年度	电气信息类	工商管理类	机械类	土建类	艺术类	管理科学与工程类	外国语言文学类	材料类	经济学类	数学类
1999	615	338	332	295	59	142	128	184	161	97
2000	636	343	346	282	72	166	142	185	155	113

续表

年度	电气信息类	工商管理类	机械类	土建类	艺术类	管理科学与工程类	外国语言文学类	材料类	经济学类	数学类
2001	693	388	375	308	97	218	162	199	171	145
2002	784	473	417	347	134	266	203	227	213	187
2003	852	540	440	359	178	292	228	232	237	200
2004	1268	826	591	466	304	401	331	270	351	255
2005	1426	942	665	519	352	445	369	286	371	278
2006	1581	1057	738	569	410	481	423	313	409	290
2007	1712	1127	802	613	453	514	446	337	426	303
2008	1791	1178	850	647	500	539	474	355	437	314
2009	1887	1227	892	687	534	562	492	382	447	318
2010	2004	1277	931	725	571	582	510	427	464	321
2011	2120	1320	983	775	599	604	527	465	474	323
2012	2269	1357	1031	809	647	625	549	485	485	327

3. 1999—2012年度占各类别高校总专业布点比重一半以上的专业类

1999年度，理工院校中，专业类的专业布点占该专业类在各类别高校中的总布点比重达一半的专业类有19个（见表2.2）。其中武器类和航空航天类专业全部都在理工院校设置。此外，测绘类和地矿类专业布点所占比重都在90%以上。

表2.2　1999年度理工院校占该专业类在各类别高校中的总布点比重超过50%的专业类　　　　单位：个，%

排序	专业类	专业布点	占各类别高校中的总布点比重
1	武器类	24	100.00
2	航空航天类	19	100.00
3	测绘类	30	96.77
4	地矿类	106	91.38
5	材料类	184	82.14
6	仪器仪表类	77	81.05

续表

排序	专业类	专业布点	占各类别高校中的总布点比重
7	土建类	295	75.26
8	海洋工程类	9	75.00
9	工程力学类	24	75.00
10	环境与安全类	109	74.15
11	能源动力类	69	73.40
12	机械类	332	72.33
13	交通运输类	67	72.04
14	水利类	33	62.26
15	电气信息类	615	60.29
16	化工与制药类	110	59.46
17	轻工纺织食品类	101	54.01
18	管理科学与工程类	142	50.53
19	地球物理学类	3	50.00

到2012年度，理工院校中，专业类的专业布点占该专业类在各类别高校中的总布点比重达一半的专业类有16个（见表2.3）。

表2.3　　2012年度理工院校占该专业类在各类别高校中的总布点比重超过50%的专业类　　单位：个，%

排序	专业类	专业布点	占各类别高校中的总布点比重
1	武器类	56	94.92
2	力学类	17	73.91
3	航空航天类	49	73.13
4	工程力学类	65	72.22
5	地矿类	204	69.62
6	材料类	485	65.10
7	仪器仪表类	188	65.05
8	能源动力类	209	64.51
9	地球物理学类	18	64.29

续表

排序	专业类	专业布点	占各类别高校中的总布点比重
10	测绘类	102	62.96
11	交通运输类	275	62.22
12	海洋工程类	25	59.52
13	机械类	1031	59.08
14	环境与安全类	306	57.95
15	地质学类	24	55.81
16	土建类	809	55.11

1999—2012年度，理工院校中，占各类别高校总专业布点比重一半以上的专业类发生一定变化。占各类别高校总专业布点比重增加最多的前5个专业类，分别是力学类、系统学类、天文学类、电子信息科学类和地球物理学类。其中力学类由1999年度的25%上升到2012年度的73.91%，增加比例达48.91%。这期间减少最多的专业依次是测绘类、航空航天类、地矿类、土建类和化工与制药类。其中减幅最大的是测绘类，其专业布点比重降低了33.81%。

4. 1999—2012年度，理工院校专业布点增加最多的专业类

1999—2012年度，专业布点增加最多的前10个专业类，分别是电气信息类、工商管理类、机械类、艺术类、土建类、管理科学与工程类、外国语言文学类、经济学类、材料类和电子信息科学类（见表2.4）。其中专业布点增加最多的是电气信息类，增加专业布点1654个，增加比例268.94%。工商管理类专业增加布点也超过1000个。

表2.4　　1999—2012年度专业布点增加最多的前10个专业类　　单位：个,%

专业类	1999年度	2012年度	增加专业布点	增加比例
电气信息类	615	2269	1654	268.94
工商管理类	338	1357	1019	301.48
机械类	332	1031	699	210.54
艺术类	59	647	588	996.61
土建类	295	809	514	174.24

续表

专业类	1999年度	2012年度	增加专业布点	增加比例
管理科学与工程类	142	625	483	340.14
外国语言文学类	128	549	421	328.91
经济学类	161	485	324	201.24
材料类	184	485	301	163.59
电子信息科学类	12	266	254	2116.67

5. 1999—2012年度理工院校专业布点增幅最大的专业类

1999—2012年度，理工院校专业布点增幅最大的专业类前10个专业类，分别是体育学类、药学类、电子信息科学类、新闻传播学类、中国语言文学类、社会学类、生物科学类、环境生态类、艺术类和公安技术类（见表2.5）。这期间，专业布点增幅最大的前10个专业类其最低增幅900.00%。1999年度体育学类专业布点只有2个，到2012年度该专业类的布点达82个，其布点增加的比例达4000.00%。药学类专业类似。但是，这些专业类的专业布点都普遍较少。艺术类则不一样，该专业类不仅增加比例超过900.00%，且该专业类的专业布点总数仍较大。

表2.5　1999—2012年度专业布点增幅最大的前10个专业类　单位：个,%

专业类	1999年度	2012年度	增加专业布点	增加比例
体育学类	2	82	80	4000.00
药学类	2	45	43	2150.00
电子信息科学类	12	266	254	2116.67
新闻传播学类	11	210	199	1809.09
中国语言文学类	11	182	171	1554.55
社会学类	6	82	76	1266.67
生物科学类	9	107	98	1088.89
环境生态类	3	34	31	1033.33
艺术类	59	647	588	996.61
公安技术类	1	10	9	900.00

（二）2013—2018 年度理工院校分专业类专业布点

1. 2013—2018 年度理工院校各专业类专业布点基本状况

2013 年度，理工院校专业覆盖了 88 个专业类，只有民族学类、基础医学类、草学类和艺术学理论类没有专业布点。

2014—2016 年度，理工院校专业覆盖了 89 个专业类，只有民族学类、基础医学类和草学类没有专业布点。

2017—2018 年度，理工院校专业覆盖了 90 个专业类，只有基础医学类和草学类没有专业布点。

2. 2013—2018 年度理工院校专业布点最多的专业类

2013—2018 年度，理工院校专业布点最多的前 10 个专业类，分别是机械类、计算机类、工商管理类、电子信息类、设计学类、材料类、外国语言文学类、土木类、管理科学与工程类和物流管理与工程类（见表 2.6）。

表 2.6　　　2013—2018 年度专业布点最多的前 10 个专业类　　　单位：个

专业类	2013 年度	2014 年度	2015 年度	2016 年度	2017 年度	2018 年度
机械类	1053	1110	1167	1210	1262	1289
计算机类	921	997	1035	1088	1160	1275
工商管理类	1031	1062	1084	1119	1160	1186
电子信息类	984	1015	1035	1063	1076	1087
设计学类	789	824	852	884	913	948
材料类	584	609	627	656	674	703
外国语言文学类	561	608	633	661	678	702
土木类	547	573	600	635	669	695
管理科学与工程类	492	525	546	578	594	614
物流管理与工程类	308	327	346	366	377	382

3. 2013—2018 年度占各类别高校总专业布点比重一半以上的专业类

2013 年度，理工院校中专业类的专业布点占该专业类在各类别高校中的总布点比重达一半的专业类有22个（见表2.7）。其中布点比例最大的是兵器类，占该专业类在各类别高校中的总布点比重的94.92%。

表2.7 　　2013年度理工院校占该专业类在各类别高校中的
总布点比重超过50%的专业类　　　　单位：个,%

排序	专业类	专业布点	占各类别高校中的总布点比重
1	兵器类	56	94.92
2	航空航天类	57	78.08
3	安全科学与工程类	113	74.83
4	力学类	75	73.53
5	地质类	110	70.97
6	矿业类	115	70.12
7	地球物理学类	18	66.67
8	仪器类	186	65.26
9	测绘类	103	64.78
10	能源动力类	168	63.16
11	交通运输类	214	62.21
12	核工程类	32	60.38
13	材料类	589	59.56
14	机械类	1072	59.49
15	自动化类	299	59.09
16	土木类	564	58.69
17	轻工类	87	55.06
18	电气类	298	54.58
19	海洋工程类	24	54.55
20	地质学类	26	53.06
21	水利类	84	52.17
22	工业工程类	5	50.00

2018年度，理工院校中，专业类的专业布点占该专业类在各类别高校中的总布点比重达一半的专业类有21个（见表2.8）。

表 2.8　2018 年度理工院校占该专业类在各类别高校中的
总布点比重超过 50% 的专业类　　　单位：个，%

排序	专业类	专业布点	占各类别高校中的总布点比重
1	兵器类	59	96.72
2	航空航天类	88	72.13
3	安全科学与工程类	124	71.68
4	地质类	133	71.12
5	力学类	75	70.75
6	矿业类	129	67.89
7	仪器类	193	65.42
8	能源动力类	214	62.57
9	交通运输类	250	62.50
10	测绘类	129	60.00
11	地球物理学类	19	59.38
12	自动化类	374	57.72
13	材料类	703	57.39
14	土木类	695	57.15
15	机械类	1289	56.91
16	核工程类	29	56.86
17	轻工类	93	55.36
18	海洋工程类	30	54.55
19	电气类	353	53.24
20	地质学类	28	52.83
21	水利类	101	51.01

4. 2013—2018 年度理工院校专业布点增加最多的专业类

2013—2018 年度，专业布点增加最多的前 10 个专业类，分别是计算机类、机械类、设计学类、工商管理类、土木类、外国语言文学类、管理科学与工程类、材料类、金融学类和电子信息类（见表 2.9）。计算机类和机械类增加的专业布点都超过 200 个。

表 2.9　　2013—2018 年度专业布点增加最多的前 10 个专业类　　单位：个，%

专业类	2013 年度	2018 年度	增加专业布点	增加比例
计算机类	921	1275	354	38.44
机械类	1053	1289	236	22.41
设计学类	789	948	159	20.15
工商管理类	1031	1186	155	15.03
土木类	547	695	148	27.06
外国语言文学类	561	702	141	25.13
管理科学与工程类	492	614	122	24.80
材料类	584	703	119	20.38
金融学类	148	261	113	76.35
电子信息类	984	1087	103	10.47

5. 2013—2018 年度理工院校专业布点增幅最大的专业类

2013—2018 年度，专业布点增幅最大的前 10 个专业类，分别是图书情报与档案管理类、医学技术类、工业工程类、金融学类、财政学类、护理学类、航空航天类、历史学类、大气科学类和公共卫生与预防医学类（见表 2.10）。除金融学类外，其余增幅大的专业类其专业布点数都较少。

表 2.10　　2013—2018 年度专业布点增幅最大的前 10 个专业类　　单位：个，%

专业类	2013 年度	2018 年度	增加专业布点	增加比例
图书情报与档案管理类	2	5	3	150.00
医学技术类	13	32	19	146.15
工业工程类	5	10	5	100.00
金融学类	148	261	113	76.35
财政学类	8	14	6	75.00
护理学类	21	35	14	66.67
航空航天类	56	88	32	57.14
历史学类	11	17	6	54.55
大气科学类	6	9	3	50.00
公共卫生与预防医学类	4	6	2	50.00

四 理工院校专业布点的状况

(一) 1999—2012 年度理工院校的专业布点

1. 理工院校设置的本科专业种数

1999—2012 年度,理工院校设置的专业种数逐年增加,各年度专业种数占各类别高校专业总种数的达 50% 以上(见图 2.27)。

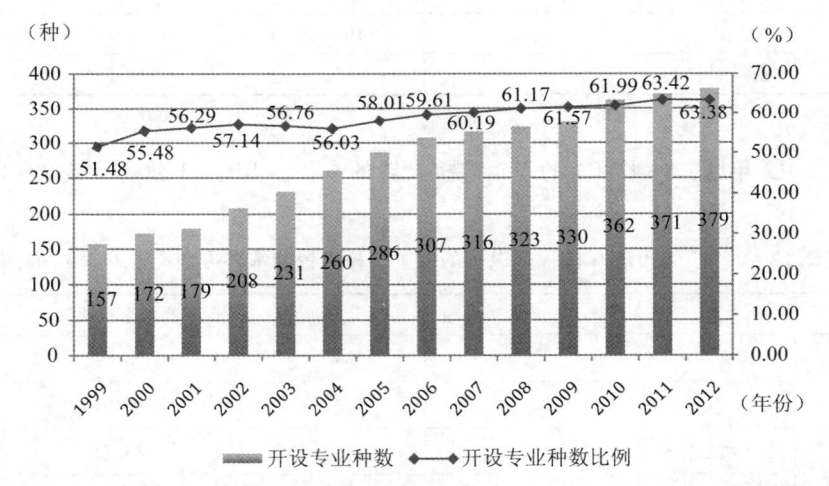

图 2.27 1999—2012 年度理工院校专业种数及其占各类别高校专业总种数的比例

1999 年度,理工院校设置的专业共 157 种,占当年度各类别高校专业总种数比重的 51.48%。到 2012 年度设置的专业种数达 379 种,占当年度各类别高校专业总种数比重的 63.38%。这表明理工院校设置的专业越来越全面,有更强的综合性。

2. 理工院校较集中设置的本科专业

1999 年度,一半以上的理工院校设置的本科专业有 9 种,分别是计算机科学与技术、自动化、机械设计制造及其自动化、工商管理、会计学、土木工程、电子信息工程、英语和化学工程与工艺(见表 2.11)。其中布点最多的是计算机科学与技术专业,该专业的学校覆盖率是 93.37%。当年度仅 12 所理工院校未开设计算机科学与技术专业。

表 2.11　　　　1999 年度一半以上的理工院校设置的本科专业　　　单位：个，%

排序	专业	专业布点	覆盖学校比例
1	计算机科学与技术	169	93.37
2	自动化	142	78.45
3	机械设计制造及其自动化	133	73.48
4	工商管理	131	72.38
5	会计学	116	64.09
6	土木工程	111	61.33
7	电子信息工程	109	60.22
8	英语	105	58.01
9	化学工程与工艺	97	53.59

2012 年度，一半以上的理工院校设置的本科专业有 23 种（见表 2.12）。

表 2.12　　　　2012 年度一半以上的理工院校设置的本科专业　　　单位：个，%

排序	专业	专业布点	覆盖学校比例
1	计算机科学与技术	329	95.64
2	英语	313	90.99
3	电子信息工程	288	83.72
4	自动化	263	76.45
5	市场营销	261	75.87
6	电气工程及其自动化	260	75.58
7	艺术设计	258	75.00
8	国际经济与贸易	252	73.26
9	机械设计制造及其自动化	247	71.80
10	通信工程	245	71.22
11	土木工程	237	68.90
12	信息管理与信息系统	230	66.86
13	工商管理	220	63.95
14	会计学	218	63.37
15	工业设计	212	61.63

续表

排序	专业	专业布点	覆盖学校比例
16	工程管理	211	61.34
17	软件工程	199	57.85
18	信息与计算科学	199	57.85
19	环境工程	189	54.94
20	测控技术与仪器	184	53.49
21	财务管理	176	51.16
22	材料成型及控制工程	175	50.87
23	法学	174	50.58

1999—2012年度，理工院校中一半以上的学校都设置的本科专业发生了一定变化。1999年度一半以上的理工院校设置的专业有9种，到2012年度一半以上的理工院校设置的本科专业共增加到23种。从专业的高校覆盖率看，各专业则发生了较大变化。

3. 较集中在理工院校设置的本科专业

1999年度，理工院校中，专业布点占各类别高校中该专业布点总数的50%以上的专业共74种，占当年度理工院校设置的专业总种数的47.13%。其中，占80%以上的专业有32种，只在理工院校设置的专业共18种。

到2012年度，较集中在理工院校设置的本科专业有了进一步的增加，专业布点占各类别高校中该专业布点总数的50%以上的专业共181种，占当年度理工院校设置的专业总种数的42.15%。其中，占80%以上的专业有47种，只在理工院校设置的专业共35种。

4. 增长的本科专业

（1）专业布点增长数量。1999—2012年度，理工院校布点增加的本科专业有372种，共增加了9630个布点。这期间，专业布点增加最多的前10种专业，分别是英语、艺术设计、软件工程、市场营销、通信工程、电气工程及其自动化、信息管理与信息系统、电子信息工程、国际经济与贸易和财务管理（见表2.13）。

表 2.13　　1999—2012 年度专业布点增加最多的前 10 种专业　　单位：个,%

专业	1999 年度	2012 年度	增加专业布点	增加比例
英语	105	307	202	192.38
艺术设计	55	253	198	360.00
软件工程	0	197	197	—
市场营销	59	255	196	332.20
通信工程	58	242	184	317.24
电气工程及其自动化	81	258	177	218.52
信息管理与信息系统	53	227	174	328.30
电子信息工程	109	282	173	158.72
国际经济与贸易	84	248	164	195.24
财务管理	12	173	161	1341.67

（2）专业布点的增幅。理工院校专业得到了快速发展。1999—2012 年度，专业布点增幅 50% 以上的专业有 141 种；增长 100% 以上的专业有 122 种；增长 500% 以上的专业共 36 种；增长 1000% 以上的专业共 17 种；增长 2000% 以上的专业共 9 种。这期间专业增幅最大的前 11 种专业[①]，分别是车辆工程、机械电子工程、公共事业管理、新闻学、社会工作、微电子学、园林、光信息科学与技术、绘画、广播电视新闻学和政治学与行政学（见表 2.14）。其中车辆工程专业增加的比例高达 10000.00%。

表 2.14　　1999—2012 年度专业布点增幅最大的前 11 种专业　　单位：个,%

专业	1999 年度	2012 年度	增加专业布点	增加比例
车辆工程	1	101	100	10000.00
机械电子工程	1	77	76	7600.00
公共事业管理	2	99	97	4850.00
新闻学	1	35	34	3400.00
社会工作	2	67	65	3250.00

---

① 排在第 10 位的有两种专业。

续表

专业	1999 年度	2012 年度	增加专业布点	增加比例
微电子学	1	28	27	2700.00
园林	1	27	26	2600.00
光信息科学与技术	3	73	70	2333.33
绘画	1	23	22	2200.00
广播电视新闻学	2	40	38	1900.00
政治学与行政学	1	20	19	1900.00

（3）新设的本科专业。1999—2012 年度，理工院校不断增设新专业，在这期间新设置的专业共 222 种，占 2012 年度理工院校本科专业总种数的 58.58%。

5. 布点减少或撤销的本科专业

1999—2012 年度，理工院校只有农业机械化及其自动化专业布点是减少的，该专业布点减少 1 个。

1999—2012 年度，理工院校撤销了中国革命史与中国共产党党史和农业建筑环境与能源工程专业。

（二）2013—2018 年度理工院校的专业布点

1. 理工院校设置的本科专业种数

2013—2018 年度，理工院校设置的专业种数逐年增加，各年度专业种数占各类别高校专业总种数的比重也有所增加（见图 2.28）。

2013 年度，理工院校设置的专业共 344 种，占当年度各类别高校专业总种数比重的 67.58%。2018 年度，设置的专业共 411 种，其占当年度各类别高校专业总种数比重的 65.45%。这表明理工院校设置的专业较全面，综合性强。

2. 理工院校较集中设置的本科专业

2013 年度，一半以上的理工院校设置的本科专业有 24 种（见表 2.15）。其中布点最多的是计算机科学与技术专业，该专业的学校覆盖率 94.29%。在 2013 年度的 350 所理工院校中仅 20 所院校未开设计算机科学与技术专业。

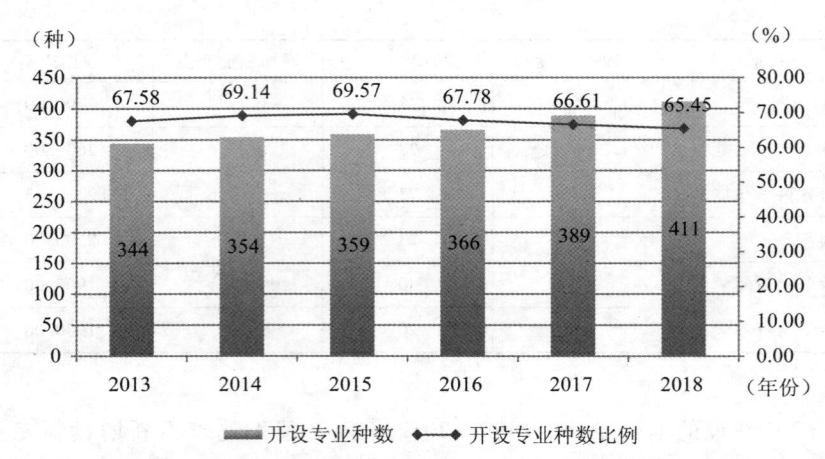

图 2.28　2013—2018 年度理工院校专业种数及其占各类别高校专业总种数的比例

表 2.15　　　　2013 年度一半以上的理工院校设置的本科专业　　　单位：个，%

排序	专业	专业布点	覆盖学校比例
1	计算机科学与技术	330	94.29
2	英语	311	88.86
3	电子信息工程	286	81.71
4	电气工程及其自动化	278	79.43
5	自动化	259	74.00
6	市场营销	259	74.00
7	机械设计制造及其自动化	253	72.29
8	国际经济与贸易	251	71.71
9	通信工程	248	70.86
10	土木工程	243	69.43
11	环境设计	237	67.71
12	信息管理与信息系统	223	63.71
13	视觉传达设计	222	63.43
14	工商管理	220	62.86
15	会计学	216	61.71
16	软件工程	213	60.86
17	工程管理	212	60.57
18	财务管理	194	55.43

续表

排序	专业	专业布点	覆盖学校比例
19	信息与计算科学	192	54.86
20	环境工程	187	53.43
21	工业设计	186	53.14
22	测控技术与仪器	186	53.14
23	材料成型及控制工程	180	51.43
24	产品设计	179	51.14

2018年度，一半以上的理工院校设置的本科专业有25种（见表2.16）。与2013年度相比，各专业覆盖学校比例有所变化。

表2.16　　　　2018年度一半以上的理工院校设置的本科专业　　　单位：个，%

排序	专业	专业布点	覆盖学校比例
1	计算机科学与技术	329	90.63
2	英语	302	83.20
3	电气工程及其自动化	299	82.37
4	电子信息工程	297	81.82
5	自动化	273	75.21
6	市场营销	270	74.38
7	通信工程	269	74.10
8	机械设计制造及其自动化	268	73.83
9	土木工程	258	71.07
10	国际经济与贸易	252	69.42
11	软件工程	251	69.15
12	环境设计	251	69.15
13	视觉传达设计	232	63.91
14	财务管理	231	63.64
15	工程管理	229	63.09
16	会计学	225	61.98
17	信息管理与信息系统	221	60.88
18	物联网工程	217	59.78
19	工商管理	215	59.23

续表

排序	专业	专业布点	覆盖学校比例
20	产品设计	196	53.99
21	材料成型及控制工程	195	53.72
22	测控技术与仪器	192	52.89
23	环境工程	192	52.89
24	机械电子工程	188	51.79
25	工业设计	182	50.14

3. 较集中在理工院校设置的本科专业

2013年度，理工院校中，专业布点占各类别高校中该专业布点总数的50%以上的专业共121种，占当年度理工院校设置的专业总种数的34.87%。其中，占80%以上的专业有35种，只在理工院校设置的专业共23种。

到2018年度，专业布点占各类别高校中该专业布点总数的50%以上的专业共143种，占当年度理工院校设置的专业总种数的22.77%。其中，占80%以上的专业有47种，只在理工院校设置的专业共33种。

4. 增长的本科专业

（1）专业布点增长数量。2013—2018年度，理工院校布点增加的本科专业有326种，共增加了2838个布点。这期间，专业布点增加最多的前11种专业[①]，分别是数据科学与大数据技术、物联网工程、机械电子工程、工程造价、商务英语、机器人工程、数字媒体艺术、翻译、电子商务、物流管理和软件工程（见表2.17）。数据科学与大数据技术是这期间新设的专业，其布点增加最多。

表2.17　　　2013—2018年度专业布点增加最多的前11种专业　　单位：个，%

专业	2013年度	2018年度	增加专业布点	增加比例
数据科学与大数据技术	0	97	97	—
物联网工程	131	217	86	65.65

---

① 专排在第10位的有两种专业。

续表

专业	2013 年度	2018 年度	增加专业布点	增加比例
机械电子工程	105	188	83	79.05
工程造价	43	120	77	179.07
商务英语	24	83	59	245.83
机器人工程		53	53	—
数字媒体艺术	47	98	51	108.51
翻译	18	68	50	277.78
电子商务	132	177	45	34.09
物流管理	127	171	44	34.65
软件工程	207	251	44	21.26

（2）专业布点的增幅。2013—2018 年度，专业布点增幅 50% 以上的专业有 105 种；增长 100% 以上有 66 种。这期间专业增幅最大的前 10 种专业，分别是电气工程与智能控制、资产评估、环境科学与工程、税收学、运动康复、电信工程及管理、投资学、电子商务及法律、环境生态工程和工艺美术（见表 2.18）。其中电气工程与智能控制、资产评估和环境科学与工程专业增加的比例最高，增长的比例均达 700.00%。

（3）新设的本科专业。2013—2018 年度，理工院校不断增设新专业，在这期间新设置的专业共 67 种，占 2018 年度理工院校本科专业总种数的 16.30%。

表 2.18　　2013—2018 年度专业布点增幅最大的前 10 种专业　　单位：个，%

专业	2013 年度	2018 年度	增加专业布点	增加比例
电气工程与智能控制	3	24	21	700.00
资产评估	2	16	14	700.00
环境科学与工程	1	8	7	700.00
税收学	1	7	6	600.00
运动康复	1	6	5	500.00
电信工程及管理	1	6	5	500.00
投资学	7	37	30	428.57

续表

专业	2013年度	2018年度	增加专业布点	增加比例
电子商务及法律	1	5	4	400.00
环境生态工程	2	9	7	350.00
工艺美术	5	22	17	340.00

5. 布点减少的本科专业

2013—2018年度，理工院校专业布点减少的专业共12种。专业布点减少最多的是服装设计与工程专业，有5所学校撤销该专业。

第三章

农业院校本科专业设置发展

一 农业院校专业设置基本状况

1999—2018年度，农业院校本科专业有很大发展，见图3.1和图3.2所示。

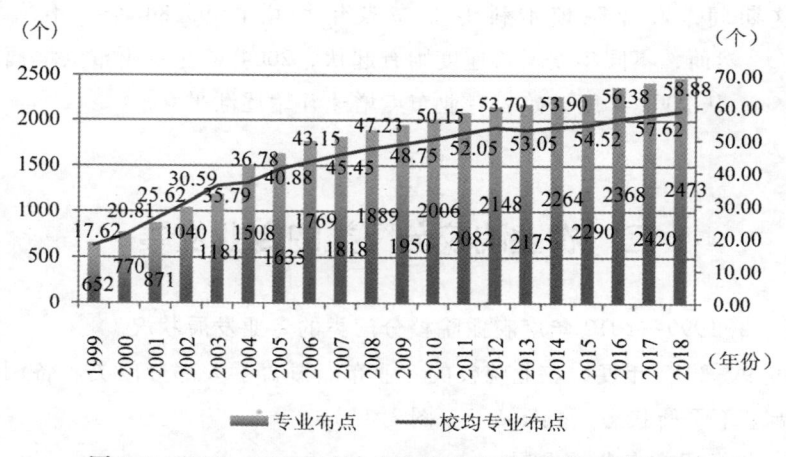

图3.1 1999—2018年度农业院校专业布点与校均专业布点

见图3.1所示，1999年度，农业院校本科专业布点652个；2018年度增加到2473个，是1999年度专业布点的3.79倍。2004年度专业布点增加最多，共增加了327个。1999年度，农业院校校均本科专业17.62个；2018年度增加到58.88个，校均专业设置规模增加41.26个。

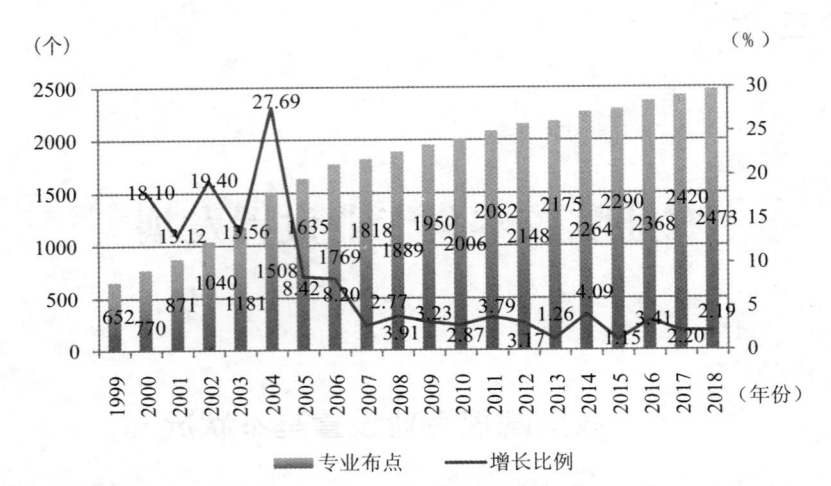

图 3.2　1999—2018 年度农业院校专业布点与专业布点增长趋势

见图 3.2 所示，1999—2018 年度，农业院校专业布点一直保持较快增长。这期间，农业院校本科专业布点年均增长 95.84 个，年增长率 7.27%。然而，不同年度增长速度则有起伏，2004 年度专业布点增幅高达 27.69%。从 2007 年度开始，专业布点增速开始逐渐平缓。

二　农业院校分门类的专业发展

（一）1999—2012 年度农业院校分门类的专业发展状况

1999—2012 年度，农业院校的专业布点覆盖了大部分门类。各门类专业发展呈不平衡状态（见图 3.3—图 3.11）。

1. 哲学门类专业的发展

1999—2005 年度，农业院校未开设哲学门类专业。2006 年度农业院校有 1 个哲学门类专业，直到 2012 年度，该门类专业布点仍然只有 1 个。

2. 经济学门类专业的发展

1999 年度，经济学门类专业布点 26 个；2012 年度增加到 84 个。这期间，经济学门类专业布点增加了 58 个，其占农业院校专业布点比重却略有下降。1999 年度，该门类专业布点占农业院校专业布点的 3.99%；2012 年度下降到 3.91%（见图 3.3）。

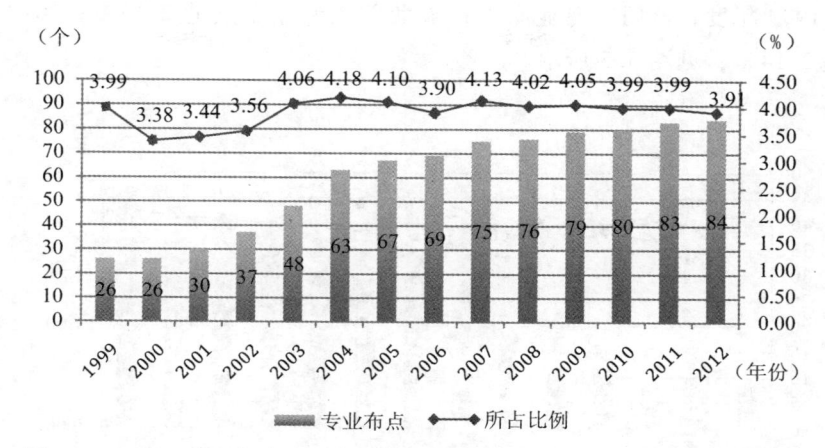

图 3.3 1999—2012 年度经济学门类专业布点及其占农业院校专业布点比例

3. 法学门类专业的发展

1999 年度，法学门类专业布点 8 个；2012 年度增加到 53 个。这期间，法学门类专业布点增加了 45 个，其占农业院校专业布点比重有所上升。1999 年度，该门类专业布点占农业院校专业布点的 1.23%，2012 年度增加到 2.47%，见图 3.4 所示。

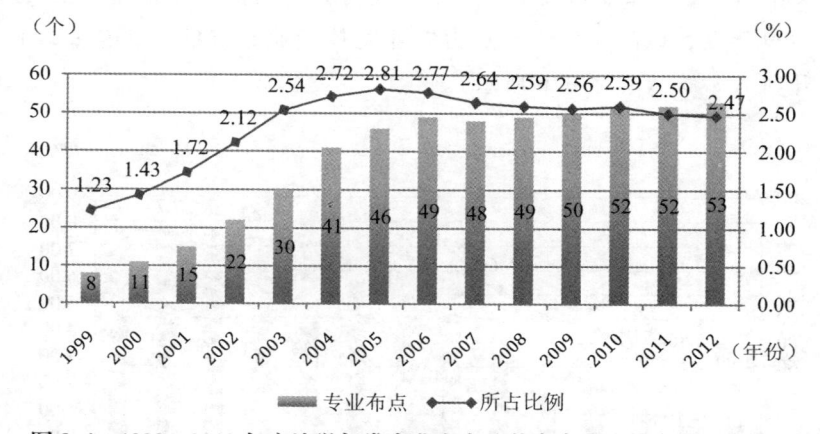

图 3.4 1999—2012 年度法学门类专业布点及其占农业院校专业布点比例

4. 教育学门类专业的发展

1999 年度，教育学门类专业布点 14 个；2012 年度增加到 46 个。这期间，教育学门类专业布点增加了 32 个，其占农业院校专业布点比重变化很小。1999年度，该门类专业布点占农业院校专业布点的2.15%；2012年度是2.14%，见图3.5所示。

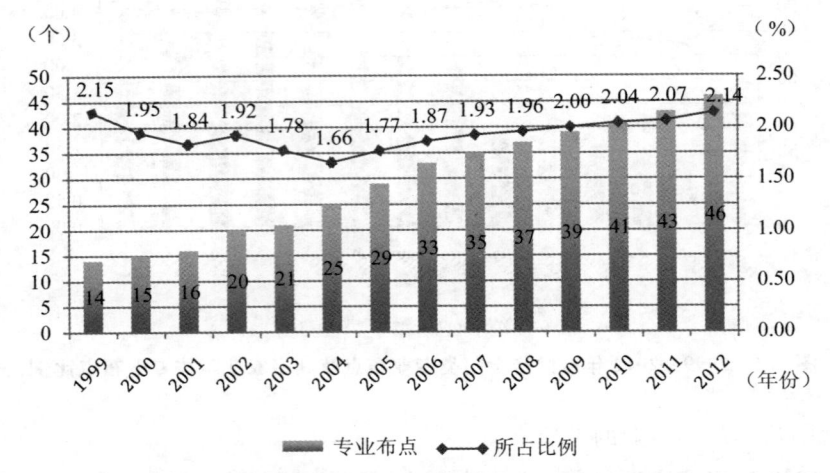

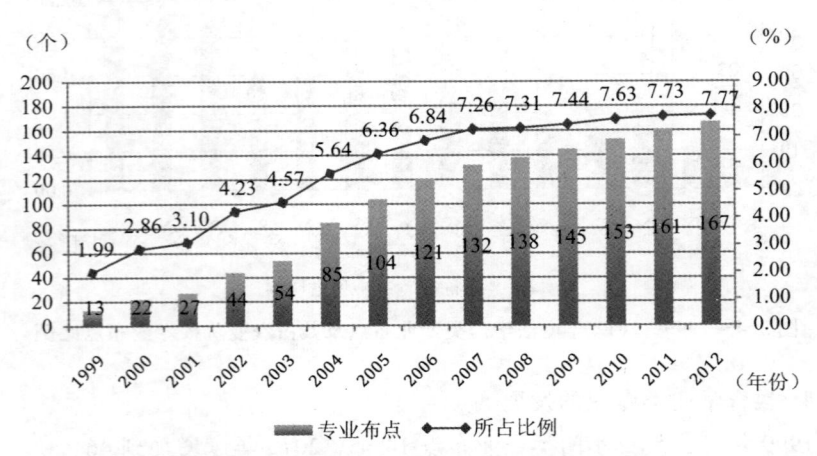

图3.5　1999—2012年度教育学门类专业布点及其占农业院校专业布点比例

5. 文学门类专业的发展

1999年度，文学门类专业布点13个；2012年度增加到167个。这期间，文学门类专业布点增加了154个，其占农业院校专业布点比重增加很大。1999年度，该门类专业布点占农业院校专业布点的1.99%；2012年度上升到7.77%（见图3.6所示）。

图3.6　1999—2012年度文学门类专业布点及其占农业院校专业布点比例

6. 历史学门类专业的发展

1999—2004 年度农业院校未开设历史学门类专业。2005 年度开始有 1 所农业院校设置了历史学门类专业；到 2012 年度，历史学门类专业布点增加到 2 个。

7. 理学门类专业的发展

1999 年度，理学门类专业布点 44 个；2012 年度增加到 302 个。这期间，理学门类专业布点增加了 258 个，其占农业院校专业布点比重大幅提升。1999 年度，该门类专业布点占农业院校专业布点的 6.75%；2012 年度上升到 14.06%（见图 3.7）。

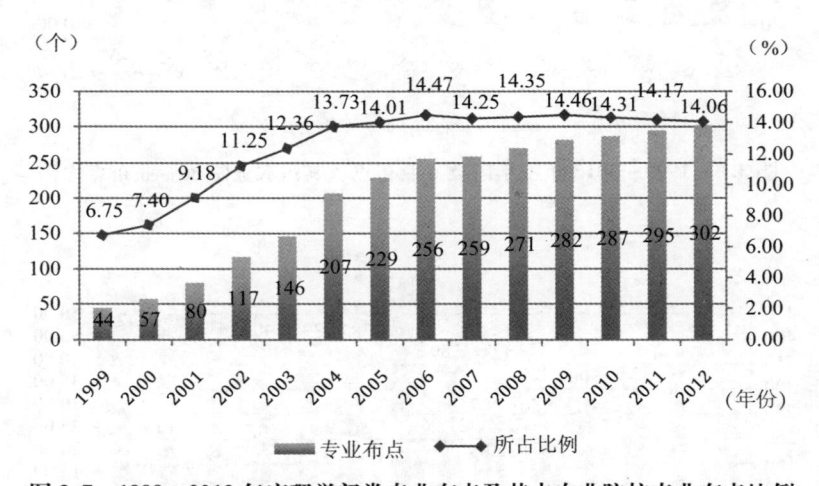

图 3.7　1999—2012 年度理学门类专业布点及其占农业院校专业布点比例

8. 工学门类专业的发展

1999 年度，工学门类专业布点 184 个；2012 年度增加到 684 个。这期间，工学门类专业布点增加了 500 个，其占农业院校专业布点比重有所提升。1999 年度，该门类专业布点占农业院校专业布点的 28.22%；2012 年度上升到 31.84%，见图 3.8 所示。工学成为农业院校专业布点比例最大的门类。

9. 农学门类专业的发展

1999 年度，农学门类专业布点 272 个；2012 年度增加到 426 个。这期间，农学门类专业布点增加了 154 个，其占农业院校专业布点比重却大幅下降。1999 年度，该门类专业布点占农业院校专业布点的 41.72%；2012 年度下降到 19.83%（见图 3.9）。

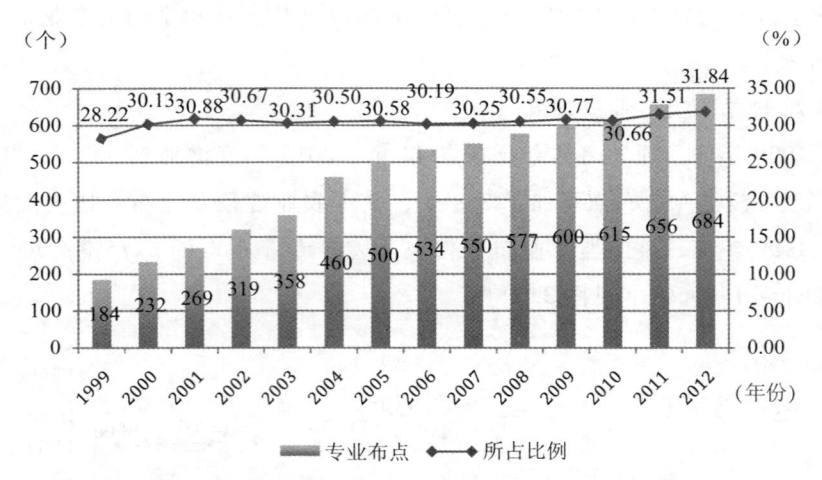

图 3.8 1999—2012 年工学门类专业布点及其占农业院校专业布点比例

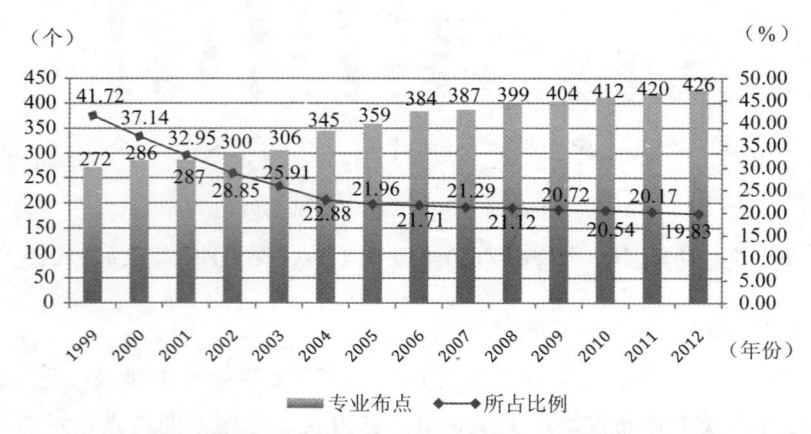

图 3.9 1999—2012 年度农学门类专业布点及其占农业院校专业布点比例

10. 医学门类专业的发展

1999 年度，医学门类专业布点只有 2 个；2012 年度增加到 30 个。这期间，医学门类专业布点增加了 28 个，其占农业院校专业布点比重有所提升。1999 年度，该门类专业布点占农业院校专业布点的 0.31%；2012 年度上升到 1.40%（见图 3.10）。

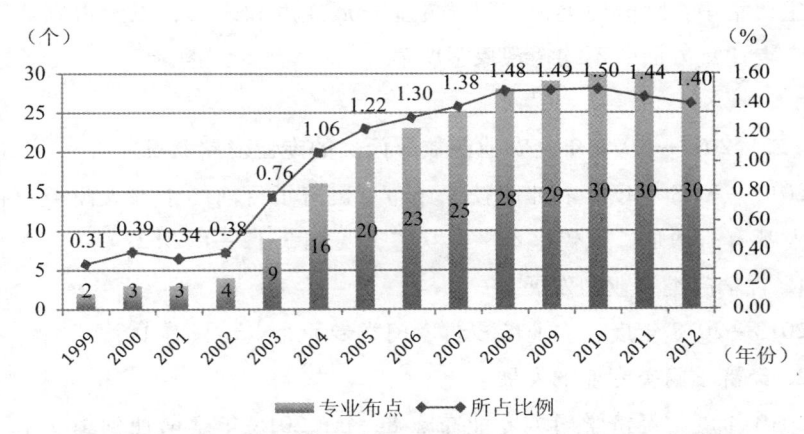

图 3.10　1999—2012 年度医学门类专业布点及其占农业院校专业布点比例

11. 管理学门类专业的发展

1999 年度，管理学门类专业布点 89 个；2012 年度增加到 353 个。这期间，管理学门类专业布点增加了 264 个，其占农业院校专业布点比重有较大提升。1999 年度，该门类专业布点占农业院校专业布点的 13.65%；2012 年度上升到 16.43%，见图 3.11 所示。

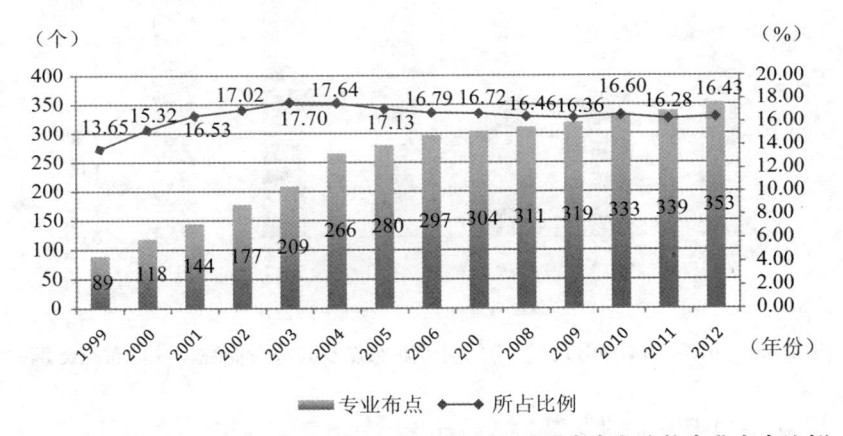

图 3.11　1999—2012 年度管理学门类专业布点及其占农业院校专业布点比例

1999—2012 年度，除哲学和历史学外，其他各门类专业有较大发展。农学门类专业布点占农业院校专业布点比重相对较高，但其占农业院校专业布点比重下降最大。经济学和教育学门类专业也略有下降。增加的专业布点主要集中在部分门类,各门类专业发展速度和规模,以及占农业院校专业布点比重方面的不均衡现象很明显。

(二) 2013—2018 年度农业院校分门类的专业发展状况

2013—2018 年度,农业院校专业布点覆盖了目前的十二大门类。各门类专业都有所增加,但仍呈不平衡状态(见图 3.12—图 3.21)。

1. 哲学门类专业的发展

2013—2018 年度,农业院校哲学门类专业布点仍只有 1 个。

2. 经济学门类专业的发展

2013 年度,经济学门类专业布点 84 个;2018 年度增加到 100 个。这期间,经济学门类专业布点增加了 16 个,其占农业院校专业布点比重有所上升。2013 年度,该门类专业布点占农业院校专业布点的 3.86%;2018 年度上升到 4.04%(见图 3.12)。

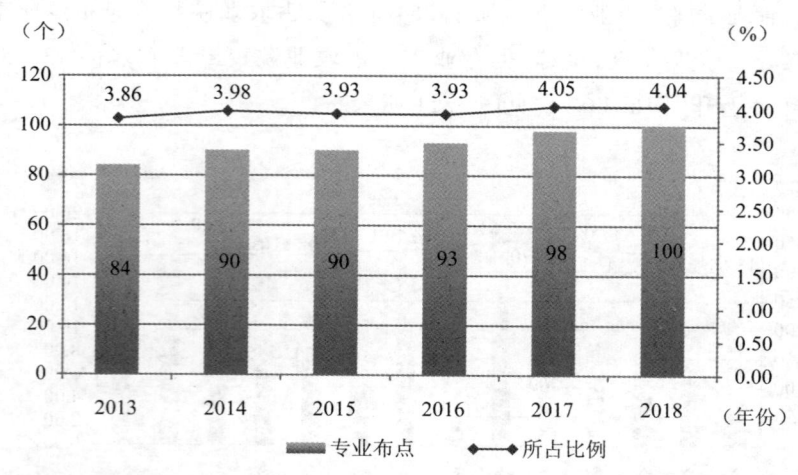

图 3.12 2013—2018 年度经济学门类专业布点及其占农业院校专业布点比例

3. 法学门类专业的发展

2013 年度,法学门类专业布点 50 个;2018 年度增加到 52 个。这期间,法学门类专业布点仅增加 2 个,其占农业院校专业布点比重有所下降。2013 年度,该门类专业布点占农业院校专业布点的 2.30%;2018 年度下降到 2.10%(见图 3.13)。

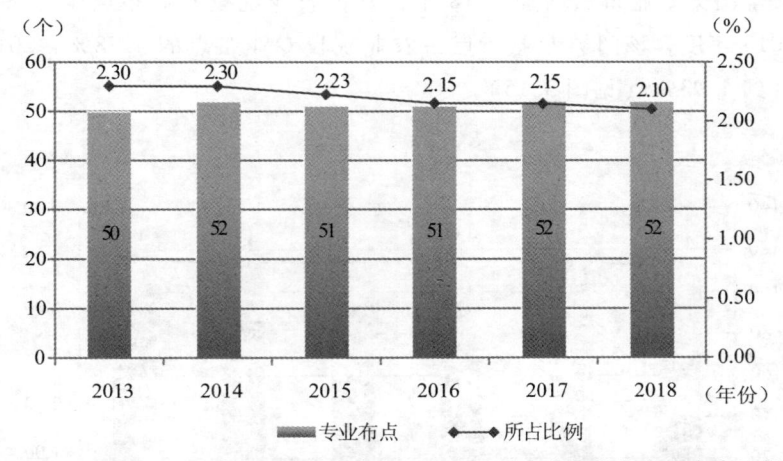

图 3.13　2013—2018 年度法学门类专业布点及其占农业院校专业布点比例

4. 教育学门类专业的发展

2013 年度，教育学门类专业布点 15 个；到 2018 年度增加到 19 个。这期间，教育学门类专业布点仅增加 4 个，其布点占农业院校专业布点比重略有增长。2013 年度，该门类专业布点占农业院校专业布点的 0.69%；2018 年度上升到 0.77%（见图 3.14）。

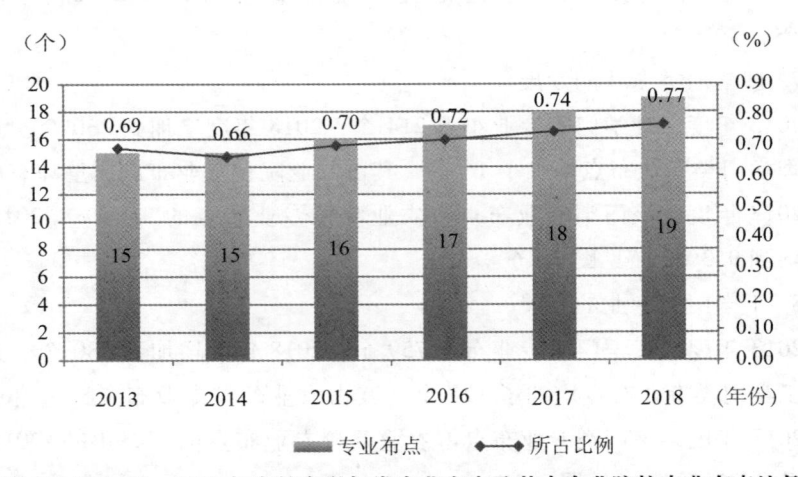

图 3.14　2013—2018 年度教育学门类专业布点及其占农业院校专业布点比例

5. 文学门类专业的发展

2013 年度，文学门类专业布点 104 个；2018 年度增加到 122 个。这期间，文学门类专业布点增加了 18 个，其占农业院校专业布点比重略有增长。2013 年度，该门类专业布点占农业院校专业布点的 4.78%；2018 年度上升到 4.93%（见图 3.15）。

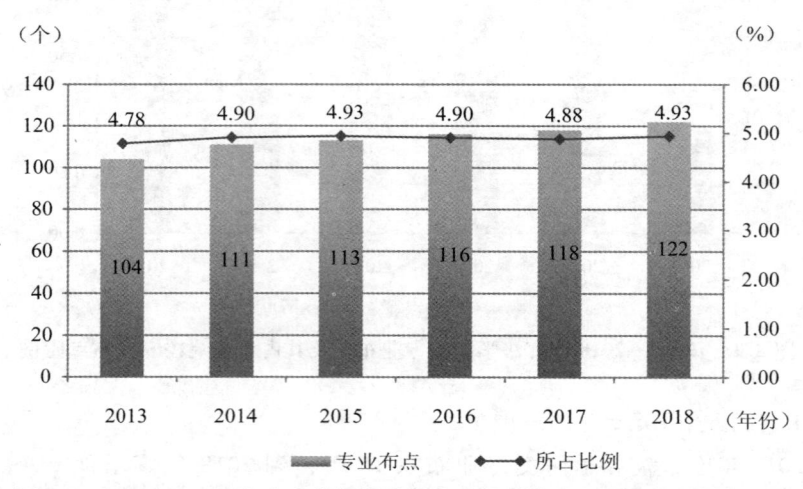

图 3.15　2013—2018 年度文学门类专业布点及其占农业院校专业布点比例

6. 历史学门类专业的发展

2013—2015 年度，历史学门类专业布点有 2 个；2016—2018 年度增加到 3 个。

7. 理学门类专业的发展

2013 年度，理学门类专业布点 214 个；2018 年度增加到 230 个。这期间，理学门类专业布点增加了 16 个，其占农业院校专业布点比重却有所下降。2013 年度，该门类专业布点占农业院校专业布点的 9.84%；2018 年度下降到 9.30%（见图 3.16）。

8. 工学门类专业的发展

2013 年度，工学门类专业布点 759 个；2018 年度增加到 880 个。这期间，工学门类专业布点增加了 121 个，其占农业院校专业布点比重有所增长。2013 年度，该门类专业布点占农业院校专业布点的 34.90%；2018 年度上升到 35.58%（见图 3.17）。

9. 农学门类专业的发展

2013 年度，农学门类专业布点 459 个；2018 年度增加到 502 个。这期间，农学门类专业布点增加了 43 个，其占农业院校专业布点比重却略有下

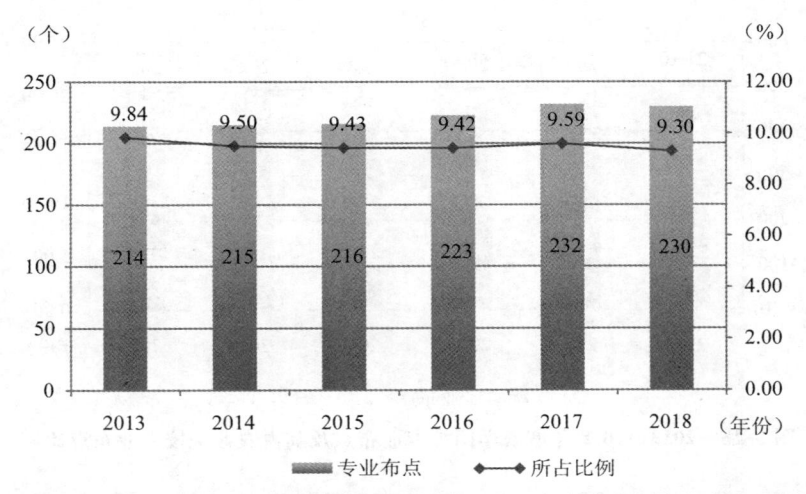

图 3.16　2013—2018 年度理学门类专业布点及其占农业院校专业布点比例

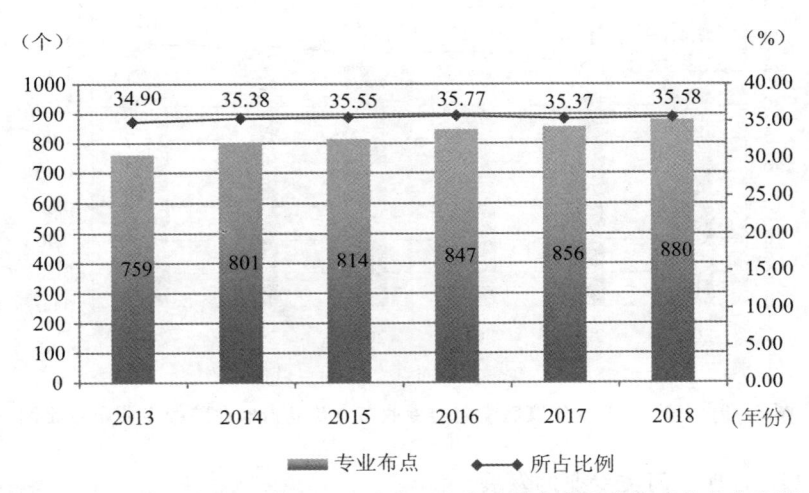

图 3.17　2013—2018 年度工学门类专业布点及其占农业院校专业布点比例

降。2013 年度，该门类专业布点占农业院校专业布点的 21.10%；2018 年度下降到 20.30%（见图 3.18）。

10. 医学门类专业的发展

2013 年度，医学门类专业布点 32 个；2018 年度增加到 39 个。这期间，医学门类专业布点仅增加 7 个，其占农业院校专业布点比重略有增长。2013 年度，该门类专业布点占农业院校专业布点的 1.47%；2018 年度上升到 1.58%（见图 3.19）。

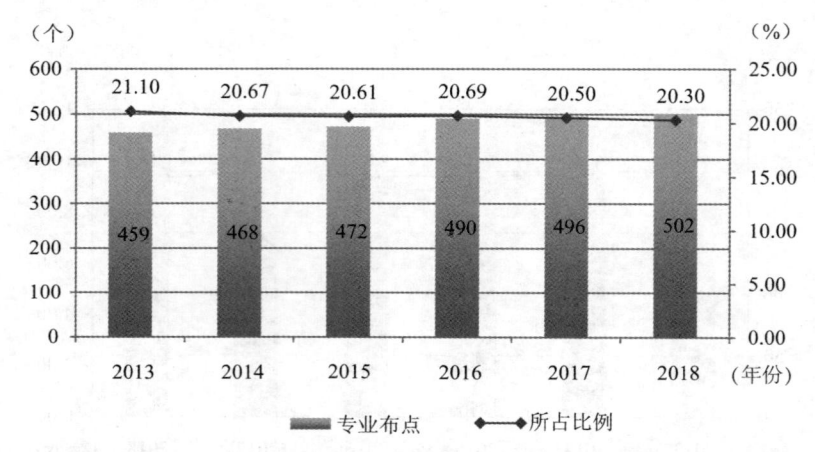

图 3.18　2013—2018 年度农学门类专业布点及其占农业院校专业布点比例

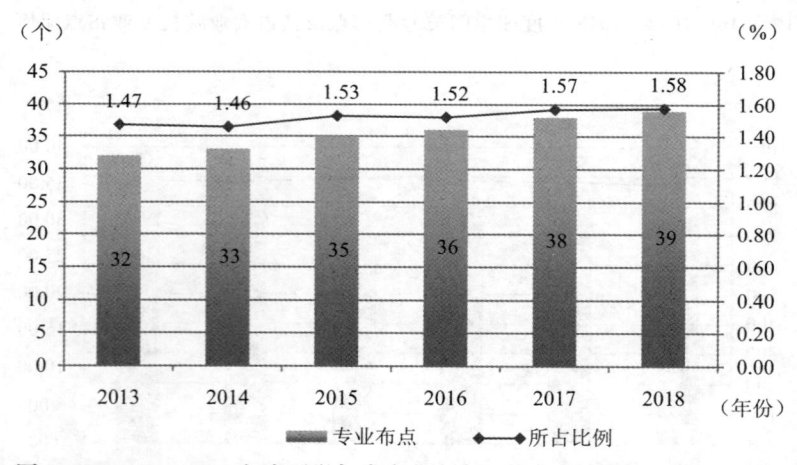

图 3.19　2013—2018 年度医学门类专业布点及其占农业院校专业布点比例

11. 管理学门类专业的发展

2013 年度，管理学门类专业布点 363 个；2018 年度增加到 415 个。这期间，管理学门类专业布点增加了 52 个，其占农业院校专业布点比重略有增长。2013 年度，该门类专业布点占农业院校专业布点的 16.69%；2018 年度上升到 16.78%（见图 3.20）。

12. 艺术学门类专业的发展

2013 年度，艺术学门类专业布点 92 个；2018 年度增加到 110 个。这期间，艺术学门类专业布点增加了 18 个，其占农业院校专业布点比重略有

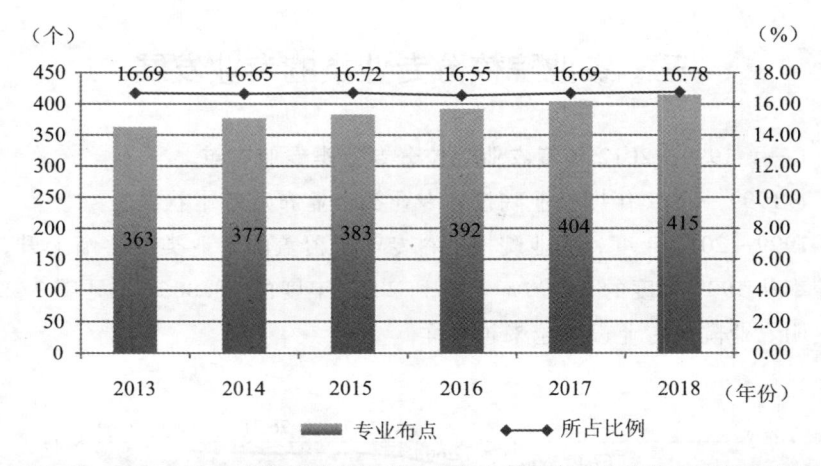

图 3.20　2013—2018 年度管理学门类专业布点及其占农业院校专业布点比例

增长。2013 年度，该门类专业布点占农业院校专业布点的 4.23%；2018 年度上升到 4.45%（见图 3.21）。

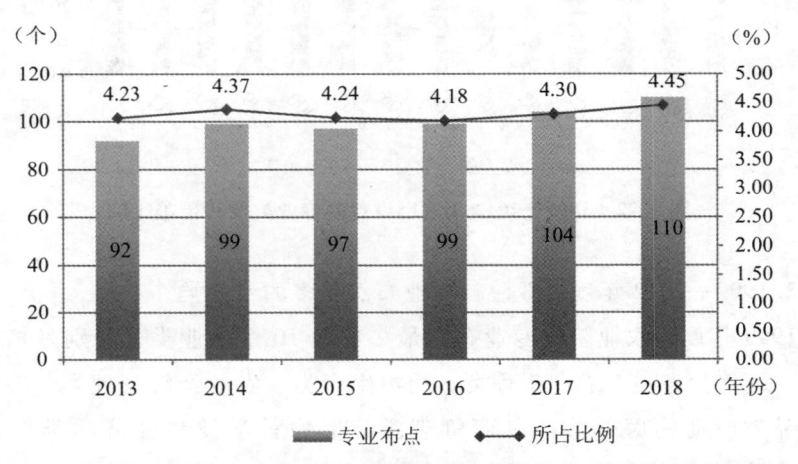

图 3.21　2013—2018 年度艺术学门类专业布点及其占农业院校专业布点比例

2013—2018 年度，各门类专业所占比重变化很不明显。农业院校专业布点主要集中在工学、农学和管理学门类。农业院校的"农学"专业特色相对明显。

三 农业院校分专业类的专业发展

（一）1999—2012年度农业院校分专业类专业布点

1. 1999—2012年度农业院校各专业类专业布点基本状况

1999—2012年度，农业院校本科专业所覆盖的专业类的逐渐上升，其覆盖率从1999年度的58.90%上升到2012年度的78.08%（见图3.22）。这表明农业院校专业设置越来越多样。

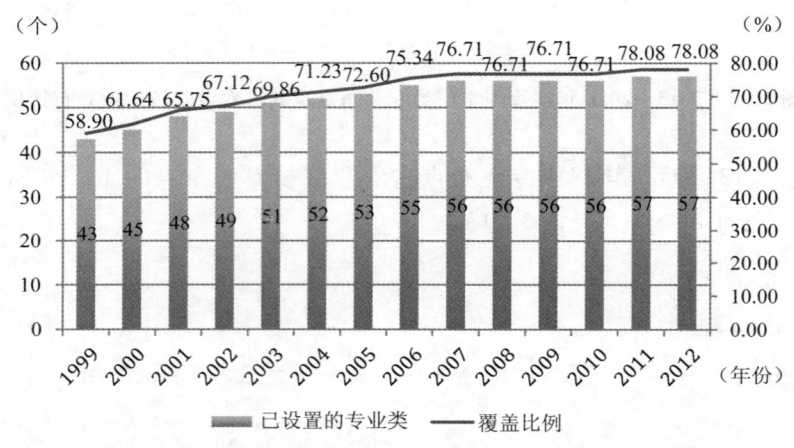

图3.22　1999—2012年度已设置的专业类及其覆盖比例

2. 1999—2012年度农业院校专业布点最多的专业类

1999年度，农业院校专业布点最多的前10个专业类，分别是植物生产类、环境生态类、农业工程类、动物生产类、农业经济管理类、轻工纺织食品类、动物医学类、工商管理类、生物科学类和经济学类（见表3.1）。除经济学类和工商管理类外，其余8个专业类与"农学"或"农业"密切相关。

表3.1　1999年度农业院校专业布点最多的前10个专业类　　单位：个

排序	专业类	专业布点
1	植物生产类	101
2	环境生态类	53

续表

排序	专业类	专业布点
3	农业工程类	50
4	动物生产类	39
5	农业经济管理类	36
6	轻工纺织食品类	34
7	动物医学类	29
8	工商管理类	28
9	生物科学类	28
10	经济学类	26

到 2012 年度，农业院校专业布点最多的前 10 个专业类，分别是植物生产类、工商管理类、电气信息类、轻工纺织食品类、生物科学类、经济学类、公共管理类、土建类、农业工程类和环境生态类（见表 3.2）。与 1999 年度相比，布点最多的专业类发生了较大的变化。工商管理类、电气信息类、公共管理类和土建类这 4 个专业类的专业有很大的发展，而动物医学类、动物生产类和农业经济管理与"农业"密切相关的专业类发展相对缓慢。

表 3.2　　　　2012 年度农业院校专业布点最多的前 10 个专业类　　　单位：个

排序	专业类	专业布点
1	植物生产类	169
2	工商管理类	165
3	电气信息类	150
4	轻工纺织食品类	108
5	生物科学类	94
6	经济学类	84
7	公共管理类	80
8	土建类	77
9	农业工程类	75
10	环境生态类	74

3. 1999—2012 年度占各类别高校总专业布点比重一半以上的专业类

1999 年度，农业院校中，专业类的专业布点占该专业类在各类别高校中的总布点比重达一半的专业类有 9 个，分别是草业科学类、植物生产类、农业经济管理类、环境生态类、动物医学类、水产类、动物生产类、农业工程类和森林资源类（见表 3.3）。其中草业科学类专业布点所占比重是 85.71%。

表 3.3　　1999 年度农业院校占该专业类在各类别高校中的总布点比重超过 50% 的专业类　　单位：个，%

排序	专业类	专业布点	占各类别高校中的总布点比重
1	草业科学类	6	85.71
2	植物生产类	101	73.19
3	农业经济管理类	36	69.23
4	环境生态类	53	68.83
5	动物医学类	29	67.44
6	水产类	21	65.63
7	动物生产类	39	65.00
8	农业工程类	50	60.24
9	森林资源类	23	52.27

到 2012 年度，农业院校专业布点占各类别高校中该专业布点总数的比例达一半的专业类只有 3 个，分别是草业科学类、水产类和农业工程类。在 1999 年度，农业院校专业类占该专业类在各类别高校中的总布点比重超过 50% 的专业类有 9 个，经过 13 年发展，这 9 个专业类专业布点所占比重发生了较大变化。各个专业类专业布点所占比重都在下降，其中较多的专业类下降比重较大。下降幅度最大的是环境生态类，环境生态类专业布点所占比重下降了 38.63%，到 2012 年度其专业布点所占比重仅为 30.20%。农业经济管理类、植物生产类、动物生产类、动物医学类和森林资源类 5 个专业类布点下降幅度也较大，其专业布点所占比重都少于 50%。2012 年度，草业科学类专业布点所占比重是 66.67%，但与 1999 年度相比，其比例也下降了 19.04%。

4. 1999—2012 年度农业院校专业布点增加最多的专业类

1999—2012 年度，专业布点增加最多的前 10 个专业类，分别是工商管理类、电气信息类、轻工纺织食品类、植物生产类、生物科学类、土建类、艺术类、公共管理类、经济学类和管理科学与工程类（见表 3.4）。其中专业布点增加最多的是工商管理类，增加专业布点 137 个，增加比例是 489.29%。电气信息类增加的布点也超过 100 个。

表 3.4　　1999—2012 年度专业布点增加最多的前 10 个专业类　　单位：个, %

专业类	1999 年度	2012 年度	增加专业布点	增加比例
工商管理类	28	165	137	489.29
电气信息类	24	150	126	525.00
轻工纺织食品类	34	108	74	217.65
植物生产类	101	169	68	67.33
生物科学类	28	94	66	235.71
土建类	14	77	63	450.00
艺术类	2	63	61	3050.00
公共管理类	21	80	59	280.95
经济学类	26	84	58	223.08
管理科学与工程类	4	59	55	1375.00

5. 1999—2012 年度农业院校专业布点增幅最大的专业类

1999—2012 年度，农业院校专业布点增幅最大的前 10 个专业类，分别是环境科学类、数学类、艺术类、中国语言文学类、海洋科学类、管理科学与工程类、药学类、地理科学类、统计学类和法学类（见表 3.5），这期间，专业布点增幅最大的前 10 个专业类中最低增幅是 1150.00%。

表 3.5　　1999—2012 年度专业布点增幅最大的前 10 个专业类　　单位：个, %

专业类	1999 年度	2012 年度	增加专业布点	增加比例
环境科学类	1	50	49	4900.00
数学类	1	36	35	3500.00
艺术类	2	63	61	3050.00
中国语言文学类	1	23	22	2200.00

续表

专业类	1999 年度	2012 年度	增加专业布点	增加比例
海洋科学类	1	16	15	1500.00
管理科学与工程类	4	59	55	1375.00
药学类	2	28	26	1300.00
地理科学类	2	27	25	1250.00
统计学类	1	13	12	1200.00
法学类	2	25	23	1150.00

（二） 2013—2018 年度农业院校分专业类专业布点

1. 2013—2018 年度农业院校各专业类专业布点基本状况

2013—2018 年度，农业院校设置的本科专业覆盖的专业类变化较小，但其覆盖率从 2013 年度的 79.35% 上升到了 2018 年度的 80.43%（见图 3.23）。这表明农业院校专业设置越来越多样。

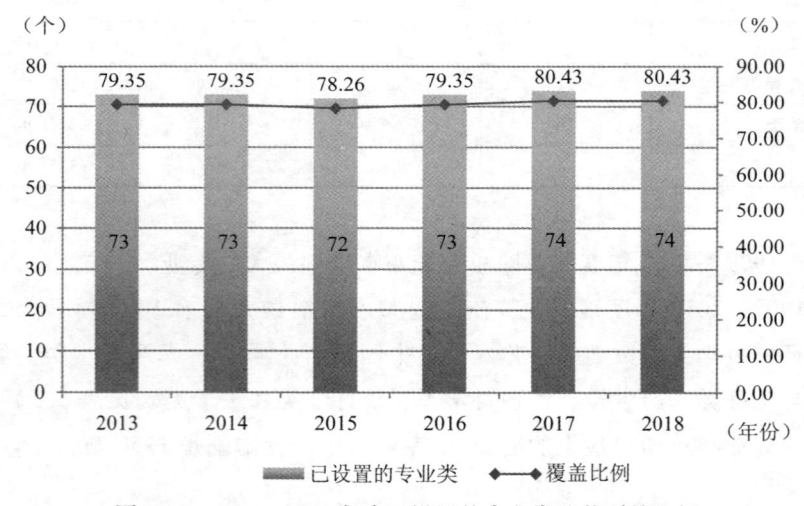

图 3.23 2013—2018 年度已设置的专业类及其覆盖比例

2. 2013—2018 年度农业院校专业布点最多的专业类

2013—2018 年度，专业布点最多的前 10 个专业类，分别是植物生产类、工商管理类、食品科学与工程类、计算机类、生物科学类、机械类、公共管理类、农业工程类、设计学类和外国语言文学类（见表 3.6）。这 10 个专业类专业布点逐渐上升。其中，在 2018 年度，植物生产类专业布点最高，有布点 204 个；工商管理类、食品科学与工程类和计算机类专业布点也超过 100 个。

3. 2013—2018 年度占各类别高校总专业布点比重一半以上的专业类

2013—2018 年度，农业院校中，专业类的专业布点占该专业类在各类别高校中的总布点比重达一半的专业类有 5 个，分别是草学类、农业工程类、水产类、动物医学类和自然保护与环境生态类（见表 3.7）。其中草学类专业布点所占比重最大。2018 年度，草学类专业布点占其在各类别高校中的总布点比重的 70.97%。

表 3.6　　2013—2018 年度专业布点最多的前 10 个专业类　　单位：个

专业类	2013 年度	2014 年度	2015 年度	2016 年度	2017 年度	2018 年度
植物生产类	184	188	191	196	201	204
工商管理类	121	129	132	133	139	143
食品科学与工程类	92	95	101	104	106	107
计算机类	78	91	89	92	95	107
生物科学类	86	86	86	89	91	89
机械类	74	77	79	82	85	87
公共管理类	74	75	76	77	77	79
农业工程类	73	73	73	77	77	78
设计学类	66	69	70	70	72	78
外国语言文学类	63	69	70	72	74	76

表 3.7　　2013—2018 年度农业院校占该专业类在各类别高校中的总布点比重超过 50% 的专业类　　单位：%

专业类	2013 年度	2014 年度	2015 年度	2016 年度	2017 年度	2018 年度
草学类	73.33	73.33	73.33	71.88	71.88	70.97
农业工程类	57.48	56.15	56.59	57.89	56.62	56.12
水产类	60.87	57.89	56.41	56.25	55.56	56.10
动物医学类	52.00	51.15	50.75	51.09	51.08	51.41
自然保护与环境生态类	52.05	51.32	50.65	51.85	50.60	50.60

4. 2013—2018 年度农业院校专业布点增加最多的专业类

2013—2018 年度，农业院校中有 56 个专业类的专业布点有所增加。其中专业布点增加最多的前 12 个专业类①（见表 3.8）。布点增加最多的是计算机类专业；其次是工商管理类专业；第三是植物生产类，这三个专业类增加的布点均超过 20 个。

表 3.8　　　2013—2018 年度专业布点增加最多的前 12 个专业类　　单位：个,%

专业类	2013 年度	2015 年度	增加专业布点	增加比例
计算机类	78	107	29	37.18
工商管理类	121	143	22	18.18
植物生产类	184	204	20	10.87
食品科学与工程类	92	107	15	16.30
建筑类	36	50	14	38.89
外国语言文学类	63	76	13	20.63
机械类	74	87	13	17.57
金融学类	28	40	12	42.86
设计学类	66	78	12	18.18
环境科学与工程类	63	71	8	12.70
动物医学类	65	73	8	12.31
旅游管理类	29	37	8	27.59

5. 2013—2018 年度农业院校专业布点增幅最大的专业类

2013—2018 年度，各专业类专业布点的增幅都较小（见表 3.9）。增幅较高的专业类其专业布点总数都比较少。

表 3.9　　　2013—2018 年度专业布点增幅最大的前 10 个专业类

专业类	2013 年度	2018 年度	增加专业布点	增加比例
医学技术类	1	3	2	200.00
护理学类	1	2	1	100.00
公共卫生与预防医学类	3	5	2	66.67

---

① 排在第 10 位的有三个专业类。

续表

专业类	2013 年度	2018 年度	增加专业布点	增加比例
音乐与舞蹈学类	8	12	4	50.00
测绘类	6	9	3	50.00
大气科学类	4	6	2	50.00
历史学类	2	3	1	50.00
矿业类	2	3	1	50.00
电子商务类	11	16	5	45.45
金融学类	28	40	12	42.86

四 农业院校专业布点的状况

（一）1999—2012 年度农业院校的专业布点

1. 农业院校设置的本科专业种数

1999—2012 年度，农业院校设置的专业种数逐年增加。见图 3.24 所示。

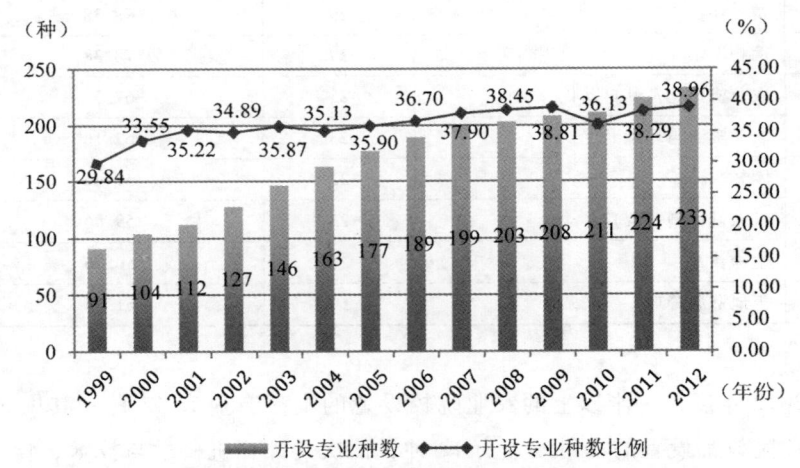

图 3.24 1999—2012 年度农业院校专业种数及其占各类别高校专业总种数的比例

1999 年度，农业院校设置的专业共 91 种，占当年度各类别高校专业总种数比重的 29.84%。到 2012 年度设置的专业种数达 233 种，占当年度各类别高校专业总种数比重的 38.96%。在这期间,农业院校设置的专业种数增加 142 种,增加的比例 156.04%。这表明农业院校设置的专业越来越丰富,并逐渐具有多样性。

2. 农业院校较集中设置的本科专业

1999 年度,一半以上的农业院校设置的本科专业有 13 种,分别是农学、动物科学、食品科学与工程、农林经济管理、园艺、植物保护、动物医学、农业机械化及其自动化、农业资源与环境、园林、机械设计制造及其自动化、生物技术和土地资源管理(见表 3.10)。其中布点最多的农学专业,该专业的学校覆盖率是 89.19%。1999 年度,只有 7 所农业院校未设置该专业。

表 3.10　　　　1999 年度一半以上的农业院校设置的本科专业　　　单位:个,%

排序	专业	专业布点	覆盖学校比例
1	农学	33	89.19
2	动物科学	32	86.49
3	食品科学与工程	31	83.78
4	农林经济管理	29	78.38
5	园艺	29	78.38
6	植物保护	29	78.38
7	动物医学	29	78.38
8	农业机械化及其自动化	25	67.57
9	农业资源与环境	23	62.16
10	园林	22	59.46
11	机械设计制造及其自动化	22	59.46
12	生物技术	21	56.76
13	土地资源管理	19	51.35

2012 年度,一半以上的农业院校设置的本科专业有 42 种。其中 80% 的农业院校都设置的本科专业有 12 种,依次是计算机科学与技术、食品科学与工程、生物技术、英语、动物科学、园林、机械设计制造及其自动化、食品质量与安全、园艺、国际经济与贸易、市场营销和动物医学(见表 3.11)。与 1999 年度相比,有了较大增加。1999—2012 年度,农业院校中一半以上的学校都设置的本科专业发生了一定的变化。1999 年度一半以

上的农业院校设置的专业有 13 种，到 2012 年度一半以上的农业院校设置的本科专业共增加到 42 种。较大多数专业的高校覆盖率都有了比较大的提升，而部分农学门类专业的覆盖率却有所下降。

表 3.11　　2012 年度 80% 以上的农业院校设置的本科专业　　单位：个，%

排序	专业	专业布点	覆盖学校比例
1	计算机科学与技术	40	100.00
2	食品科学与工程	39	97.50
3	生物技术	38	95.00
4	英语	38	95.00
5	动物科学	37	92.50
6	园林	36	90.00
7	机械设计制造及其自动化	35	87.50
8	食品质量与安全	35	87.50
9	园艺	34	85.00
10	国际经济与贸易	34	85.00
11	市场营销	34	85.00
12	动物医学	32	80.00

3. 较集中在农业院校设置的本科专业

1999 年度，农业院校中，专业布点占各类别高校中该专业布点总数的 50% 以上的专业共 28 种，占当年度农业院校设置的专业总种数的 30.77%。其中，占 80% 以上的专业有 7 种，只在农业院校设置的专业共 4 种。

到 2012 年度，专业布点占各类别高校中该专业布点总数的 50% 以上的专业共 35 种，占当年度农业院校设置的专业总种数的 15.02%。其中，占 80% 以上的专业有 11 种，只在农业院校设置的专业共 7 种。

4. 增长的本科专业

（1）专业布点增长数量。1999—2012 年度，农业院校布点增加的本科专业有 219 种，共增加了 1599 个布点。这期间，专业布点增加最多的前 10 种专业，分别是食品质量与安全、市场营销、国际经济与贸易、环境科学、英语、信息与计算科学、生物工程、艺术设计、法学和计算机科学与技术（见表 3.12）。

表 3.12　　1999—2012 年度专业布点增加最多的前 10 种专业　　单位：个,%

专业	1999 年度	2012 年度	增加专业布点	增加比例
食品质量与安全	0	35	35	—
市场营销	2	34	32	1600.00
国际经济与贸易	4	34	30	750.00
环境科学	0	30	30	—
英语	9	38	29	322.22
信息与计算科学	0	27	27	—
生物工程	5	30	25	500.00
艺术设计	2	26	24	1200.00
法学	2	25	23	1150.00
计算机科学与技术	17	40	23	135.29

（2）专业布点的增幅。1999—2012 年度，专业布点增幅 50% 以上的专业有 66 种；增长 100% 以上有 54 种。这期间专业增幅最大的前 10 种专业，分别是旅游管理、财务管理、行政管理、公共事业管理、市场营销、日语、生态学、城市规划、社会工作和包装工程（见表 3.13）。其中旅游管理专业增加的比例最高，增长的比例达 2100.00%。

表 3.13　　1999—2012 年度专业布点增幅最大的前 10 种专业　　单位：个,%

专业	1999 年度	2012 年度	增加专业布点	增加比例
旅游管理	1	22	21	2100.00
财务管理	1	20	19	1900.00
行政管理	1	20	19	1900.00
公共事业管理	1	20	19	1900.00
市场营销	2	34	32	1600.00
日语	1	16	15	1500.00
生态学	1	16	15	1500.00
城市规划	1	15	14	1400.00
社会工作	1	14	13	1300.00
包装工程	1	14	13	1300.00

（3）新设的本科专业。1999—2012 年度，农业院校不断增设新专业，

在这期间新设置的专业共142种，占2012年度农业院校本科专业总种数的61.47%。

5. 布点减少或撤销的本科专业

1999—2012年度，农业院校只有农学专业减少布点，该专业布点减少4个。

（二）2013—2018年度农业院校的专业布点

1. 农业院校设置的本科专业种数

2013—2018年度，农业院校专业种数逐年有所增加，各年度专业种数占各类别高校专业总种数的比重有所下降，但期间有起伏波动（见图3.25）。

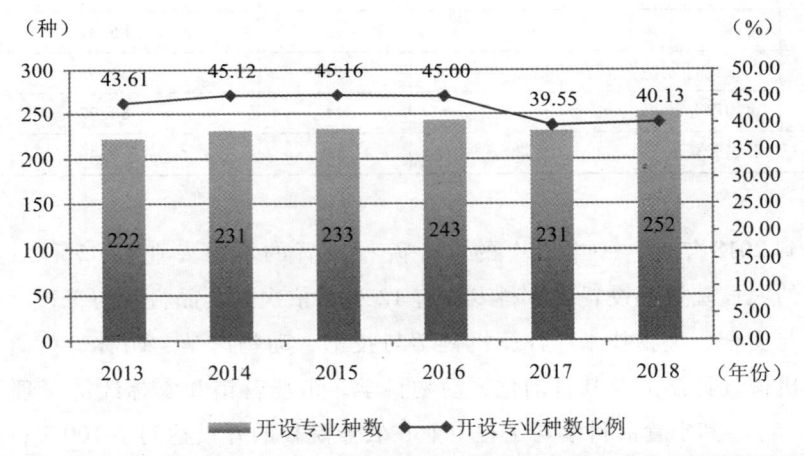

图3.25 2013—2018年度农业院校专业种数及其占各类别高校专业总种数的比例

2013年度，农业院校设置的专业共222种，占当年度各类别高校专业总种数比重的43.61%。2018年度，设置的专业共252种，占当年度各类别高校专业总种数比重的40.13%。这表明农业院校设置的专业越来越多样。

2. 农业院校较集中设置的本科专业

2013年度，一半以上的农业院校设置的本科专业有40种。其中80%的农业院校都设置的本科专业有10种，依次是食品科学与工程、计算机科学与技术、生物技术、食品质量与安全、英语、动物科学、园林、机械设计制造及其自动化、动物医学和市场营销（见表3.14）。其中食品科学与工程、计算机科学与技术、生物技术和食品质量与安全4种专业的高校覆盖率都在90%以上。

表3.14　　　　2013年度80%以上的农业院校设置的本科专业　　　单位：个,%

排序	专业	专业布点	覆盖学校比例
1	食品科学与工程	40	97.56
2	计算机科学与技术	38	92.68
3	生物技术	37	90.24
4	食品质量与安全	37	90.24
5	英语	36	87.80
6	动物科学	35	85.37
7	园林	35	85.37
8	机械设计制造及其自动化	34	82.93
9	动物医学	34	82.93
10	市场营销	33	80.49

到2018年度，一半以上的农业院校设置的本科专业有45种。其中80%的农业院校都设置的本科专业有12种，依次是食品科学与工程、食品质量与安全、生物技术、计算机科学与技术、动物医学、园林、英语、园艺、机械设计制造及其自动化、动物科学、市场营销和农林经济管理（见表3.15）。其中食品科学与工程专业在农业院校的开设达到了100%；食品质量与安全、生物技术、计算机科学与技术、动物医学、园林5种专业的高校覆盖率都在90%以上。

表3.15　　　　2018年度80%以上的农业院校设置的本科专业　　　单位：个,%

排序	专业	专业布点	覆盖学校比例
1	食品科学与工程	42	100.00
2	食品质量与安全	40	95.24
3	生物技术	38	90.48
4	计算机科学与技术	38	90.48
5	动物医学	38	90.48

续表

排序	专业	专业布点	覆盖学校比例
6	园林	38	90.48
7	英语	36	85.71
8	园艺	36	85.71
9	机械设计制造及其自动化	35	83.33
10	动物科学	35	83.33
11	市场营销	34	80.95
12	农林经济管理	34	80.95

3. 较集中在农业院校设置的本科专业

2013 年度，农业院校中，专业布点占各类别高校中该专业布点总数的 50% 以上的专业共 28 种，占当年度农业院校设置的专业总种数的 5.50%。其中，占 80% 以上的专业有 5 种，只在农业院校设置的专业共 3 种。

到 2018 年度，专业布点占各类别高校中该专业布点总数的 50% 以上的专业共 24 种，占当年度农业院校设置的专业总种数的 3.82%。其中，占 80% 以上的专业有 3 种，只在农业院校设置的专业共 1 种。

4. 增长的本科专业

（1）专业布点增长数量。2013—2018 年度，农业院校布点增加的本科专业有 142 种，共增加了 306 个布点。这期间，专业布点增加最多的前 12 种[①]专业，分别是物联网工程、风景园林、数据科学与大数据技术、投资学、商务英语、电气工程及其自动化、审计学、车辆工程、种子科学与工程、电子商务、数字媒体艺术和土地整治工程（见表 3.16）。

表 3.16　　2013—2018 年度专业布点增加最多的前 12 种专业　　单位：个,%

专业	2013 年度	2018 年度	增加专业布点	增加比例
物联网工程	11	23	12	109.09
风景园林	14	25	11	78.57

---

① 排在第 8 位的有五种专业。

续表

专业	2013 年度	2018 年度	增加专业布点	增加比例
数据科学与大数据技术	0	8	8	—
投资学	3	10	7	233.33
商务英语	4	11	7	175.00
电气工程及其自动化	23	29	6	26.09
审计学	0	6	6	—
车辆工程	12	17	5	41.67
种子科学与工程	25	30	5	20.00
电子商务	11	16	5	45.45
数字媒体艺术	1	6	5	500.00
土地整治工程	0	5	5	—

（2）专业布点的增幅。2013—2018 年度，专业布点增幅 50% 以上的专业有 34 种；增长 100% 以上有 20 种。这期间专业增幅最大的前 10 种专业，分别是数字媒体艺术、酒店管理、水生动物医学、文化产业管理、投资学、化学生物学、乳品工程、房地产开发与管理、商务英语和物联网工程（见表 3.17）。其中数字媒体艺术专业增加的比例最高，增长的比例达 500%。

表 3.17　　2013—2018 年度专业布点增幅最大的前 10 种专业　　单位：个,%

专业	2013 年度	2018 年度	增加专业布点	增加比例
数字媒体艺术	1	6	5	500.00
酒店管理	1	5	4	400.00
水生动物医学	1	4	3	300.00
文化产业管理	1	4	3	300.00
投资学	3	10	7	233.33
化学生物学	1	3	2	200.00
乳品工程	1	3	2	200.00
房地产开发与管理	1	3	2	200.00

续表

专业	2013 年度	2018 年度	增加专业布点	增加比例
商务英语	4	11	7	175.00
物联网工程	11	23	12	109.09

（3）新设的本科专业。2013—2018年度，农业院校不断增设新专业，在这期间新设置的专业共30种，占2018年度农业院校本科专业总种数的11.90%。

5. 布点减少或撤销的本科专业

2013—2018年度，农业院校专业布点减少的专业共19种。专业布点减少最多的是应用物理学专业，有6所学校撤销该专业。

2013—2018年度，农业院校撤销的专业只有思想政治教育专业1种。

第四章

林业院校本科专业设置发展

一 林业院校专业设置基本状况

1999—2018 年度,林业院校本科专业有很大发展,见图 4.1 和图 4.2 所示。

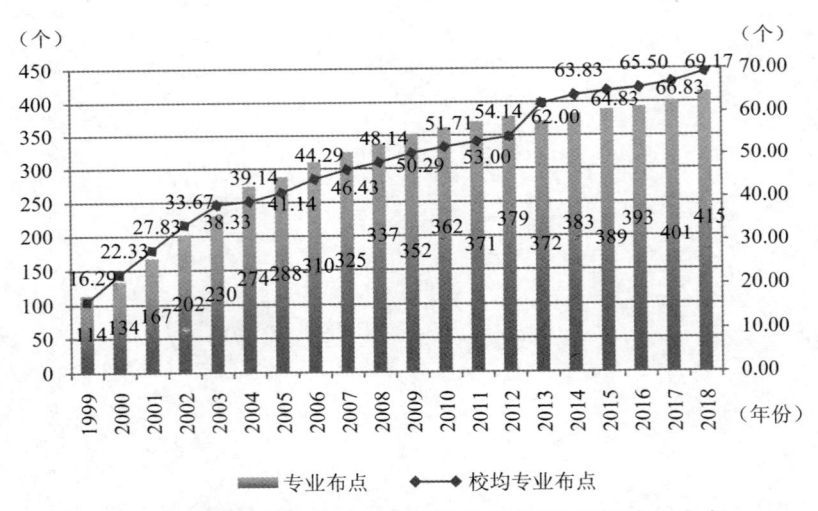

图 4.1 1999—2018 年度林业院校专业布点与校均专业布点

见图 4.1 所示,1999 年度,林业院校本科专业布点 114 个;2018 年度增加到 415 个,是 1999 年度专业布点的 3.64 倍。2004 年度专业布点增加最多,共增加了 44 个。1999 年度,林业院校校均本科专业 16.29 个;2018 年度增加到 69.17 个,校均专业设置规模增加 52.88 个。

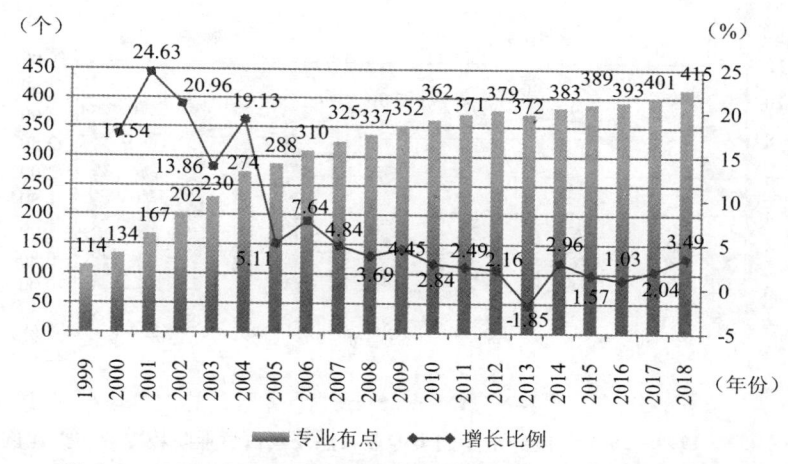

图 4.2　1999—2018 年度林业院校专业布点与专业布点增长趋势

见图 4.2 所示，1999—2018 年度，林业院校专业布点一直保持较快增长。这期间，林业院校本科专业布点年均增长 15.84 个，年增长率 7.34%。然而，不同年度增长速度则有起伏，2001 年度专业布点增幅高达 24.63%。从 2014 年度开始，专业布点增速开始逐渐平缓。

二　林业院校分门类的专业发展

（一）1999—2012 年度林业院校分门类的专业发展状况

1999—2012 年度，林业院校的专业布点覆盖当时的八大门类。各门类专业有很大发展，各门类专业发展仍呈不平衡状态（见图 4.3—图 4.9）。

1. 哲学门类专业的发展

1999—2012 年度林业院校未开设哲学门类专业。

2. 经济学门类专业的发展

1999 年度，经济学门类专业布点 2 个；2012 年度增加到 10 个。这期间，经济学门类专业布点增加了 8 个，其占林业院校专业布点比重有所增加。1999 年度，该门类专业布点占林业院校专业布点的 1.75%，2012 年度上升到 2.64%（见图 4.3）。

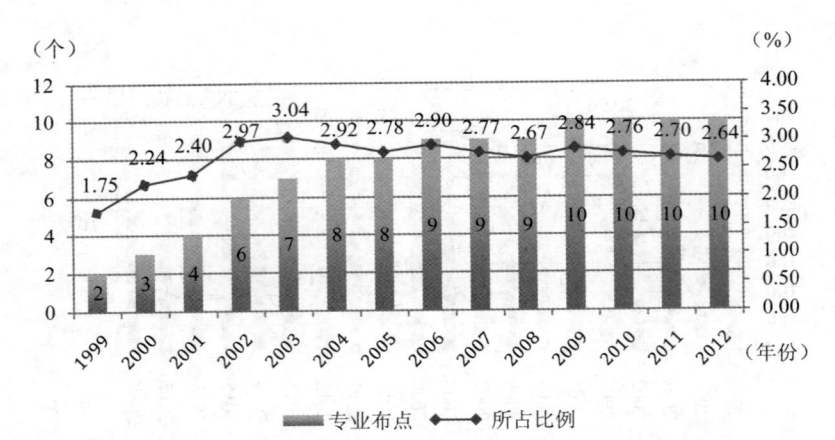

图 4.3 1999—2012 年度经济学门类专业布点及其占林业院校专业布点比例

3. 法学门类专业的发展

1999 年度，法学门类专业布点 3 个；2012 年度增加到 10 个。这期间，法学门类专业布点增加了 7 个，其占林业院校专业布点比重有微小变化。1999 年度，该门类专业布点占林业院校专业布点的 2.63%，2012 年度上升到 2.64%（见图 4.4）。

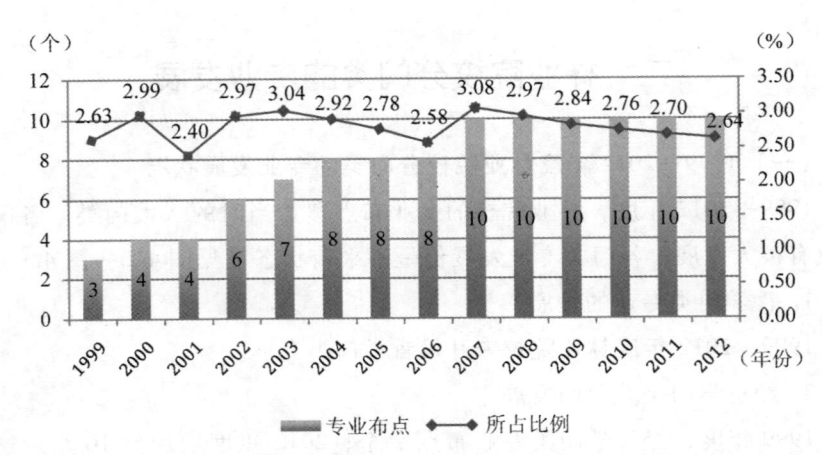

图 4.4 1999—2012 年度法学门类专业布点及其占林业院校专业布点比例

4. 教育学门类专业的发展

1999—2004 年度，林业院校未开设教育学门类专业。直到

2005 年度林业院校才有 1 个教育学门类专业；到 2012 年度仍然只有 2 个。

5. 文学门类专业的发展

1999 年度，文学门类专业布点 10 个；2012 年度增加到 46 个。这期间，文学门类专业布点增加了 36 个，其占林业院校专业布点比重有较大提升。1999 年度，该门类专业布点占林业院校专业布点的 8.77%；2012 年度上升到 12.14%（见图 4.5）。

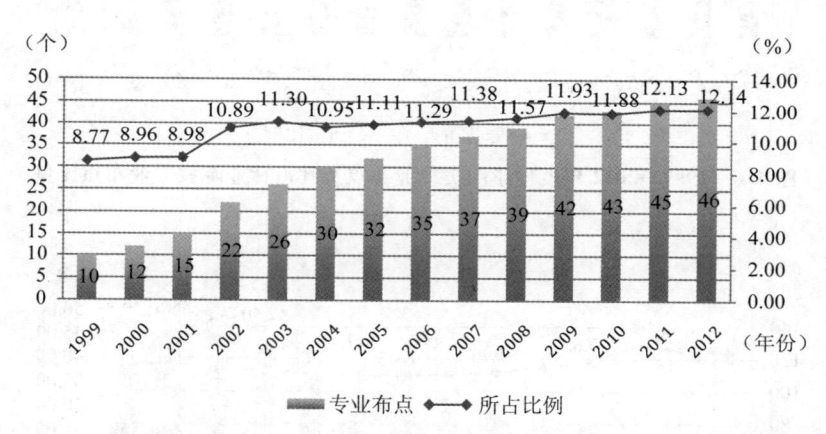

图 4.5　1999—2012 年度文学门类专业布点及其占林业院校专业布点比例

6. 历史学门类专业的发展

1999—2012 年度林业院校未开设历史学门类专业。

7. 理学门类专业的发展

1999 年度，理学门类专业布点 12 个；2012 年度增加到 56 个。这期间，理学门类专业布点增加了 44 个，其占林业院校专业布点比重有较大提升。1999 年度，该门类专业布点占林业院校专业布点的 10.53%；2012 年度上升到 14.78%（见图 4.6）。

8. 工学门类专业的发展

1999 年度，工学门类专业布点 47 个；2012 年度增加到 146 个。这期间，工学门类专业布点增加了 99 个，其占林业院校专业布点比重却有所下降。1999 年度，该门类专业布点占林业院校专业布点的 41.23%。2012 年度下降到 38.52%（见图 4.7）。

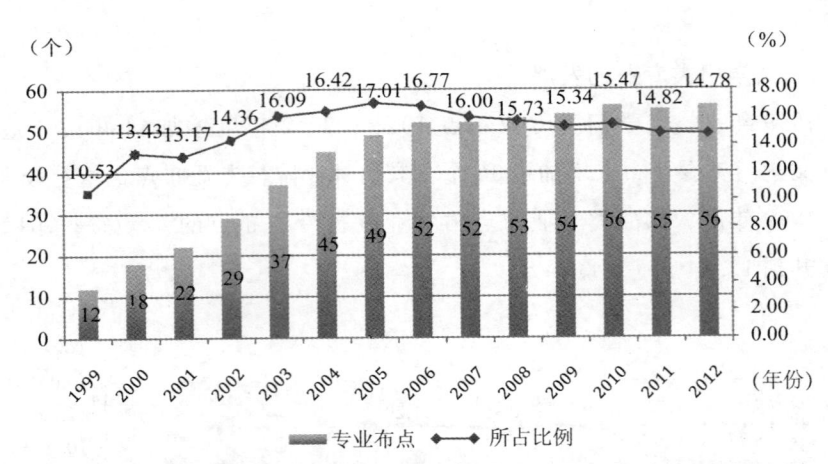

图 4.6　1999—2012 年度理学门类专业布点及其占林业院校专业布点比例

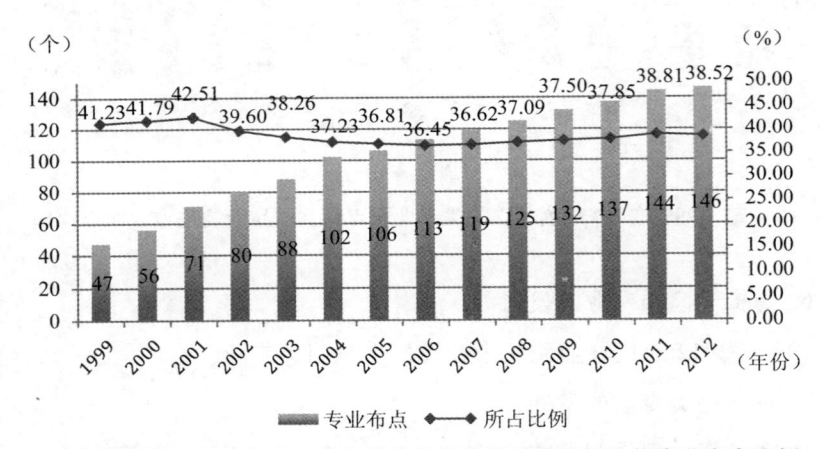

图 4.7　1999—2012 年度工学门类专业布点及其占林业院校专业布点比例

9. 农学门类专业的发展

1999 年度，农学门类专业布点 22 个；2012 年度增加到 42 个。这期间，农学门类专业布点增加了 20 个，其占林业院校专业布点比重却下降很大。1999 年度，该门类专业布点占林业院校专业布点的 19.30%，2012 年度下降到 11.08%（见图 4.8）。

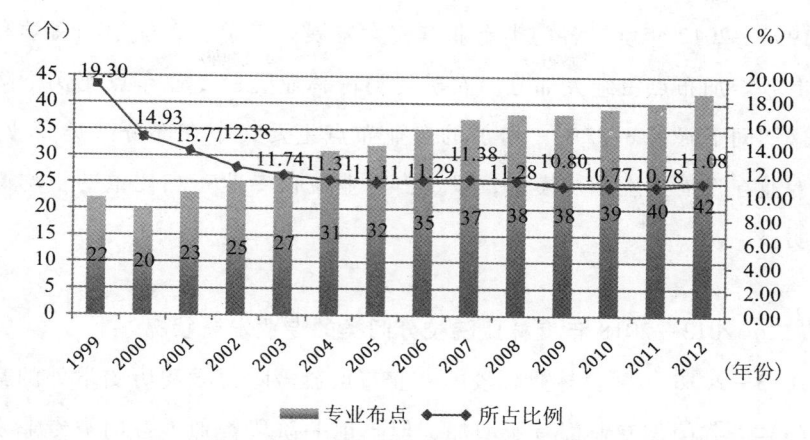

图 4.8　1999—2012 年度农学门类专业布点及其占林业院校专业布点比例

10. 医学门类专业的发展

1999—2002 年度林业院校未开设医学门类专业。直到 2003 年度林业院校才有 1 个医学门类专业；到 2012 年度仍然只有 2 个。

11. 管理学门类专业的发展

1999 年度，管理学门类专业布点 18 个；2012 年度增加到 65 个。这期间，管理学门类专业布点增加了 47 个，其占林业院校专业布点比重有所提升。1999 年度，该门类专业布点占林业院校专业布点的 15.79%；2012 年度上升到 17.15%（见图 4.9）。

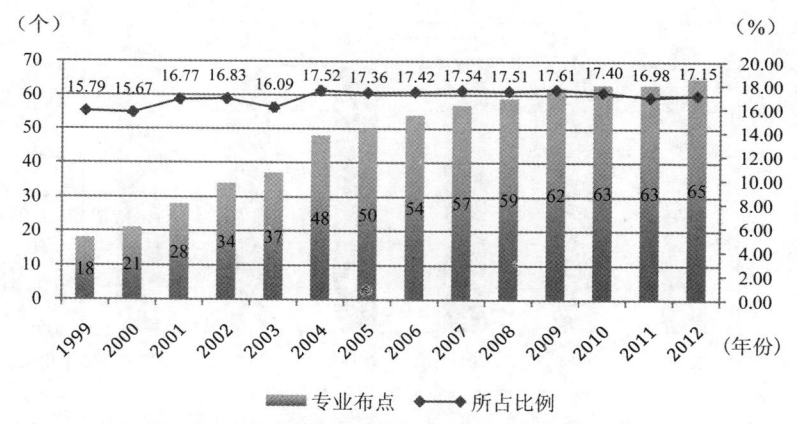

图 4.9　1999—2012 年度管理学门类专业布点及其占林业院校专业布点比例

1999—2012 年度，各门类专业有较大发展。工学、管理学、文学和理学的专业增加布点占绝大部分。农学门类占林业院校专业布点比例下降很大，这期间下降了 8.22%。增加的专业布点主要集中在部分门类专业上，门类专业在发展速度和规模上，以及占林业院校专业布点比重的不均衡现象很明显。

（二）2013—2018 年度林业院校分门类的专业发展状况

2013—2018 年度，林业院校的专业布点覆盖除哲学和历史学外的其余十大门类。各门类专业都有所增加，但与前一阶段类似，各门类专业发展仍呈不平衡状态（见图 4.10—图 4.16）。

1. 哲学门类专业的发展

2013—2018 年度，林业院校未开设哲学门类专业。

2. 经济学门类专业的发展

2013 年度，经济学门类专业布点 11 个；2018 年度增加到 13 个。这期间，经济学门类专业布点仅增加了 2 个，其占林业院校专业布点比重有所上升。2013 年度，该门类专业布点占林业院校专业布点的 2.96%；2018 年度上升到 3.13%（见图 4.10）。

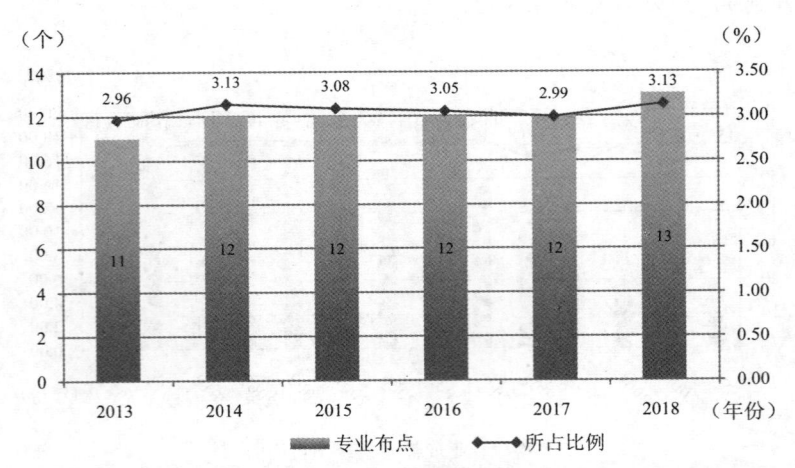

图 4.10　2013—2018 年度经济学门类专业布点及其占林业院校专业布点比例

3. 法学门类专业的发展

2013—2018 年度，法学门类专业布点一直保持 9 个。

4. 教育学门类专业的发展

2013—2017 年度，教育学门类专业布点一直保持 2 个；2018 年度增加到 3 个。

5. 文学门类专业的发展

2013 年度，文学门类专业布点 30 个；2018 年度增加到 33 个。这期间，文学门类专业布点仅增加 3 个，其占林业院校专业布点比重略有下降。2013 年度，该门类专业布点占林业院校专业布点的 8.06%；2018 年度下降到 7.95%（见图 4.11）。

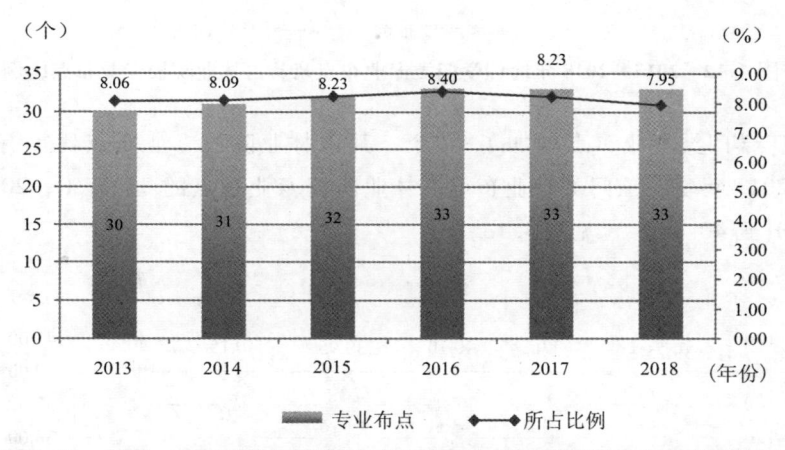

图 4.11　2013—2018 年度文学门类专业布点及其占林业院校专业布点比例

6. 历史学门类专业的发展

2013—2018 年度，林业院校未开设历史学门类专业。

7. 理学门类专业的发展

2013 年度，理学门类专业布点 43 个；2018 年度增加到 46 个。这期间，理学门类专业布点仅增加 3 个，其占林业院校专业布点比重略有下降。2013 年度，该门类专业布点占林业院校专业布点的 11.56%；2018 年度下降到 11.08%（见图 4.12）。

8. 工学门类专业的发展

2013 年度，工学门类专业布点 146 个；2018 年度增加到 168 个。这期

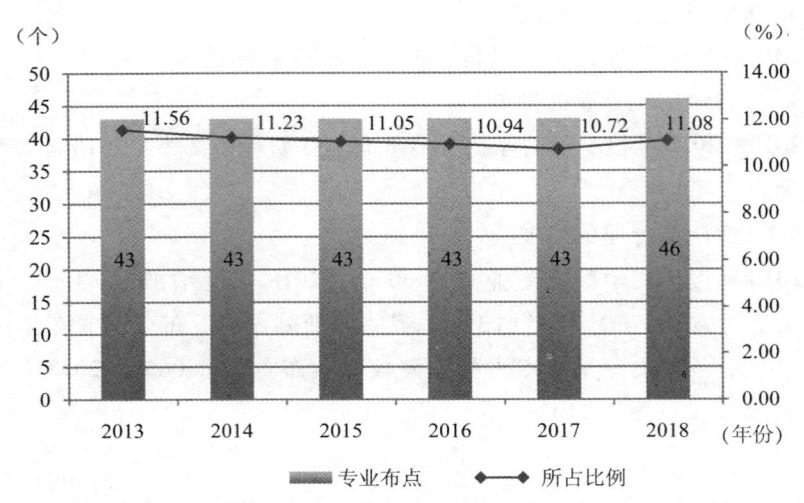

图 4.12　2013—2018 年度理学门类专业布点及其占林业院校专业布点比例

间,工学门类专业布点增加了 22 个,其占林业院校专业布点比重有所增长。2013 年度,该门类专业布点占林业院校专业布点的 39.25%;2018 年度上升到 40.48%(见图 4.13)。

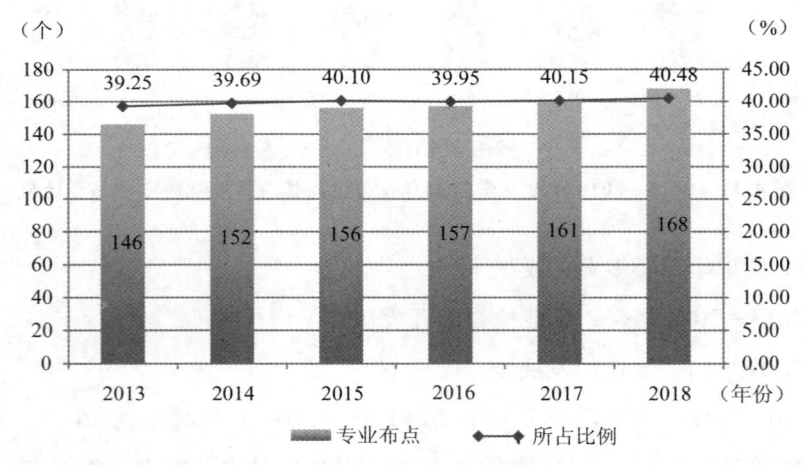

图 4.13　2013—2018 年度工学门类专业布点及其占林业院校专业布点比例

9. 农学门类专业的发展

2013 年度,农学门类专业布点 43 个;2018 年度增加到 46 个。这期间,农学门类专业布点仅增加 3 个,其占林业院校专业布点比重略有下降。

2013 年度，该门类专业布点占林业院校专业布点的 11.56%；2018 年度下降到 11.08%（见图 4.14）。

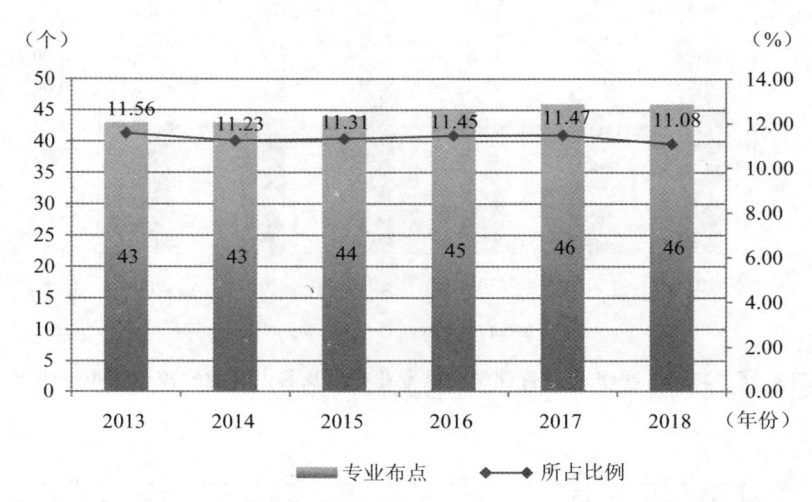

图 4.14　2013—2018 年度农学门类专业布点及其占林业院校专业布点比例

10. 医学门类专业的发展

2013—2018 年度，医学门类专业布点一直保持 1 个。

11. 管理学门类专业的发展

2013 年度，管理学门类专业布点 59 个；2018 年度增加到 63 个。这期间，管理学门类专业布点仅增加了 4 个，其占林业院校专业布点比重略有下降。2013 年度，该门类专业布点占林业院校专业布点的 15.86%；2018 年度下降到 15.18%（见图 4.15）。

12. 艺术学门类专业的发展

2013 年度，艺术学门类专业布点 28 个；2018 年度增加到 33 个。这期间，艺术学门类专业布点仅增加了 5 个，其占林业院校专业布点比重略有增长。2013 年度，该门类专业布点占林业院校专业布点的 7.53%；2018 年度上升到 7.95%（见图 4.16）。

2013—2018 年度，各门类专业所占比重变化很不明显。林业院校专业布点主要集中在工学、农学和管理学门类。林业院校的"农学"特点很不明显，各门类专业呈多样化发展。

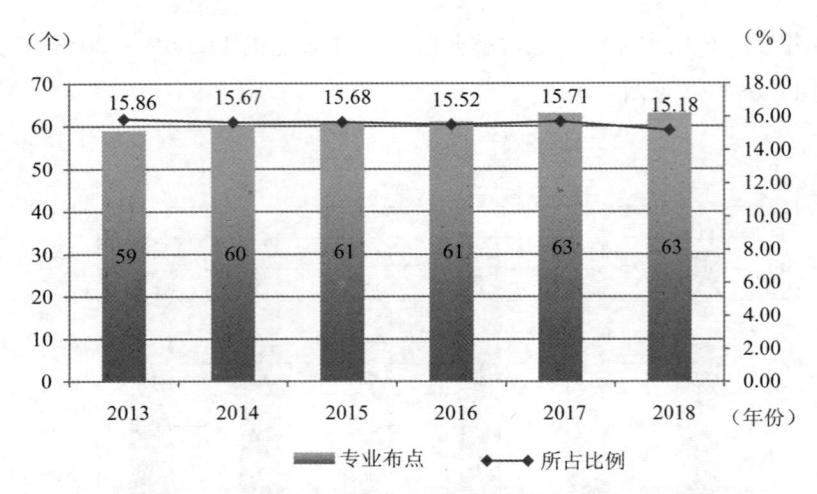

图 4.15 2013—2018 年度管理学门类专业布点及其占林业院校专业布点比例

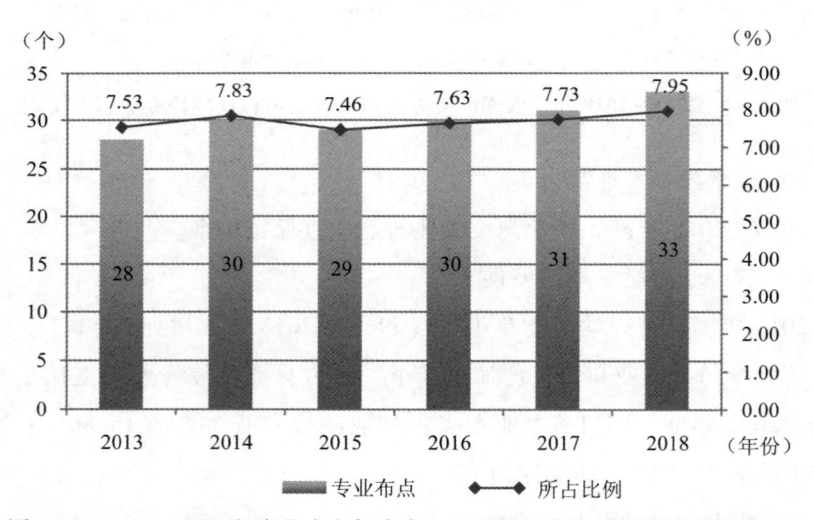

图 4.16 2013—2018 年度艺术学门类专业布点及其占林业院校专业布点比例

三 林业院校分专业类的专业发展

(一) 1999—2012 年度林业院校分专业类专业布点

1. 1999—2012 年度林业院校各专业类专业布点基本状况

1999—2007 年度，林业院校本科专业所覆盖的专业类的逐年上升，其覆盖率从 1999 年度的 36.99% 上升到 63.01%；2007—2012 年度，林业院校专业覆盖的专业类的比例一直保持在 63.01%（见图 4.17）。

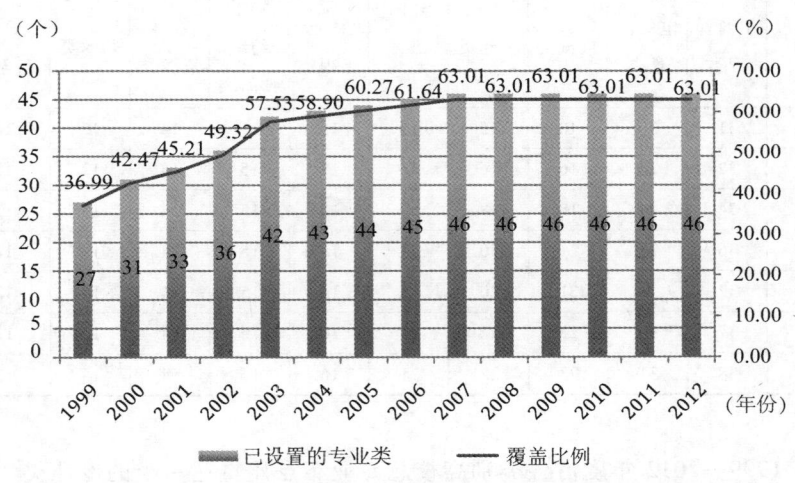

图 4.17　1999—2012 年度已设置的专业类及其覆盖比例

2. 1999—2012 年度林业院校专业布点最多的专业类

1999—2012 年度，林业院校专业布点最多的前 10 个专业类，分别是工商管理类、电气信息类、机械类、土建类、外国语言文学类、林业工程类、轻工纺织食品类、森林资源类、艺术类和地理科学类（见表 4.1）。其中 2012 年度布点最多的工商管理类专业，其布点有 38 个。

表 4.1　　　　1999—2012 年度专业布点最多的前 10 个专业类　　　单位：个

年度	工商管理类	电气信息类	机械类	土建类	外国语言文学类	林业工程类	轻工纺织食品类	森林资源类	艺术类	地理科学类
1999	14	7	5	5	4	17	3	12	4	0
2000	13	11	7	7	4	14	5	11	5	2
2001	18	13	10	9	8	15	7	12	6	3
2002	21	15	10	10	9	15	10	12	9	6
2003	22	15	13	11	11	15	11	12	10	8
2004	29	19	15	12	13	15	12	12	11	11
2005	29	19	16	12	14	15	14	12	11	11

续表

年度	工商管理类	电气信息类	机械类	土建类	外国语言文学类	林业工程类	轻工纺织食品类	森林资源类	艺术类	地理科学类
2006	31	20	16	15	14	15	15	14	12	11
2007	32	24	16	16	16	15	15	14	12	11
2008	34	24	18	18	17	15	15	14	13	11
2009	36	25	21	20	17	15	15	14	14	11
2010	37	28	21	20	18	15	15	14	14	12
2011	37	30	22	22	20	16	15	14	14	12
2012	38	31	23	22	21	16	16	14	14	12

3.1999—2012年度占各类别高校总专业布点比重达一半的专业类

1999年度，林业院校中，专业类的专业布点占该专业类在各类别高校中的总布点比重达一半的专业类只有森林工程类，其专业布点占该专业类在各类别高校中的总布点比重62.96%。但是，该专业类的布点比重逐年下降，到2012年度下降到40%，降幅达到了22.96%。其余的专业类的专业布点均未达到50%。这表明林业院校的"特殊性"未能在专业设置中的"专业类"上得到体现。

4.1999—2012年度林业院校专业布点增加最多的专业类

1999—2012年度，专业布点增加最多的前10个专业类，分别是电气信息类、工商管理类、机械类、外国语言文学类、土建类、轻工纺织食品类、地理科学类、艺术类、植物生产类和公共管理类，（见表4.2）。其中专业布点增加最多的是电气信息类，增加专业布点24个，增加比例342.86%。工商管理类也增加了24个专业布点。

表4.2　　1999—2012年度专业布点增加最多的前10个专业类　　单位：个,%

专业类	1999年度	2012年度	增加专业布点	增加比例
电气信息类	7	31	24	342.86
工商管理类	14	38	24	171.43
机械类	5	23	18	360.00
外国语言文学类	4	21	17	425.00

续表

专业类	1999年度	2012年度	增加专业布点	增加比例
土建类	5	22	17	340.00
轻工纺织食品类	3	16	13	433.33
地理科学类	0	12	12	—
艺术类	4	14	10	250.00
植物生产类	1	11	10	1000.00
公共管理类	0	10	10	—

5. 1999—2012年度林业院校专业布点增幅最大的专业类

1999—2012年度，林业院校专业布点增幅最大的前10个专业类，分别是植物生产类、管理科学与工程类、新闻传播学类、轻工纺织食品类、外国语言文学类、经济学类、中国语言文学类、化学类、机械类和环境科学类（见表4.3）。增幅最大的是植物生产类，其增加布点的比例高达1000.00%。

表4.3　　1999—2012年度专业布点增幅最大的前10个专业类　　单位：个，%

专业类	1999年度	2012年度	增加专业布点	增加比例
植物生产类	1	11	10	1000.00
管理科学与工程类	1	10	9	900.00
新闻传播学类	1	6	5	500.00
轻工纺织食品类	3	16	13	433.33
外国语言文学类	4	21	17	425.00
经济学类	2	10	8	400.00
中国语言文学类	1	5	4	400.00
化学类	1	5	4	400.00
机械类	5	23	18	360.00
环境科学类	2	9	7	350.00

（二）2013—2018年度林业院校分专业类专业布点

1. 2013—2018年度林业院校各专业类专业布点基本状况

2013—2018年度，林业院校设置的本科专业覆盖了56个专业类，其覆盖比例是 60.87%（见图 4.18）。这表明林业院校专业设置类别呈多样化。

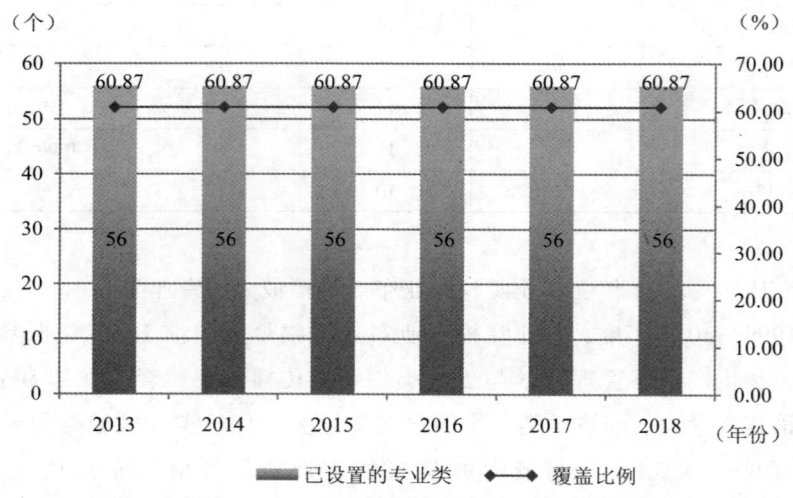

（个） （%）

图 4.18　2013—2018 年度已设置的专业类及其覆盖比例

2. 2013—2018 年度林业院校专业布点最多的专业类

2013 年度，专业布点最多的前 11 个专业类[①]，分别是工商管理类、机械类、设计学类、外国语言文学类、林学类、林业工程类、生物科学类、建筑类、植物生产类、地理科学类和电子信息类（见表 4.4）。这 10 个专业类专业布点逐渐上升。其中，工商管理类专业布点最高，共有布点 23 个；机械类和设计学类专业布点也超过 20 个。

表 4.4　　　　　2013 年度专业布点最多的前 11 个专业类　　　　单位：个

排序	专业类	布点数
1	工商管理类	23
2	机械类	22
3	设计学类	21
4	外国语言文学类	19

---

① 排名第 9 的共有 3 个专业类，所以取 11 个专业类。

续表

排序	专业类	布点数
5	林学类	18
6	林业工程类	15
7	生物科学类	13
8	建筑类	13
9	植物生产类	12
10	地理科学类	12
11	电子信息类	12

到 2018 年度，布点最多的 11 个专业类[①]，分别是工商管理类、机械类、设计学类、外国语言文学类、林学类、林业工程类、生物科学类、建筑类、计算机类、植物生产类和环境科学与工程类（见表 4.5）。计算机类和环境科学与工程类两个专业类的布点提升较快。其余的专业类布点变化较小。

表 4.5　　　　　2018 年度专业布点最多的前 11 个专业类　　　　单位：个

排序	专业类	布点数
1	工商管理类	23
2	机械类	23
3	设计学类	23
4	外国语言文学类	21
5	林学类	18
6	林业工程类	15
7	生物科学类	15
8	建筑类	15
9	计算机类	15
10	植物生产类	13
11	环境科学与工程类	13

① 排名第 10 的共有 2 个专业类，所以取 11 个专业类。

3. 2013—2018 年度占各类别高校总专业布点比重较大的专业类

2013—2018 年度，林业院校中，没有一个专业类的专业布点占该专业类在各类别高校中的总布点比重的一半以上。专业布点比重最大的是林业工程类，所占比例是 42.86%。其余专业类的布点所占比例都低于 15%。

4. 2013—2018 年度林业院校专业布点增加的专业类状况

2013—2018 年度，林业院校专业布点增加的专业类共有 24 个。布点增加最多的是计算机类，共增加了 6 个布点；其次是材料类，增长了 5 个布点，其余专业类增长的布点都在 2 个以下。

四 林业院校专业布点的状况

（一）1999—2012 年度林业院校的专业布点

1. 林业院校设置的本科专业种数

1999—2012 年度，林业院校设置的专业种数逐年增加（见图 4.19）。

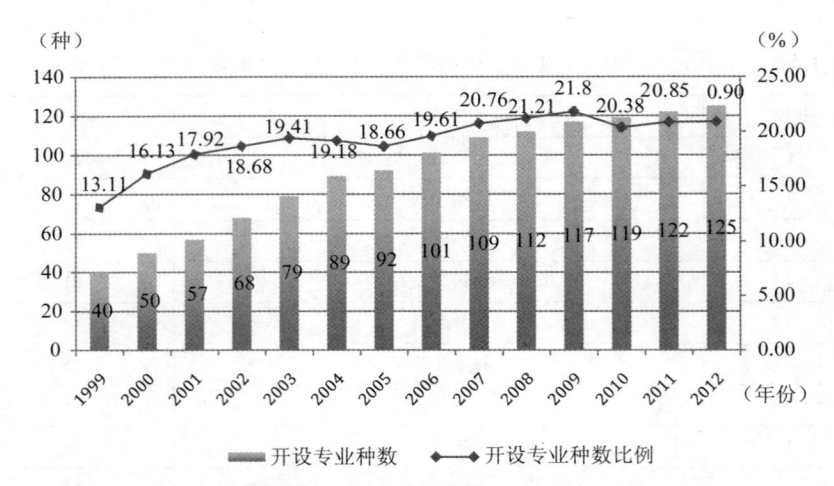

图 4.19 1999—2012 年度林业院校专业种数及其占各类别高校专业总种数的比例

1999—2012 年度，林业院校本科专业种数持续增加，到 2012 年度本科专业的种数达到 125 种，占当年度各类别高校专业总种数的 20.90%。这表明林业院校设置的专业逐渐变得越来越多样化。

2. 林业院校较集中设置的本科专业

1999 年度，一半以上的林业院校设置的本科专业有 14 种（见表 4.6）。其中布点最多的木材科学与工程、园林和林学，这 3 种专业的学校覆盖率均为 100%。

表 4.6　　　1999 年度一半以上的林业院校设置的本科专业　　　单位：个，%

排序	专业	专业布点	覆盖学校比例
1	木材科学与工程	7	100.00
2	园林	7	100.00
3	林学	7	100.00
4	机械设计制造及其自动化	5	71.43
5	会计学	5	71.43
6	工商管理	5	71.43
7	林产化工	5	71.43
8	森林工程	5	71.43
9	英语	4	57.14
10	艺术设计	4	57.14
11	计算机科学与技术	4	57.14
12	土木工程	4	57.14
13	旅游管理	4	57.14
14	交通运输	4	57.14

2012 年度，一半以上的林业院校设置的本科专业有 40 种，占林业院校设置的本科专业种类的 32%，其中有 13 种专业的学校覆盖率均为 100%，分别是木材科学与工程、园林、机械设计制造及其自动化、会计学、英语、艺术设计、计算机科学与技术、土木工程、旅游管理、法学、生物技术、食品科学与工程和地理信息系统。这也表明林业院校本科专业设置有较大的相似性。

3. 较集中在林业院校设置的本科专业

1999 年度，林业院校中，专业布点占各类别高校中该专业布点总数的 50% 以上的专业共 4 种，分别是：林产化工专业 83.33%、野生动物与自然保护区管理专业 66.67%、森林工程专业 66.67% 和木材科学与工程 53.85%。

到 2012 年度，林业院校中，没有一个专业布点占各类别高校中该专业布点总数的 50% 以上。该年度，占各类别高校中该专业布点总数比重最高的是森林工程专业，其比例是 44.44%。

4. 增长的本科专业

（1）专业布点增长数量。1999—2012 年度，林业院校布点增加的本科专业有 113 种，共增加了 268 个布点。这期间，专业布点增加最多的前 12 种专业①，分别是地理信息系统、日语、信息与计算科学、工业设计、环境工程、食品科学与工程、市场营销、法学、生物技术、资源环境与城乡规划管理、园艺和信息管理与信息系统（见表 4.7）。

表 4.7　　1999—2012 年度专业布点增加最多的前 12 种专业　　单位：个，%

专业	1999 年度	2012 年度	增加专业布点	增加比例
地理信息系统	0	7	7	—
日语	0	6	6	—
信息与计算科学	0	6	6	—
工业设计	0	6	6	—
环境工程	0	6	6	—
食品科学与工程	1	7	6	600.00
市场营销	0	6	6	—
法学	2	7	5	250.00
生物技术	2	7	5	250.00
资源环境与城乡规划管理	0	5	5	—
园艺	0	5	5	—
信息管理与信息系统	0	5	5	—

---

① 排在第 8 位的有 5 种专业。

（2）专业布点的增幅。1999—2012 年度，专业布点增幅 50% 以上的专业有 66 种；增长 100% 以上有 54 种。这期间专业增幅最大的前 11 种专业，分别是食品科学与工程、信息管理与信息系统、广告学、城市规划、自动化、法学、生物技术、国际经济与贸易、环境科学、电子信息工程和汉语言文学（见表 4.8）。其中食品科学与工程专业增加的比例最高，增长的比例达 600.00%。

表 4.8　　1999—2012 年度专业布点增幅最大的前 11 种专业　　单位：个，%

专业	1999 年度	2012 年度	增加专业布点	增加比例
食品科学与工程	1	7	6	600.00
信息管理与信息系统	1	6	5	500.00
广告学	1	5	4	400.00
城市规划	1	5	4	400.00
自动化	1	4	3	300.00
法学	2	7	5	250.00
生物技术	2	7	5	250.00
国际经济与贸易	2	6	4	200.00
环境科学	2	6	4	200.00
电子信息工程	2	6	4	200.00
汉语言文学	1	3	2	200.00

（3）新设的本科专业。1999—2012 年度，林业院校共新设置的本科专业 85 种，占 2012 年度林业院校所设置专业种数的 68.00%。

5. 布点减少或撤销的本科专业

1999—2012 年度，林业院校布点减少的专业有 3 种，分别是：农业建筑环境与能源工程、森林工程和林学，这三种专业各减少 1 个布点。

（二）2013—2018 年度林业院校的专业布点

1. 林业院校设置的本科专业种数

2013—2018 年度，林业院校设置的专业种数逐年增加，但开设专业种数占总专业种数的比例则呈下降趋势（见图4.20）。

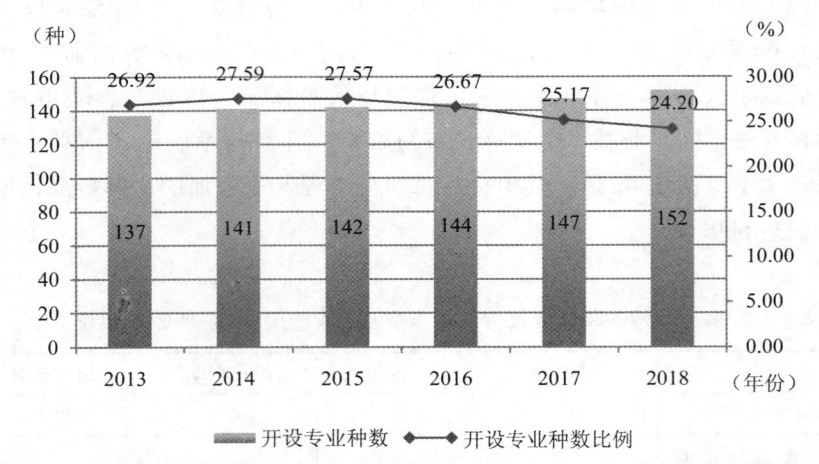

图4.20 2013—2018年度林业院校专业种数及其占各类别高校专业总种数的比例

2013年度，林业院校设置的专业共137种，占当年度各类别高校专业总种数比重的26.92%。2018年度，林业院校设置的专业共52种，其占当年度各类别高校专业总种数比重的24.20%。这表明林业院校设置呈多样化趋势。

2. 林业院校较集中设置的本科专业

2013年度，一半以上的林业院校设置的本科专业有59种，占林业院校设置的本科专业种类的43.07%。其中，有18种专业的学校覆盖率均为100%。这表明林业院校本科专业设置有较大的相似性。

到2018年度，一半以上的林业院校设置的本科专业增加到66种，占林业院校设置的本科专业种类的61.11%。其中，有20种专业的学校覆盖率均为100%。这也进一步表明林业院校本科专业设置有较大的相似性。

3. 较集中在林业院校设置的本科专业

2013—2018年度，林业院校中，专业布点占各类别高校中该专业布点总数的50%以上的专业只有森林工程专业，其比例是66.67%。

4. 增长的本科专业

2013—2018年度，林业院校有36个专业的布点有所增加，共增加布点44个。专业布点增加总体较少。

（1）专业布点增长数量。2013—2018 年度，林业院校布点增加的本科专业有 36 种，共增加了 44 个布点。专业布点增加最多的是材料科学工程和物联网工程这两种专业，分别增加了 3 个布点。其余的专业增加的布点都在 2 个及以下。

（2）专业布点的增幅。2013—2018 年度，专业布点增幅 50% 以上的专业有 14 种；增长 100% 以上有 10 种。这期间专业增幅最大的前 10 种专业分别是，水土保持与荒漠化防治、数字媒体艺术、金融工程、社会体育指导与管理、汉语国际教育、商务英语、应用统计学、生物制药、茶学和酒店管理（见表 4.9）。这些专业增长的比例都是 100.00%。

表 4.9　　　2013—2018 年度专业布点增幅最大的前 10 种专业　　　单位：个，%

专业	2013 年度	2018 年度	增加专业布点	增加比例
水土保持与荒漠化防治	2	4	2	100.00
数字媒体艺术	2	4	2	100.00
金融工程	1	2	1	100.00
社会体育指导与管理	1	2	1	100.00
汉语国际教育	1	2	1	100.00
商务英语	1	2	1	100.00
应用统计学	1	2	1	100.00
生物制药	1	2	1	100.00
茶学	1	2	1	100.00
酒店管理	1	2	1	100.00

（3）新设的本科专业。2013—2018 年度，林业院校不断增设新专业，在这期间新设置的专业共 15 种，占 2018 年度林业院校本科专业总种数的 9.87%。

5. 布点减少或撤销的本科专业

2013—2018 年度，林业院校只有视觉传达设计专业的布点有所减少，其减少 1 个布点。

第 五 章

医药院校本科专业设置发展

一 医药院校专业设置基本状况

1999—2018 年度，医药院校本科专业有很大发展（见图 5.1 和图 5.2）。

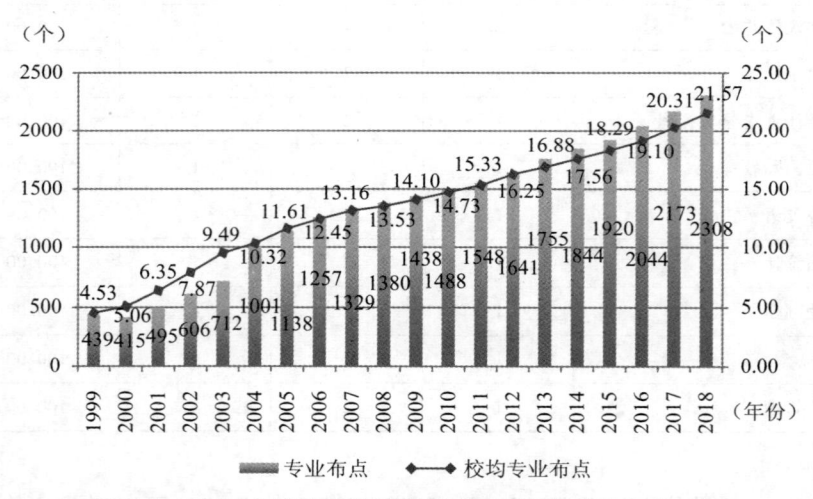

图 5.1 1999—2018 年度医药院校专业布点与校均专业布点

见图 5.1 所示，1999 年度，医药院校本科专业布点 439 个；2018 年度增加到 2308 个，是 1999 年度专业布点的 5.26 倍。2004 年度专业布点增加最多，共增加了 289 个。1999 年度，医药院校校均本科专业 4.53 个；2018 年度增加到 21.57 个，校均专业设置规模增加 17.04 个。

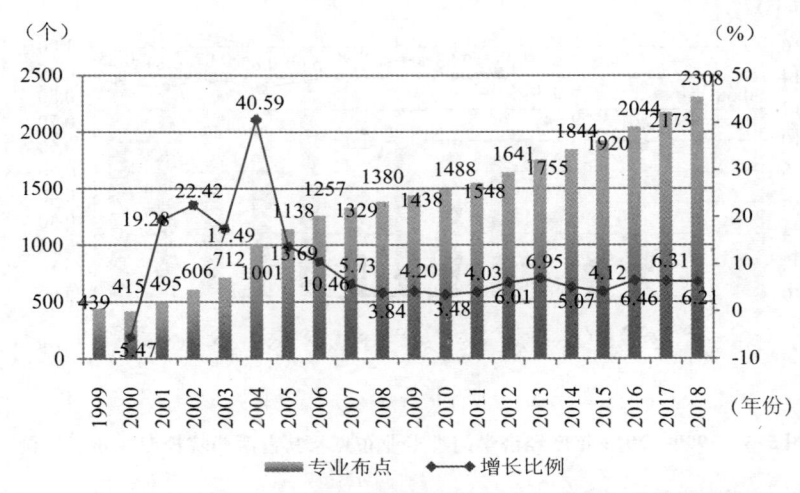

图 5.2　1999—2018 年度医药院校专业布点与专业布点增长趋势

见图 5.2 所示，1999—2018 年度，医药院校专业布点一直保持较快增长。这期间，医药院校本科专业布点年均增长 98.37 个，年增长率 9.13%。然而，不同年度增长速度则有起伏，2004 年度专业布点增幅高达 40.59%。从 2007 年度开始，专业布点增速开始逐渐平缓。

二　医药院校分门类的专业发展

（一）1999—2012 年度医药院校分门类的专业发展状况

1999—2012 年度，专业布点的门类分布方面呈现出多样化，各门类专业发展呈不平衡状态（见图 5.3—图 5.10）。

1. 哲学门类专业的发展

1999—2012 年度，医药院校未开设哲学门类专业。

2. 经济学门类专业的发展

1999 年度，经济学门类专业布点 3 个；2012 年度增加到 14 个。这期间，经济学门类专业布点增加了 11 个，其占医药院校专业布点比重略有增加。1999 年度，该门类专业布点占医药院校专业布点的 0.68%，2012 年度上升到 0.85%（见图 5.3）。

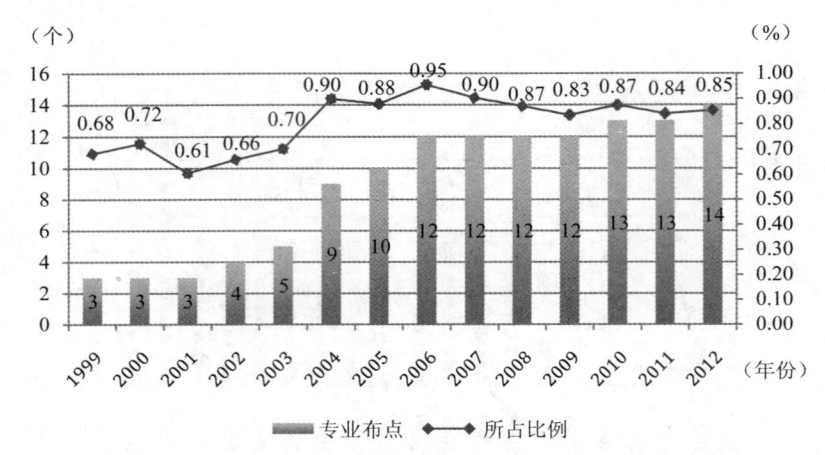

图 5.3 1999—2012 年度经济学门类专业布点及其占医药院校专业布点比例

3. 法学门类专业的发展

1999 年度，法学门类专业布点 2 个，2000 年度则减少到 0 个，之后 2001 年度又有医药院校开设法学门类专业；到 2012 年度，法学门类专业布点 33 个。这期间，法学门类专业布点增加了 31 个，其占医药院校专业布点比重有所增加。1999 年度，该门类专业布点占医药院校专业布点的 0.46%；2012 年度上升到 2.01%（见图 5.4）。

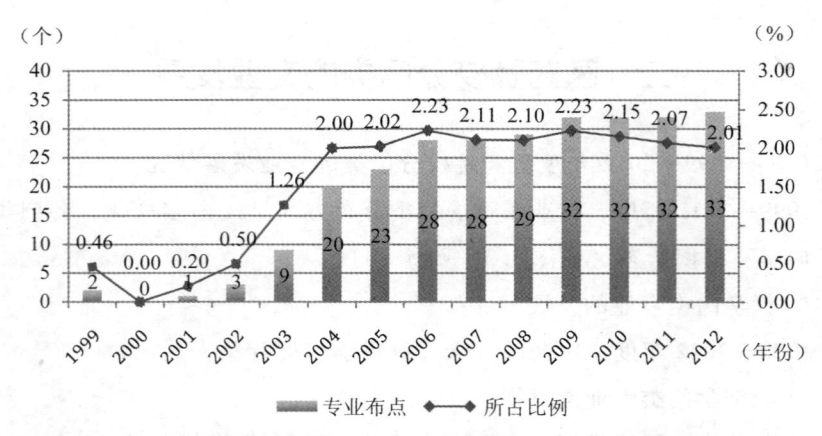

图 5.4 1999—2012 年度法学门类专业布点及其占医药院校专业布点比例

4. 教育学门类专业的发展

1999—2001 年度，医药院校未开设教育学门类专业。到 2002 年度有 2

所医药院校开设教育学门类专业；2012 年度教育学门类专业布点增加到 19 个，该门类专业布点占医药院校专业布点的 1.16%（见图 5.5）。

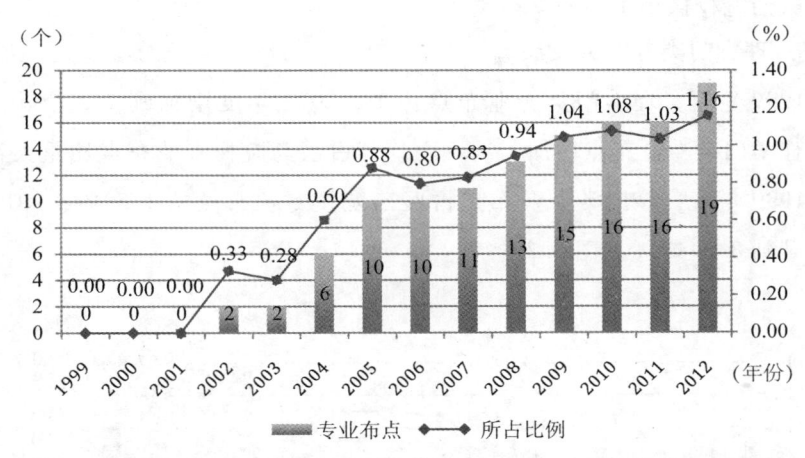

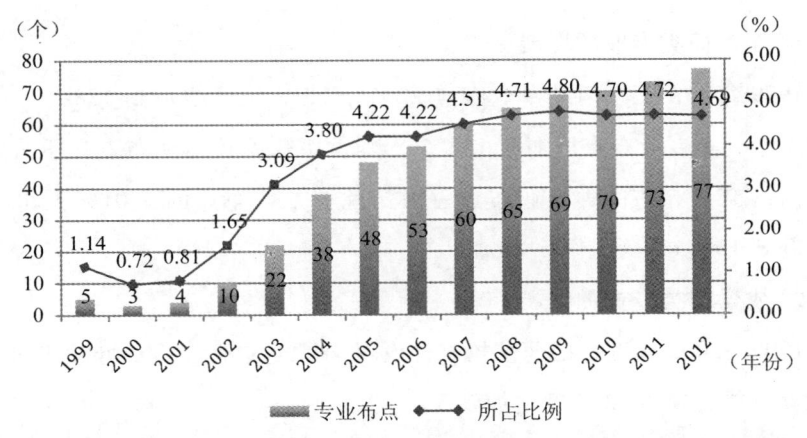

图 5.5　1999—2012 年度教育学门类专业布点及其占医药院校专业布点比例

5. 文学门类专业的发展

1999 年度，文学门类专业布点 5 个；2012 年度增加到 77 个。这期间，文学门类专业布点增加了 72 个，其占医药院校专业布点比重有较大提升。1999 年度，该门类专业布点占医药院校专业布点的 1.14%；2012 年度上升到 4.69%（见图 5.6）。

图 5.6　1999—2012 年度文学门类专业布点及其占医药院校专业布点比例

6. 历史学门类专业的发展

1999—2003年度，医药院校有1所学校开设了历史学门类专业；2004年度医药院校撤销了历史学门类。

7. 理学门类专业的发展

1999年度，理学门类专业布点7个；2012年度增加到132个。这期间，理学门类专业布点增加了125个，其占医药院校专业布点比重大幅提升。1999年度，该门类专业布点占医药院校专业布点的1.59%；2012年度上升到8.04%（见图5.7）。

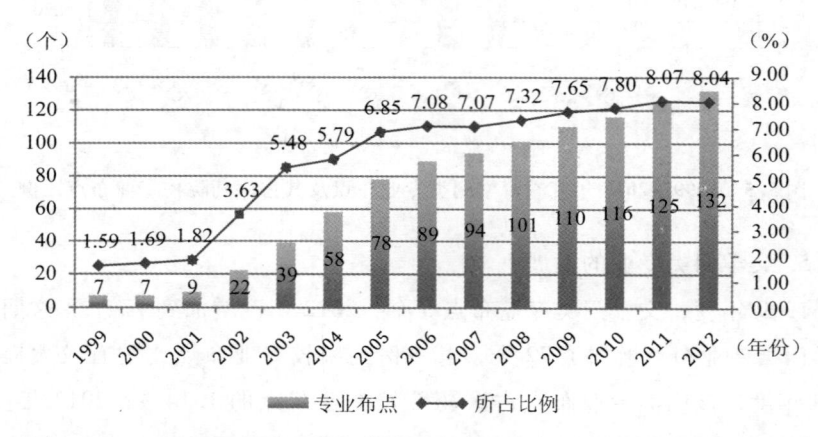

图5.7 1999—2012年度理学门类专业布点及其占医药院校专业布点比例

8. 工学门类专业的发展

1999年度，工学门类专业布点22个；2012年度增加到178个。这期间，工学门类专业布点增加了156个，其占医药院校专业布点比重大幅提升。1999年度，该门类专业布点占医药院校专业布点的5.01%；2012年度上升到10.85%（见图5.8）。

9. 农学门类专业的发展

1999—2002年度，医药院校未开设农学门类专业。2003年度开始有1所学校设置；到2012年度增加到3所。

10. 医学门类专业的发展

1999年度，医学门类专业布点376个；2012年度增加到975个。这期

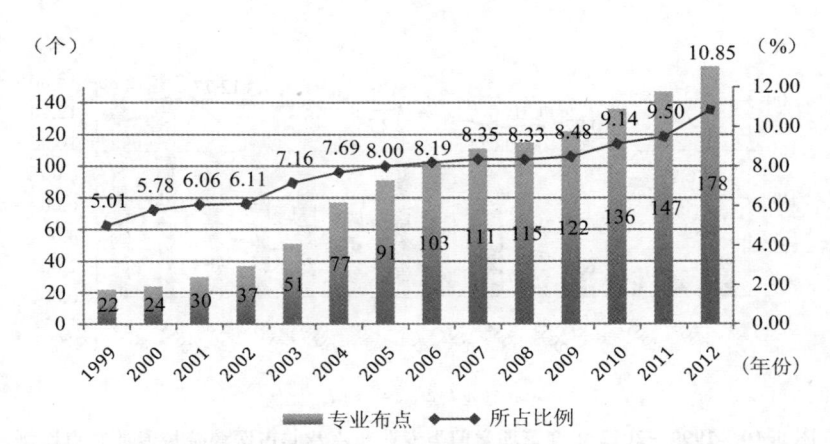

图 5.8　1999—2012 年度工学门类专业布点及其占医药院校专业布点比例

间，医学门类专业布点增加了 599 个，其占医药院校专业布点比重大幅下降。1999 年度，该门类专业布点占医药院校专业布点的 85.65%；2012 年度下降到 59.41%（见图 5.9）。

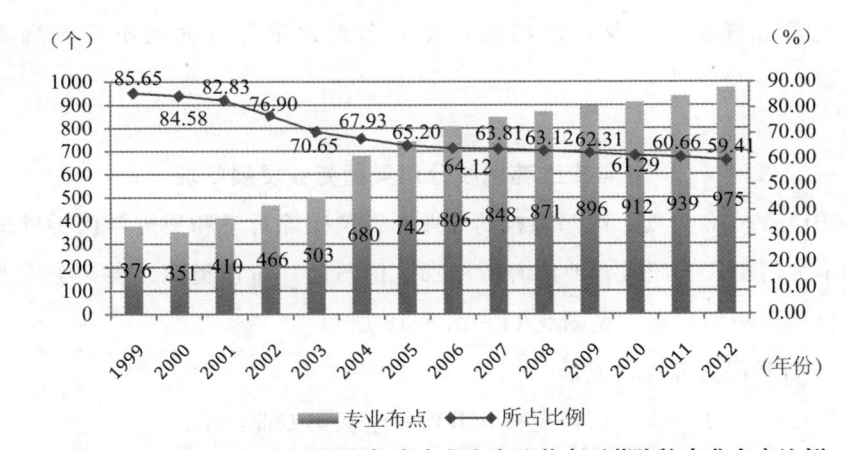

图 5.9　1999—2012 年度医学门类专业布点及其占医药院校专业布点比例

11. 管理学门类专业的发展

1999 年度，管理学门类专业布点 23 个；2012 年度增加到 210 个。这期间，管理学门类专业布点增加了 187 个，其占医药院校专业布点比重大幅上升。1999 年度，该门类专业布点占医药院校专业布点的 5.24%；2012 年度上升到 12.80%（见图 5.10）。

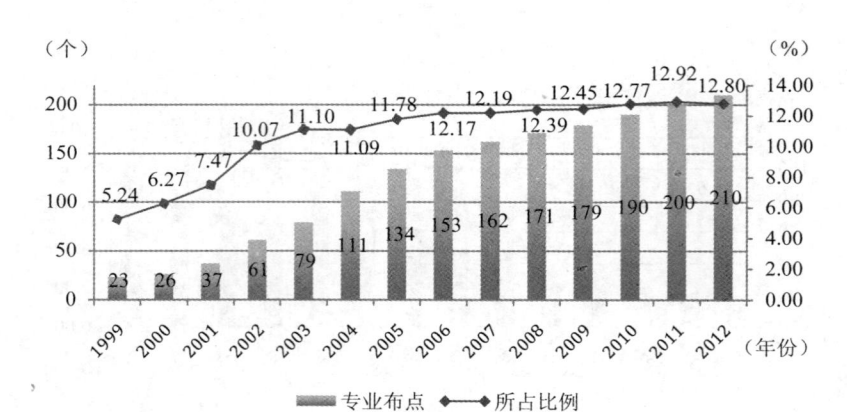

图 5.10 1999—2012 年度管理学门类专业布点及其占医药院校专业布点比例

1999—2012 年度，医药院校大多数门类的专业布点有较大发展。医学、管理、工学和理学的专业增加布点占绝大部分。这期间，只有医学门类专业的比例在下降，但医学门类专业依然是医药院校中布点最多的门类。增加的专业布点主要集中在部分门类专业上，门类专业发展速度和规模，以及占医药院校专业布点比重等方面的不均衡现象很明显。

（二）2013—2018 年度医药院校分门类的专业发展状况

2013—2018 年度，医药院校的专业布点覆盖除哲学和历史学门类外的其他十大门类。各门类专业都有所增加，但与前一阶段类似，各门类专业发展仍呈不平衡状态，见图 5.11—图 5.18 所示。

1. 哲学门类专业的发展

2013—2018 年度，医药院校未开设哲学门类专业。

2. 经济学门类专业的发展

2013 年度，经济学门类专业布点 18 个；2018 年度增加到 22 个。这期间，经济学门类专业布点仅增加 4 个，其占医药院校专业布点比重略有下降。2013 年度，该门类专业布点占医药院校专业布点的 1.03%；2018 年度下降到 0.95%，见图 5.11 所示。

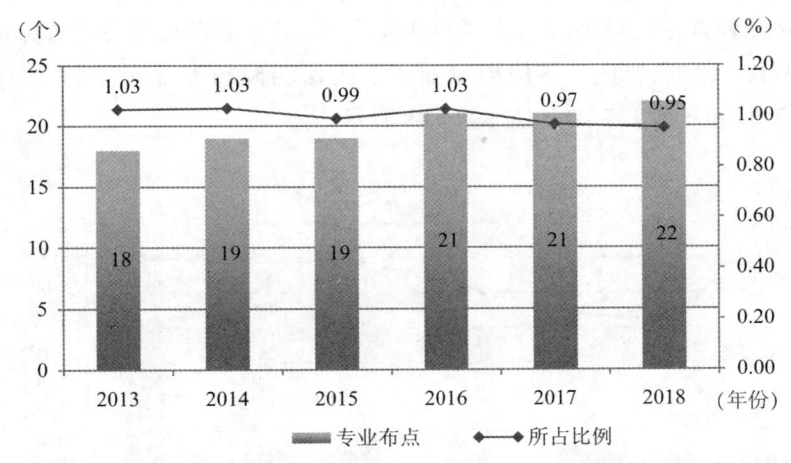

图 5.11　2013—2018 年度经济学门类专业布点及其占医药院校专业布点比例

3. 法学门类专业的发展

2013 年度，法学门类专业布点 33 个；2018 年度增加到 35 个。这期间，法学门类专业布点仅增加 2 个，其占医药院校专业布点比重有所下降。2013 年度，该门类专业布点占医药院校专业布点的 1.88%；2018 年度下降到 1.52%，见图 5.12 所示。

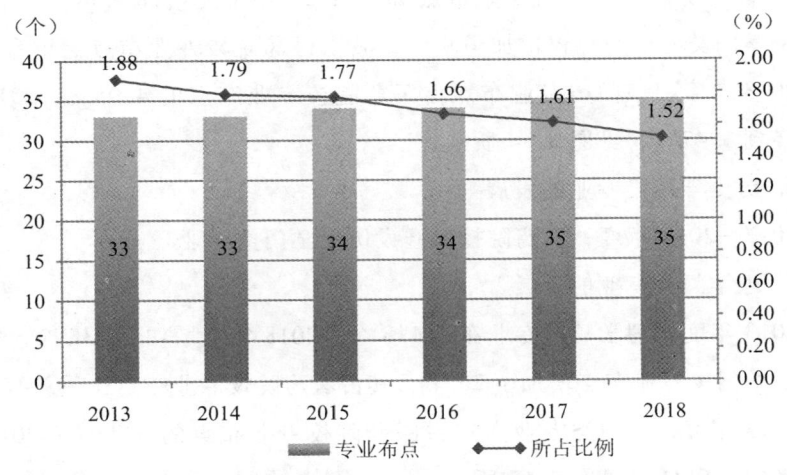

图 5.12　2013—2018 年度法学门类专业布点及其占医药院校专业布点比例

4. 教育学门类专业的发展

2013 年度，教育学门类专业布点 24 个；到 2018 年度增加到 41 个。

这期间，教育学门类专业布点增加了 17 个，其占医药院校专业布点比重有所增长。2013 年度，该门类专业布点占医药院校专业布点的 1.37%；2018 年度上升到 1.78%，见图 5.13 所示。

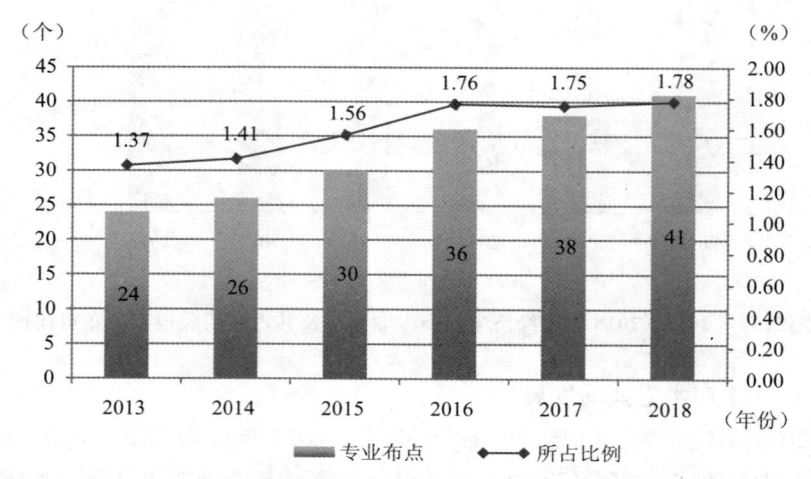

图 5.13　2013—2018 年度教育学门类专业布点及其占医药院校专业布点比例

5. 文学门类专业的发展

2013 年度，文学门类专业布点 71 个；2018 年度增加到 80 个。这期间，文学门类专业布点仅增加了 9 个，其占医药院校专业布点比重有所下降。2013 年度，该门类专业布点占医药院校专业布点的 4.05%；2018 年度下降到 3.47%，见图 5.14 所示。

6. 历史学门类专业的发展

2013—2018 年度，医药院校未开设历史学门类专业。

7. 理学门类专业的发展

2013 年度，理学门类专业布点 118 个；2018 年度增加到 138 个。这期间，理学门类专业布点增加了 20 个，其占医药院校专业布点比重却有所下降。2013 年度，该门类专业布点占医药院校专业布点的 6.72%；2018 年度下降到 5.98%，见图 5.15 所示。

8. 工学门类专业的发展

2013 年度，工学门类专业布点 203 个；2018 年度增加到 274 个。这期间，工学门类专业布点增加了 71 个，其占医药院校专业布点比重略有增

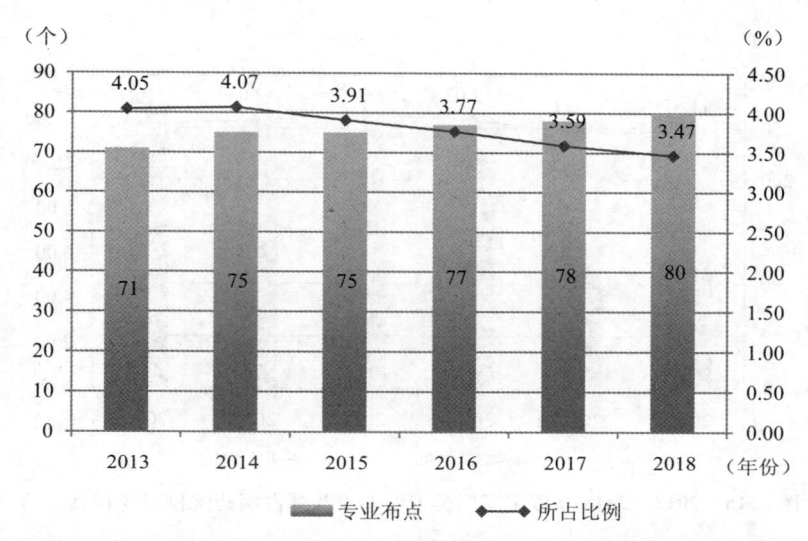

图 5.14　2013—2018 年度文学门类专业布点及其占医药院校专业布点比例

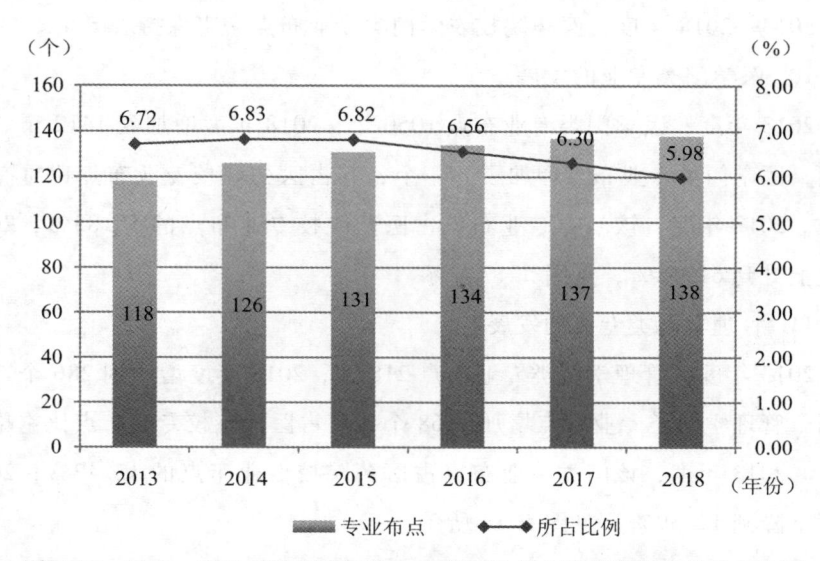

图 5.15　2013—2018 年度理学门类专业布点及其占医药院校专业布点比例

长。2013 年度，该门类专业布点占医药院校专业布点的 11.57%；2018 年度上升到 11.87%，见图 5.16 所示。

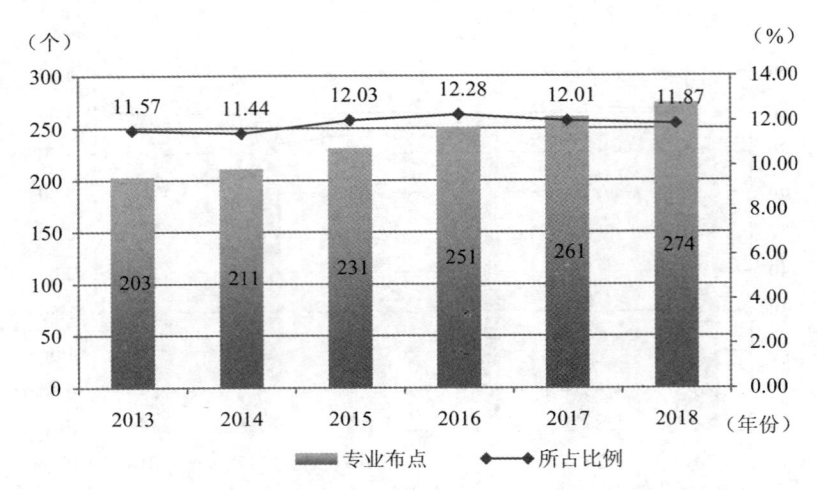

图 5.16　2013—2018 年度工学门类专业布点及其占医药院校专业布点比例

9. 农学门类专业的发展

2013—2018 年度，医药院校农学门类专业布点一直保持着 5 个。

10. 医学门类专业的发展

2013 年度，医学门类专业布点 1050 个；2018 年度增加到 1412 个。这期间，医学门类专业布点增加了 362 个，其占医药院校专业布点比重有所增长。2013 年度，该门类专业布点占医药院校专业布点的 59.83%；2018 年度上升到 61.18%，见图 5.17 所示。

11. 管理学门类专业的发展

2013 年度，管理学门类专业布点 218 个；2018 年度增加到 286 个。这期间，管理学门类专业布点增加了 68 个，其占医药院校专业布点比重略有下降。2013 年度，该门类专业布点占医药院校专业布点的 12.42%；2018 年度下降到 12.39%，见图 5.18 所示。

12. 艺术学门类专业的发展

2013—2018 年度，艺术学门类一直保持着 15 个专业布点。

2013—2018 年度，各门类专业所占比重变化很不明显。医药院校专业布点主要集中在医学门类，医学门类专业布点占医药院校专业布点的 60% 左右，并有上升趋势，医药院校的"医学"专业特色相对明显。其余门类专业也有一定发展。从总体上看，医药院校专业设置在门类上进一步丰富。

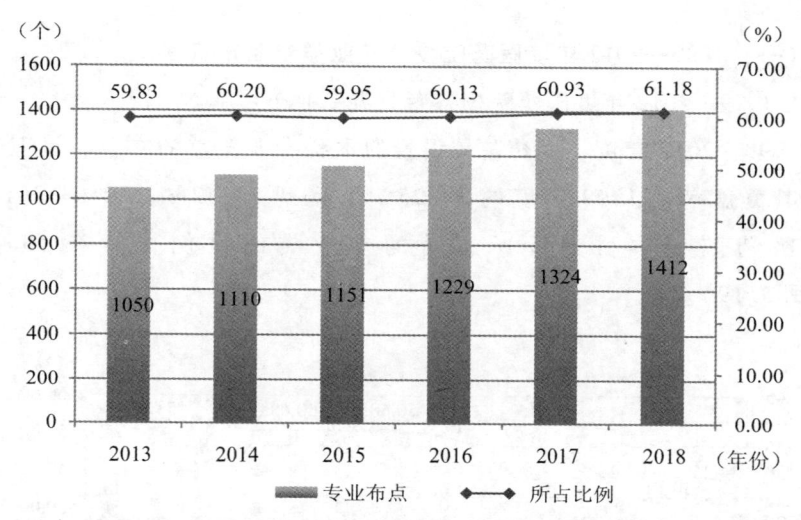

图 5.17 2013—2018 年度医学门类专业布点及其占医药院校专业布点比例

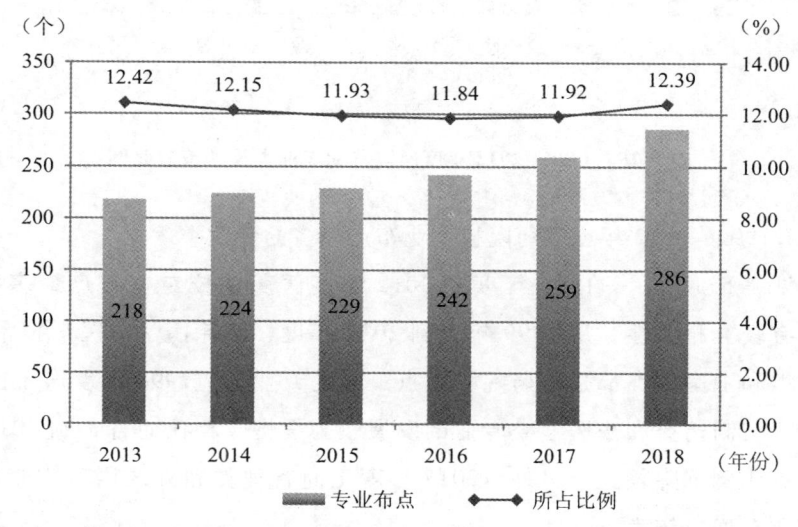

图 5.18 2013—2018 年度管理学门类专业布点及其占医药院校专业布点比例

三 医药院校分专业类的专业发展

(一) 1999—2012年度医药院校分专业类专业布点

1. 1999—2012年度医药院校各专业类专业布点基本状况

1999—2012年度,医药院校设置的本科专业覆盖的专业类呈上升趋势,其覆盖率从1999年度的34.25%上升到53.42%;2010—2012年度,医药院校本科专业所覆盖的专业类的比例保持在53.42%(见图5.19)。

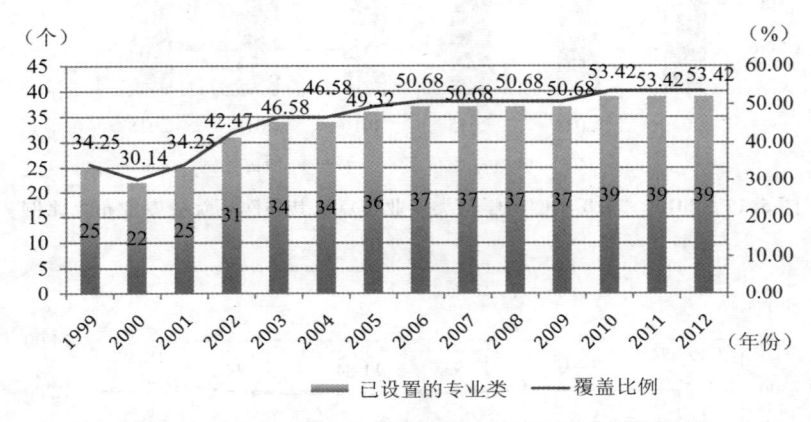

图5.19 1999—2012年度已设置的专业类及其覆盖比例

2. 1999—2012年度医药院校专业布点最多的专业类

见表5.1所示,1999年度和2012年度医药院校专业布点最多的专业类有较大相似性。从1999年度到2012年度,临床医学与医学技术类、药学类和中医学类都是医药院校布点最多的专业类。1999年度居于前10的化工与制药类和法医学类专业的发展较为缓慢,相比而言,到2012年度布点比例下降较大,另外,2012年度工商管理类和外国语言文学类的专业布点增加较大。

3. 1999—2012年度占该专业类在各类别高校中的总布点比重达一半的专业类

1999年度,医药院校中,专业类的专业布点占该专业类在各类别高校中的总布点比重达一半的专业类有 8 个，分别是中医学类、法医学类、预防医学类、口腔医学类、护理学类、临床医学与医学技术类、药学类和基础医学类（见表 5.2）。其中，医学类、法医学类专业布点所占比重都在 90% 以上。这表明，主要的医学类专业都在医药院校设置。

表 5.1　　1999 年度和 2012 年度专业布点最多的前 10 个专业类　　单位：个

排序	1999 年度		2012 年度	
	专业	布点	专业	布点
1	临床医学与医学技术类	134	临床医学与医学技术类	322
2	药学类	65	药学类	259
3	中医学类	61	中医学类	130
4	预防医学类	39	公共管理类	99
5	护理学类	34	护理学类	98
6	口腔医学类	30	电气信息类	80
7	公共管理类	15	预防医学类	75
8	化工与制药类	13	工商管理类	64
9	法医学类	9	口腔医学类	60
10	电气信息类	6	外国语言文学类	56

表 5.2　　1999 年度医药院校占该专业类在各类别高校中的
总布点比重超过 50% 的专业类　　单位：个，%

排序	专业类	专业布点	占各类别高校中的总布点比重
1	中医学类	61	91.04
2	法医学类	9	90.00
3	预防医学类	39	88.64
4	口腔医学类	30	88.24
5	护理学类	34	85.00
6	临床医学与医学技术类	134	81.71
7	药学类	65	81.25
8	基础医学类	4	66.67

2012 年度，医药院校中，专业类的专业布点占该专业类在各类别高校

中的总布点比重达一半的专业类有7个（见表5.3）。从变化的趋势看，与1999年度相比，这些专业所占比例都在下降，其中护理学类专业布点所占比重下降较大，护理学类专业布点占其专业类在各类别高校中的总布点比重低于50%。

表5.3　　2012年度医药院校占该专业类在各类别高校中的总布点比重超过50%的专业类　　单位：个,%

排序	专业类	专业布点	占各类别高校中的总布点比重
1	中医学类	130	80.25
2	法医学类	21	65.63
3	临床医学与医学技术类	322	61.92
4	预防医学类	75	59.06
5	口腔医学类	60	58.82
6	药学类	259	56.55
7	基础医学类	10	55.56

4. 1999—2012年度医药院校专业布点增加最多的专业类

1999—2012年度，专业布点增加最多的前10个专业类，分别是药学类、临床医学与医学技术类、公共管理类、电气信息类、中医学类、护理学类、工商管理类、外国语言文学类、心理学类和生物科学类（见表5.4）。其中专业布点增加最多的是药学类，增加专业布点194个，增加比例298.46%。

表5.4　　1999—2012年度专业布点增加最多的前10个专业类　　单位：个,%

专业类	1999年度	2012年度	增加专业布点	增加比例
药学类	65	259	194	298.46
临床医学与医学技术类	134	322	188	140.30
公共管理类	15	99	84	560.00
电气信息类	6	80	74	1233.33
中医学类	61	130	69	113.11

续表

专业类	1999 年度	2012 年度	增加专业布点	增加比例
护理学类	34	98	64	188.24
工商管理类	4	64	60	1500.00
外国语言文学类	4	56	52	1300.00
心理学类	0	51	51	—
生物科学类	4	54	50	1250.00

5. 1999—2012 年度医药院校专业布点增幅最大的专业类

1999—2012 年度，专业布点增幅最大的 10 个专业类，分别是法学类、工商管理类、外国语言文学类、生物科学类、电气信息类、管理科学与工程类、社会学类、艺术类、生物工程类和公共管理类（见表 5.5），在 1999—2012 年度中，专业布点增幅最大的前 10 个专业类的最低增幅为 560.00%。布点增加最快的生物科学类和生物工程类这两个专业类与"医学"关系密切，这表明医药院校的专业设置逐渐多样化。

表 5.5　　　　1999—2012 年度专业布点增幅最大的前 10 个专业类　　单位：个，%

专业类	1999 年度	2012 年度	增加专业布点	增加比例
法学类	1	23	22	2200.00
工商管理类	4	64	60	1500.00
外国语言文学类	4	56	52	1300.00
生物科学类	4	54	50	1250.00
电气信息类	6	80	74	1233.33
管理科学与工程类	4	46	42	1050.00
社会学类	1	10	9	900.00
艺术类	1	8	7	700.00
生物工程类	2	14	12	600.00
公共管理类	15	99	84	560.00

（二）2013—2018 年度医药院校分专业类专业布点

1. 2013—2018 年度医药院校各专业类专业布点基本状况

2013—2018 年度，医药院校专业类及其覆盖比例都得到一定增长，见图 5.20 所示。

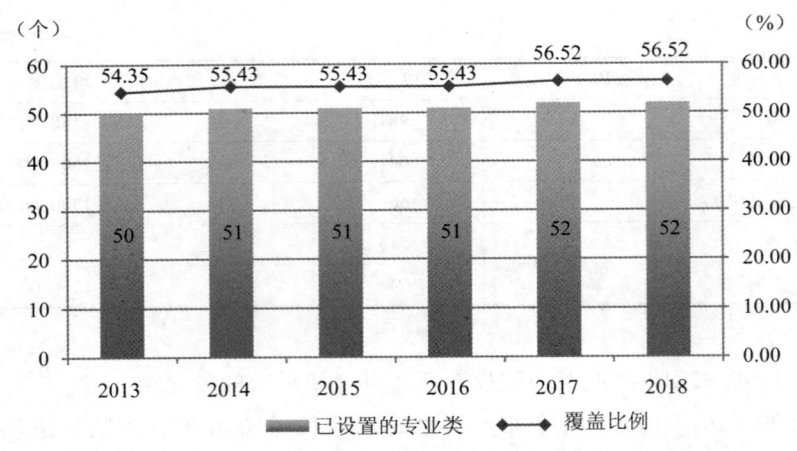

图 5.20　2013—2018 年度已设置的专业类及其覆盖比例

2. 2013—2018 年度医药院校专业布点最多的专业类

见表 5.6 所示，2013 年度和 2018 年度医药院校专业布点最多的专业类有极大相似性，布点较多的专业类依然是医学类专业，而且布点最多的前 9 个专业类保持一致。不同的是各专业类的排序有所变化。

表 5.6　2013 年度和 2018 年度专业布点最多的前 11 个专业类① 单位：个，%

排序	2013 年度 专业	布点	2018 年度 专业	布点
1	医学技术类	205	医学技术类	337
2	药学类	183	临床医学类	263
3	临床医学类	181	药学类	222
4	公共管理类	99	公共管理类	144
5	中药学类	99	中药学类	127
6	护理学类	99	护理学类	126
7	中医学类	93	中医学类	115
8	公共卫生与预防医学类	67	公共卫生与预防医学类	84
9	工商管理类	65	工商管理类	76
10	外国语言文学类	57	外国语言文学类	63
11	口腔医学类	57	生物科学类	63

① 2013 年度和 2018 年度专业布点排序中第 10 位均有两个专业类。

3. 2013—2018 年度占各类别高校总专业布点比重一半以上的专业类

2013 年度，医药院校中，专业类的专业布点占该专业类在各类别高校中的总布点比重达一半的专业类有 10 个，分别是中西医结合类、中医学类、医学技术类、中药学类、法医学类、公共卫生与预防医学类、口腔医学类、临床医学类、药学类和基础医学类（见表 5.7）。其中布点比例最大的是中西医结合类，占该专业类在各类别高校中的总布点比重的 86.67%。

表 5.7　　2013 年度医药院校占该专业类在各类别高校中的总布点比重超过 50% 的专业类　　单位：个，%

排序	专业类	专业布点	占各类别高校中的总布点比重
1	中西医结合类	39	86.67
2	中医学类	93	78.15
3	医学技术类	205	69.02
4	中药学类	99	66.44
5	法医学类	18	62.07
6	公共卫生与预防医学类	67	57.26
7	口腔医学类	57	57.00
8	临床医学类	181	56.92
9	药学类	183	53.04
10	基础医学类	9	52.94

2018 年度，医药院校中，专业类的专业布点占该专业类在各类别高校中的总布点比重达一半的专业类仍然是 2013 年度之前的 10 个（见表 5.8）。其中布点比重最大的仍然是中西医结合类，占该专业类在各类别高校中的总布点比重的 87.50%。

表 5.8　　2018 年度医药院校占该专业类在各类别高校中的总布点比重超过 50% 的专业类　　单位：个，%

排序	专业类	专业布点	占各类别高校中的总布点比重
1	中西医结合类	42	87.50
2	中医学类	115	79.86
3	中药学类	127	68.65

续表

排序	专业类	专业布点	占各类别高校中的总布点比重
4	法医学类	20	64.52
5	医学技术类	337	63.83
6	临床医学类	263	62.77
7	公共卫生与预防医学类	84	58.74
8	口腔医学类	60	55.05
9	基础医学类	16	53.33
10	药学类	222	51.27

4. 2013—2018 年度医药院校专业布点增加最多的专业类

2013—2018 年度，专业布点增加最多的前 10 个专业类，分别是医学技术类、临床医学类、公共管理类、药学类、中药学类、护理学类、中医学类、电子信息类、公共卫生与预防医学类和体育学类（见表 5.9）。布点增加最多的是医学技术类专业；这期间该专业类增加了 132 个布点。

表 5.9　　2013—2018 年度专业布点增加最多的前 10 个专业类　　单位：个,%

专业类	2013 年度	2018 年度	增加专业布点	增加比例
医学技术类	205	337	132	64.39
临床医学类	181	263	82	45.30
公共管理类	99	144	45	45.45
药学类	183	222	39	21.31
中药学类	99	127	28	28.28
护理学类	99	126	27	27.27
中医学类	93	115	22	23.66
电子信息类	18	39	21	116.67
公共卫生与预防医学类	67	84	17	25.37
体育学类	23	40	17	73.91

5. 2013—2018 年度医药院校专业布点增幅最大的专业类

2013—2018 年度，部分专业类专业布点有所增加，增加比例最大的前

11 个专业类①，分别是电子信息类、新闻传播学类、物理学类、基础医学类、化学类、体育学类、医学技术类、计算机类、生物工程类、金融学类和物流管理与工程类（见表 5.10）。在这些增长比例较大的专业类中，只有少数是"医药"专业，这表明医药院校专业设置呈多样化发展趋势。

表 5.10　　2013—2018 年度专业布点增幅最大的前 11 个专业类　　单位：个，%

专业类	2013 年度	2018 年度	增加专业布点	增加比例
电子信息类	18	39	21	116.67
新闻传播学类	2	4	2	100.00
物理学类	1	2	1	100.00
基础医学类	9	16	7	77.78
化学类	4	7	3	75.00
体育学类	23	40	17	73.91
医学技术类	205	337	132	64.39
计算机类	21	34	13	61.90
生物工程类	25	38	13	52.00
金融学类	6	9	3	50.00
物流管理与工程类	4	6	2	50.00

四　医药院校专业布点的状况

（一）1999—2012 年度医药院校的专业布点

1. 医药院校设置的本科专业种数

1999—2012 年度，医药院校专业种数及其占各类别高校专业总种数的比例呈增加趋势，见图 5.21 所示。

1999 年度，医药院校设置的专业共 39 种，占当年度各类别高校专业总种数比重的 12.79%。到 2012 年度设置的专业种数达 109 种，占当年度各类别高校专业总种数比重的 18.23%。这表明医药院校设置的专业越来越丰富。

---

① 排在第 10 位的有两个专业类。

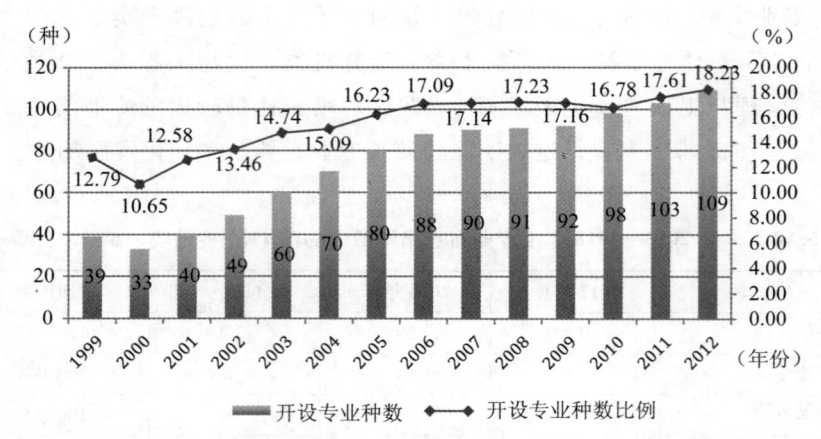

图 5.21 1999—2012 年度医药院校专业种数及其占各类别高校专业总种数的比例

2. 医药院校较集中设置的本科专业

1999 年度，一半以上的医药院校设置的本科专业只有临床医学专业，该年度该专业的学校覆盖率为 71.13%。

2012 年度，一半以上的医药院校设置的本科专业有 10 种，分别是护理学、药学、公共事业管理、临床医学、医学影像学、医学检验、中药学、口腔医学、药物制剂和预防医学，见表 5.11 所示。这期间，医药院校专业设置呈越来越集中的趋势。

表 5.11　　2012 年度一半以上的医药院校设置的本科专业　　单位：个,%

排序	专业	专业布点	覆盖学校比例
1	护理学	98	97.03
2	药学	87	86.14
3	公共事业管理	82	81.19
4	临床医学	76	75.25
5	医学影像学	68	67.33
6	医学检验	64	63.37
7	中药学	59	58.42
8	口腔医学	57	56.44
9	药物制剂	55	54.46
10	预防医学	53	52.48

3. 较集中在医药院校设置的本科专业

1999 年度，医药院校中，专业布点占各类别高校中该专业布点总数的 50% 以上的专业共 17 种。其中，占 80% 以上的专业有 14 种，只在医药院校设置的专业有 3 种。

到 2012 年度，专业布点占各类别高校中该专业布点总数的 50% 以上的专业 38 种。其中，占 80% 以上的专业有 15 种，只在医药院校设置的专业有 8 种。这表明医学院校专业设置具有其特殊性。

4. 增长的本科专业

（1）专业布点增长数量。1999—2012 年度，医药院校布点增加的本科专业有 108 种，新增专业布点 1209 个。这期间，专业布点增加最多的前 10 种专业，分别是公共事业管理、护理学、药学、应用心理学、药物制剂、康复治疗学、市场营销、英语、医学影像学和信息管理与信息系统，见表 5.12 所示。

表 5.12　　　1999—2012 年度专业布点增加最多的前 10 种专业　　单位：个，%

专业	1999 年度	2012 年度	增加专业布点	增加比例
公共事业管理	14	82	68	485.71
护理学	34	98	64	188.24
药学	33	87	54	163.64
应用心理学	0	49	49	—
药物制剂	6	55	49	816.67
康复治疗学	0	48	48	—
市场营销	1	48	47	4700.00
英语	3	49	46	1533.33
医学影像学	24	68	44	183.33
信息管理与信息系统	4	46	42	1050.00

（2）专业布点的增幅。1999—2012 年度，专业布点增幅 50% 以上的专业有 29 种；增长 100% 以上有 26 种。这期间专业增幅最大的前 10 种专业，分别是市场营销、法学、计算机科学与技术、英语、劳动与社会保障、生物技术、信息管理与信息系统、生物科学、药物制剂和社会工作，见表 5.13 所示。其中市场营销专业增加的比例最高，增长的比例

高达 4700.00%。

表 5.13　1999—2012 年度专业布点增幅最大的前 10 种专业　　单位：个，%

专业	1999 年度	2012 年度	增加专业布点	增加比例
市场营销	1	48	47	4700.00
法学	1	23	22	2200.00
计算机科学与技术	1	20	19	1900.00
英语	3	49	46	1533.33
劳动与社会保障	1	16	15	1500.00
生物技术	3	37	34	1133.33
信息管理与信息系统	4	46	42	1050.00
生物科学	1	11	10	1000.00
药物制剂	6	55	49	816.67
社会工作	1	9	8	800.00

（3）新设的本科专业。1999—2012 年度，医药院校共新设置的本科专业 76 种，占 2012 年度医药院校所设置专业种数的 69.72%。

5. 布点减少或撤销的本科专业

1999—2012 年度，医药院校撤销的专业有 6 种，分别是放射医学、历史学、数学与应用数学、物理学、化学和核工程与核技术。

（二）2013—2018 年度医药院校的专业布点

1. 医药院校设置的本科专业种数

2013—2018 年度，医药院校设置的专业种数逐年增加，各年度专业种数占各类别高校专业总种数的比重也有一定起伏，见图 5.22 所示。

2013 年度，医药院校设置的专业共 120 种，占当年度各类别高校专业总种数比重的 23.58%。2018 年度，设置的专业共 145 种，占当年度各类别高校专业总种数比重的 23.09%。这表明医药院校设置的专业呈多样化趋势。

2. 医药院校较集中设置的本科专业

2013 年度，一半以上的医药院校设置的本科专业有 11 种，依次是护

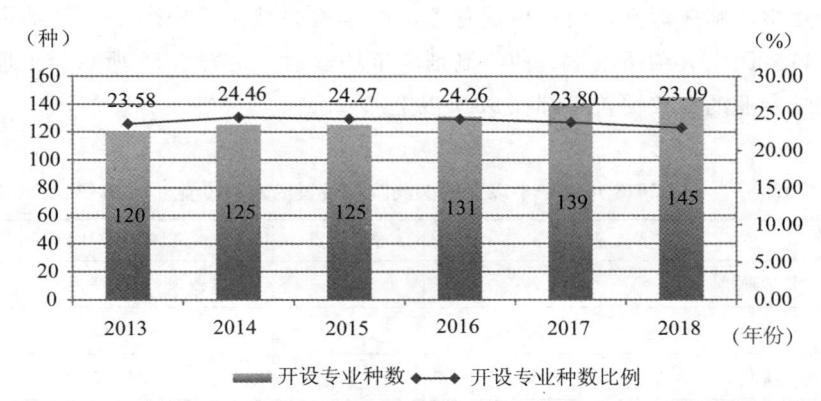

图 5.22 2013—2018 年度医药院校专业种数及其占各类别高校专业总种数的比例

理学、药学、公共事业管理、临床医学、医学检验技术、医学影像学、康复治疗学、中药学、口腔医学、预防医学和药物制剂，见表 5.14 所示。护理学专业的高校覆盖率在 90% 以上。

表 5.14　　　　2013 年度一半以上的医药院校设置的本科专业　　单位：个,%

排序	专业	专业布点	覆盖学校比例
1	护理学	99	95.19
2	药学	90	86.54
3	公共事业管理	82	78.85
4	临床医学	76	73.08
5	医学检验技术	69	66.35
6	医学影像学	61	58.65
7	康复治疗学	61	58.65
8	中药学	59	56.73
9	口腔医学	58	55.77
10	预防医学	53	50.96
11	药物制剂	53	50.96

到 2018 年度，一半以上的医药院校设置的本科专业增加到 12 种。其中 80% 的医药院校都设置的本科专业有 12 种，依次是护理学、药学、康

复治疗学、临床医学、公共事业管理、医学检验技术、中药学、医学影像学、口腔医学、预防医学、药物制剂和市场营销，见表 5.15 所示。护理学和药学专业的高校覆盖率都在 90% 以上。

表 5.15　　　　2018 年度一半以上的医药院校设置的本科专业　　　单位：个，%

排序	专业	专业布点	覆盖学校比例
1	护理学	105	98.13
2	药学	99	92.52
3	康复治疗学	93	86.92
4	临床医学	85	79.44
5	公共事业管理	84	78.50
6	医学检验技术	83	77.57
7	中药学	68	63.55
8	医学影像学	67	62.62
9	口腔医学	60	56.07
10	预防医学	58	54.21
11	药物制剂	56	52.34
12	市场营销	56	52.34

3. 较集中在医药院校设置的本科专业

2013 年度，医药院校中，专业布点占各类别高校中该专业布点总数的 50% 以上的专业共 38 种。其中，占 80% 以上的专业有 12 种，只在医药院校设置的专业有 6 种。

到 2018 年度，专业布点占各类别高校中该专业布点总数的 50% 以上的专业有 50 种。其中，占 80% 以上的专业有 24 种，只在医药院校设置的专业有 11 种。这表明医学院校专业设置具有一定的特殊性。

4. 增长的本科专业

（1）专业布点增长数量。2013—2018 年度，医药院校布点增加的本科专业有 90 种，共增加了 556 个布点。这期间，专业布点增加最多的前 10 种专业，分别是健康服务与管理、康复治疗学、儿科学、医学影像技术、精神医学、助产学、医学信息工程、运动康复、卫生检验与检疫和医学检验技术，见表 5.16 所示。健康服务与管理是这期间新设的专业，其布点增加最多。

表 5.16　　2013—2018 年度专业布点增加最多的前 10 种专业　　单位：个，%

专业	2013 年度	2018 年度	增加专业布点	增加比例
健康服务与管理	0	35	35	—
康复治疗学	61	93	32	52.46
儿科学	0	29	29	—
医学影像技术	17	43	26	152.94
精神医学	3	26	23	766.67
助产学	0	21	21	—
医学信息工程	11	31	20	181.82
运动康复	7	24	17	242.86
卫生检验与检疫	20	37	17	85.00
医学检验技术	69	83	14	20.29

（2）专业布点的增幅。2013—2018 年度，专业布点增幅 50% 以上的专业有 32 种；增长 100% 以上有 17 种。这期间专业增幅最大的前 10 种专业，分别是眼视光医学、精神医学、假肢矫形工程、翻译、财务管理、物联网工程、海洋药学、运动康复、听力与言语康复学和医学信息工程，见表 5.17 所示。其中眼视光医学专业增加的比例最高。

表 5.17　　2013—2018 年度专业布点增幅最大的前 10 种专业　　单位：个，%

专业	2013 年度	2018 年度	增加专业布点	增加比例
眼视光医学	1	12	11	1100.00
精神医学	3	26	23	766.67
假肢矫形工程	1	7	6	600.00
翻译	1	6	5	500.00
财务管理	1	6	5	500.00
物联网工程	1	5	4	400.00
海洋药学	1	5	4	400.00
运动康复	7	24	17	242.86

续表

专业	2013年度	2018年度	增加专业布点	增加比例
听力与言语康复学	3	9	6	200.00
医学信息工程	11	31	20	181.82

（3）新设的本科专业。2013—2018年度，医药院校不断增设新专业，在这期间新设置的专业共25种，占2018年度医药院校本科专业总种数的25%。

5. 布点减少或撤销的本科专业

2013—2018年度，医药院校中没有专业布点减少本科专业共有三种，分别是法学、汉语言和产品设计，各减少1个布点。

第 六 章

师范院校本科专业设置发展

一 师范院校专业设置基本状况

1999—2018年度,师范院校本科专业有很大发展,见图6.1和图6.2所示。

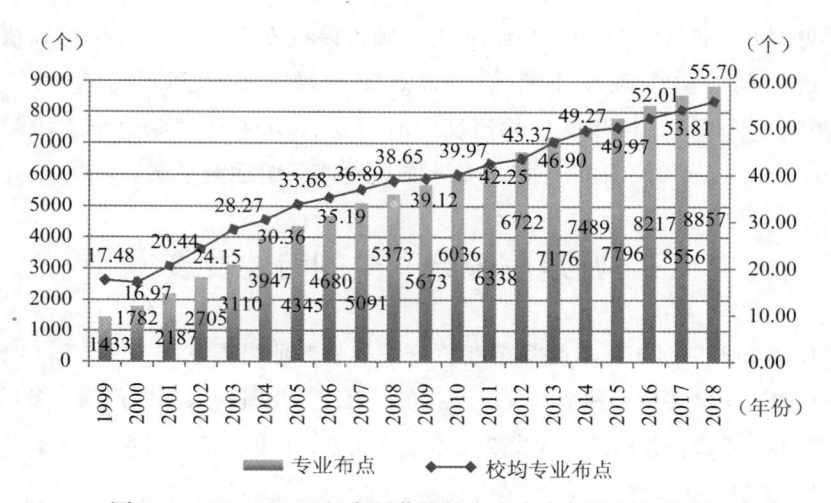

图6.1 1999—2018年度师范院校专业布点与校均专业布点

见图6.1所示,1999年度,师范院校本科专业布点1433个;2018年度增加到8857个,是1999年度专业布点的6.18倍。2004年度专业布点增加最多,共增加了837个。1999年度,师范院校校均本科专业17.48个;2018年度增加到55.70个,校均专业设置规模增加38.22个。

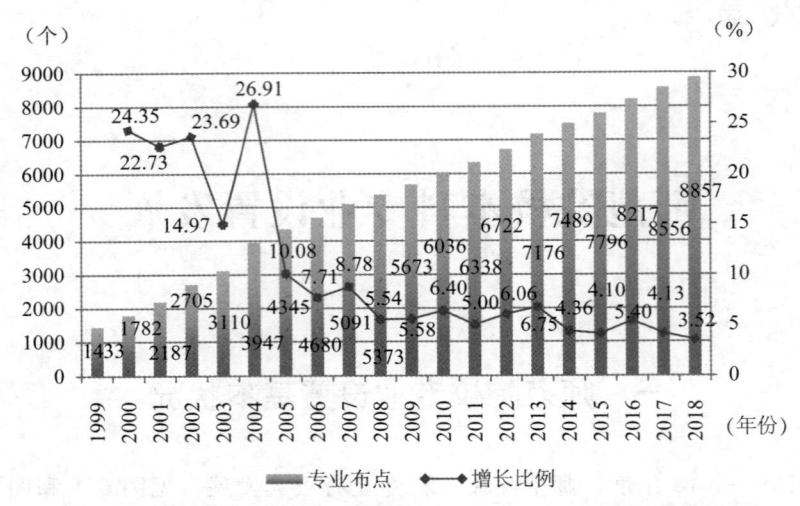

图 6.2　1999—2018 年度师范院校专业布点与专业布点增长趋势

见图 6.2 所示，1999—2018 年度，师范院校专业布点一直保持较快增长。这期间，师范院校本科专业布点年均增长 390.74 个，年增长率 10.06%。然而，不同年度增长速度则有起伏，2004 年度专业布点增幅高达 26.91%。从 2008 年度开始，专业布点增速开始逐渐平缓。

二　师范院校分门类的专业发展

（一）1999—2012 年度师范院校分门类的专业发展状况

1999—2012 年度，师范院校的专业布点覆盖了当时的大多数门类。各门类专业有很大发展，各门类专业发展呈不平衡状态，见图 6.3—图 6.13 所示。

1. 哲学门类专业的发展

1999 年度，哲学门类专业布点 3 个；2012 年度增加到 16 个。这期间，哲学门类专业布点增加了 13 个，其占师范院校专业布点比重则有起伏，但变化较小。1999 年度，该门类专业布点占师范院校专业布点的 0.21%；2012 年度上升到 0.24%，见图 6.3 所示。

2. 经济学门类专业的发展

1999 年度，经济学门类专业布点 21 个；2012 年度增加到 189 个。这期间，经济学门类专业布点增加了 168 个，其占师范院校专业布点比重则

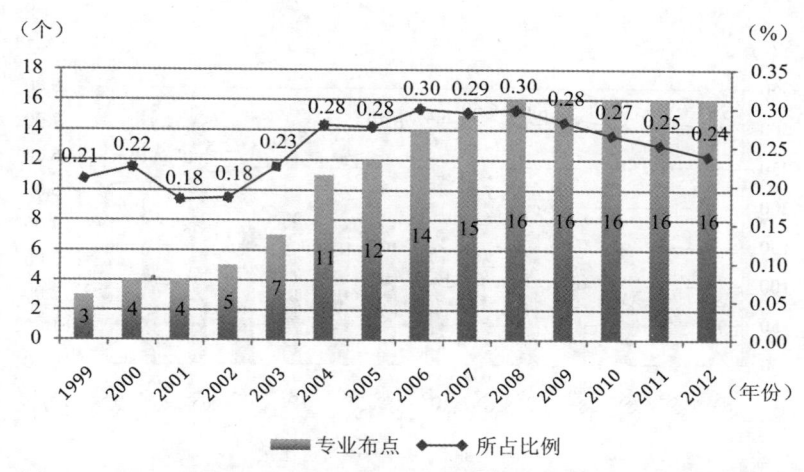

图 6.3　1999—2012 年度哲学门类专业布点及其占师范院校专业布点比例

有起伏，但总体趋于增加。1999 年度，该门类专业布点占师范院校专业布点的 1.47%；2012 年度上升到 2.81%，见图 6.4 所示。

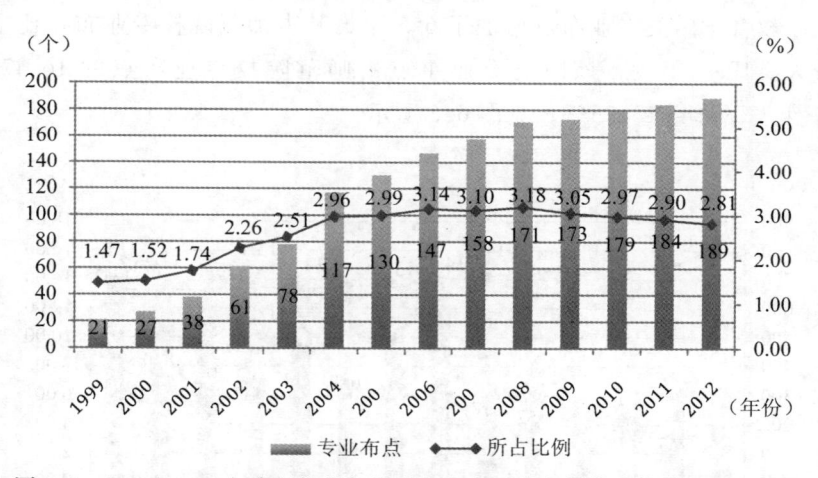

图 6.4　1999—2012 年度经济学门类专业布点及其占师范院校专业布点比例

3. 法学门类专业的发展

1999 年度，法学门类专业布点 98 个；2012 年度增加到 348 个。这期间，法学门类专业布点增加了 250 个，其占师范院校专业布点比重却有所下降。1999 年度，该门类专业布点占师范院校专业布点的 6.84%。2012 年度下降到 5.18%，见图 6.5 所示。

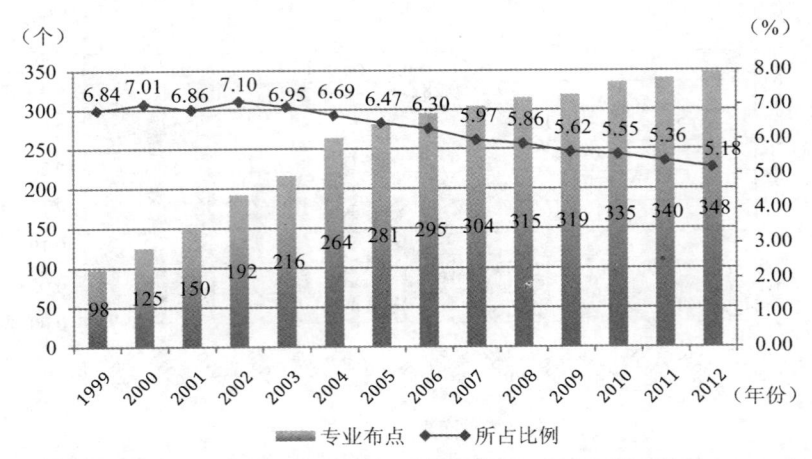

146 ❖ 中国分类别高校本科专业设置状况研究(1999—2018)

图 6.5 1999—2012 年度法学门类专业布点及其占师范院校专业布点比例

4. 教育学门类专业的发展

1999 年度，教育学门类专业布点 236 个；2012 年度增加到 891 个。这期间，教育学门类专业布点增加了 655 个，其占师范院校专业布点比重下降较大。1999 年度，该门类专业布点占师范院校专业布点的 16.47%，2012 年度下降到 13.25%，见图 6.6 所示。

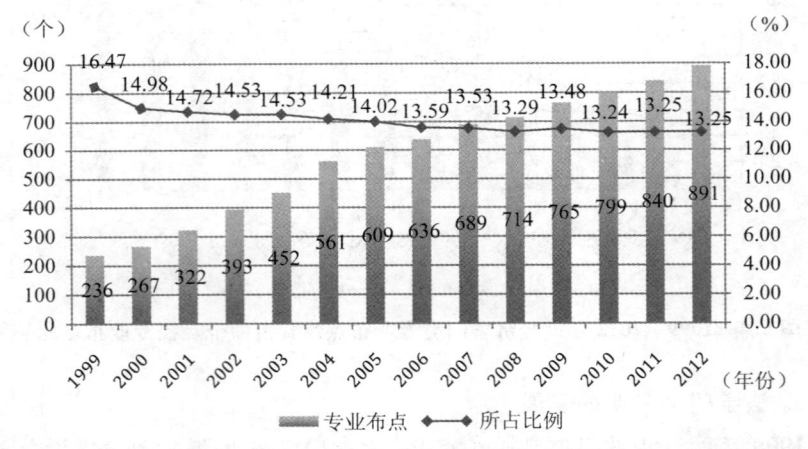

图 6.6 1999—2012 年度教育学门类专业布点及其占师范院校专业布点比例

5. 文学门类专业的发展

1999 年度，文学门类专业布点 369 个；2012 年度增加到 1714 个。这期间，文学门类专业布点增加了 1345 个，其占师范院校专业布点比重却略有下降。1999 年度，该门类专业布点占师范院校专业布点的 25.75%；2012 年度下降到 25.50%，见图 6.7 所示。

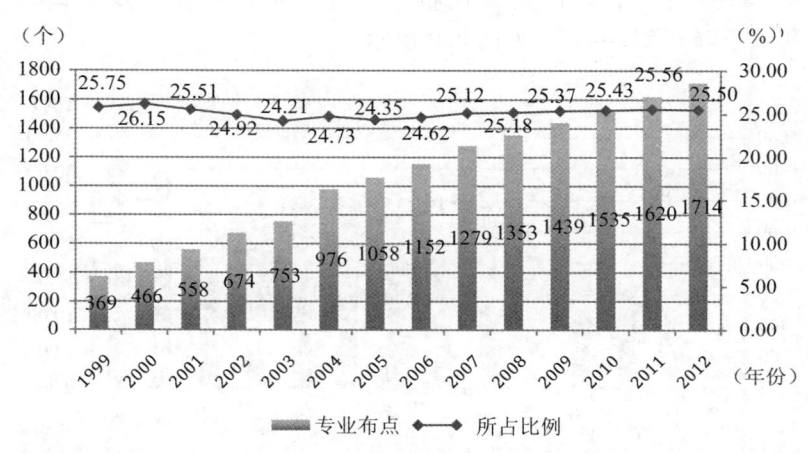

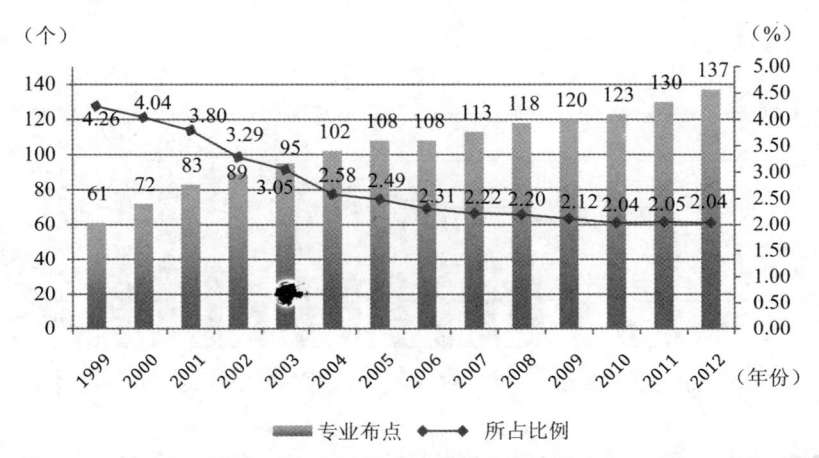

图 6.7　1999—2012 年度文学门类专业布点及其占师范院校专业布点比例

6. 历史学门类专业的发展

1999 年度，历史门类专业布点 61 个；2012 年度增加到 137 个。这期间，历史学门类专业布点增加了 76 个，其占师范院校专业布点比重却有所下降。1999 年度，该门类专业布点占师范院校专业布点的 4.26%。2012 年度下降到 2.04%，见图 6.8 所示。

图 6.8　1999—2012 年度历史学门类专业布点及其占师范院校专业布点比例

7. 理学门类专业的发展

1999 年度，理学门类专业布点 410 个；2012 年度增加到 1441 个。这期间，理学门类专业布点增加了 1031 个，其占师范院校专业布点比重却下降较大。1999 年度，该门类专业布点占师范院校专业布点的 28.61%；2012 年度下降到 21.44%，见图 6.9 所示。

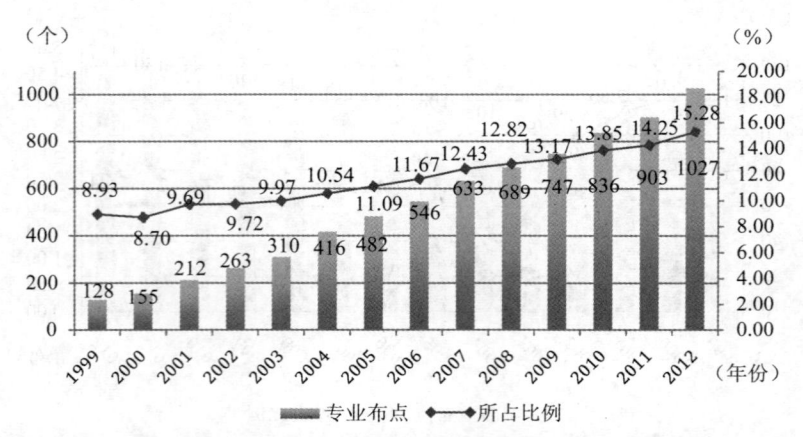

图 6.9　1999—2012 年度理学门类专业布点及其占师范院校专业布点比例

8. 工学门类专业的发展

1999 年度，工学门类专业布点 128 个；2012 年度增加到 1027 个。这期间，工学门类专业布点增加了 899 个，其占师范院校专业布点比重大幅提升。1999 年度，该门类专业布点占师范院校专业布点的 8.93%；2012 年度上升到 15.28%，见图 6.10 所示。

图 6.10　1999—2012 年度工学门类专业布点及其占师范院校专业布点比例

9. 农学门类专业的发展

1999 年度，农学门类专业布点 17 个；2012 年度增加到 92 个。这期间，农学门类专业布点增加了 75 个，其占师范院校专业布点比重略有上升。1999 年度，该门类专业布点占师范院校专业布点的 1.19%；2012 年度上升到 1.37%，见图 6.11 所示。

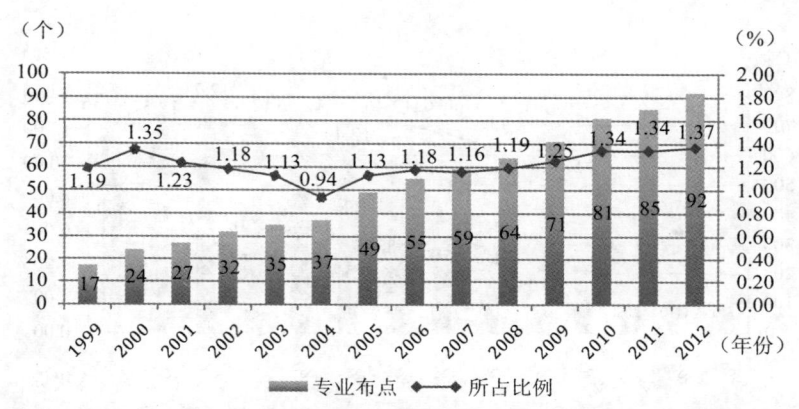

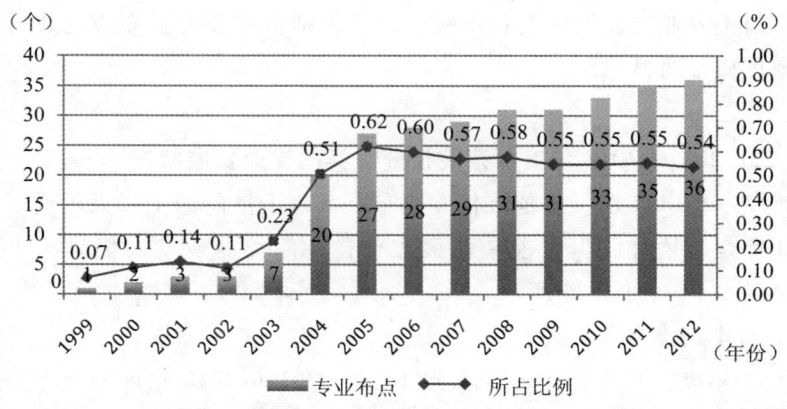

图 6.11 1999—2012 年度农学门类专业布点及其占师范院校专业布点比例

10. 医学门类专业的发展

1999 年度，医学门类专业布点 1 个；2012 年度增加到 36 个。这期间，医学门类专业布点增加了 35 个，其占师范院校专业布点比重有所提升。1999 年度，该门类专业布点占师范院校专业布点的 0.07%；2012 年度上升到 0.54%，见图 6.12 所示。

图 6.12 1999—2012 年度医学门类专业布点及其占师范院校专业布点比例

11. 管理学门类专业的发展

1999 年度，管理学门类专业布点 89 个；2012 年度增加到 831 个。这期间，管理学门类专业布点增加了 742 个，其占师范院校专业布点比重大幅提升，1999 年度，该门类专业布点占师范院校专业布点的 6.21%；2012 年度上升到 12.36%，见图 6.13 所示。

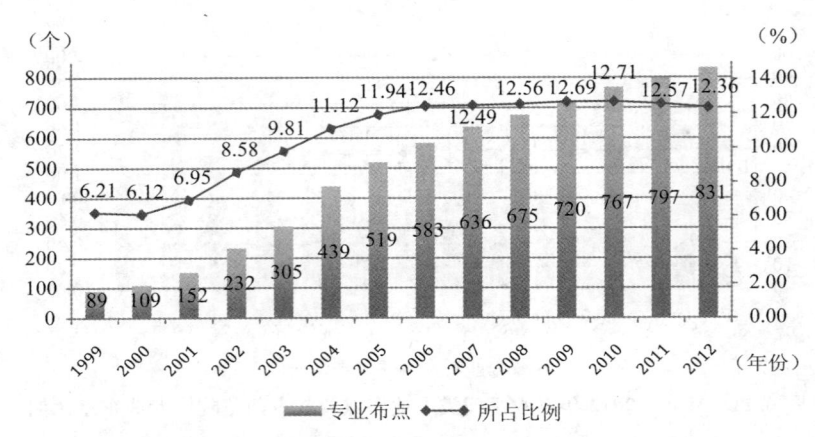

图 6.13　1999—2012 年度管理学门类专业布点及其占师范院校专业布点比例

1999—2012 年度，各门类专业有较大发展。文学、理学、工学和管理学门类布点的增加占大部分，占师范院校总增长布点的四分之三左右。这期间，占师范院校专业比重下降最大的是理学门类，教育学、文学、法学和历史学门类专业也都有所下降。增加的专业布点主要集中在部分门类专业上，门类专业在发展速度和规模，以及占师范院校专业布点比重等方面不均衡现象很明显。

（二）2013—2018 年度师范院校分门类的专业发展状况

2013—2018 年度，师范院校专业布点覆盖了目前的十二大门类。各门类专业都有所增加，但与前一阶段类似，各门类专业发展仍呈不平衡状态，见图 6.14—图 6.25 所示。

1. 哲学门类专业的发展

2013 年度，哲学门类专业布点 16 个；2014—2018 年度专业布点保持 17 个，其占师范院校专业布点比重则有细微下降，见图 6.14 所示。

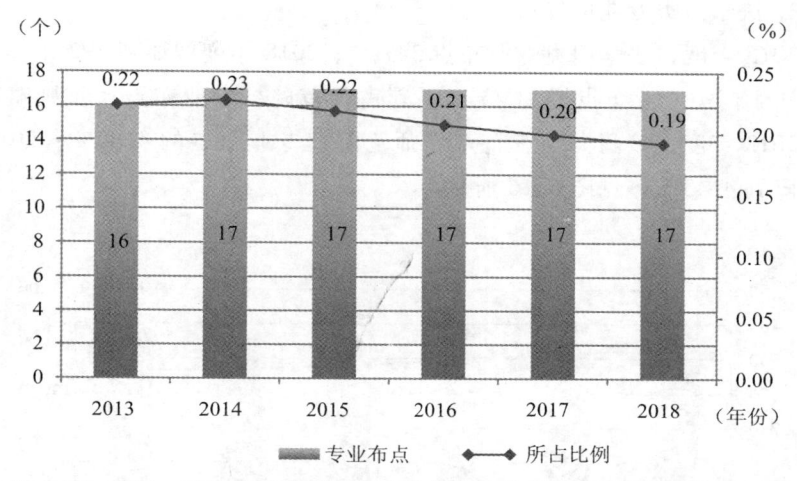

图 6.14　2013—2018 年度哲学门类专业布点及其占师范院校专业布点比例

2. 经济学门类专业的发展

2013 年度，经济学门类专业布点 235 个；2018 年度增加到 313 个。这期间，经济学门类专业布点增加了 78 个，其占师范院校专业布点比重略有上升。2013 年度，该门类专业布点占师范院校专业布点的 3.27%；2018 年度上升到 3.53%，见图 6.15 所示。

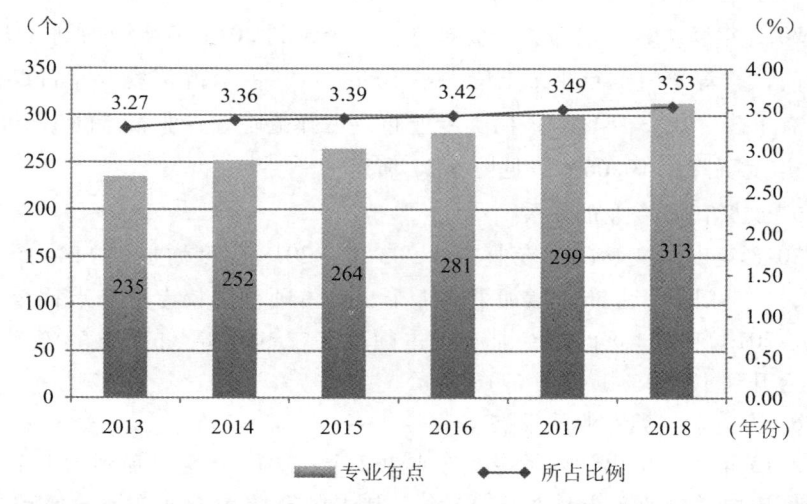

图 6.15　2013—2018 年度经济学门类专业布点及其占师范院校专业布点比例

3. 法学门类专业的发展

2013年度，法学门类专业布点347个；2018年度增加到392个。这期间，法学门类专业布点增加45个，其占师范院校专业布点比重则略有下降。2013年度，该门类专业布点占师范院校专业布点的4.84%；2018年度下降到4.43%，见图6.16所示。

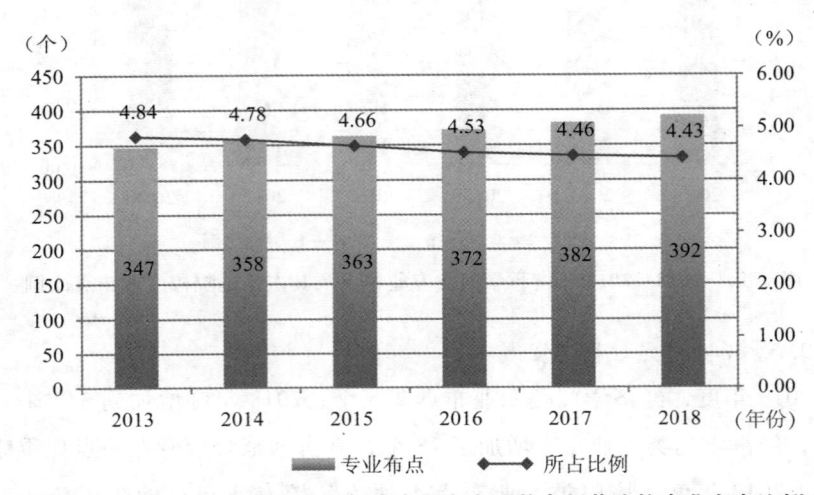

图6.16　2013—2018年度法学门类专业布点及其占师范院校专业布点比例

4. 教育学门类专业的发展

2013年度，教育学门类专业布点786个；到2018年度增加到891个。这期间，教育学门类专业布点增加了105个，其占师范院校专业布点比重却略有下降。2013年度，该门类专业布点占师范院校专业布点的10.95%；2018年度下降到10.06%，见图6.17所示。

5. 文学门类专业的发展

2013年度，文学门类专业布点903个；2018年度增加到1144个。这期间，文学门类专业布点增加了241个，其占师范院校专业布点比重有所增长。2013年度，该门类专业布点占师范院校专业布点的12.58%；2018年度上升到12.92%，见图6.18所示。

6. 历史学门类专业的发展

2013年度，历史学门类专业布点132个；2018年度增加到151个。这期间，历史学专业布点增加了19个，其占师范院校专业布点比重略有下降。2013年度，该门类专业布点占师范院校专业布点的1.84%；2018年

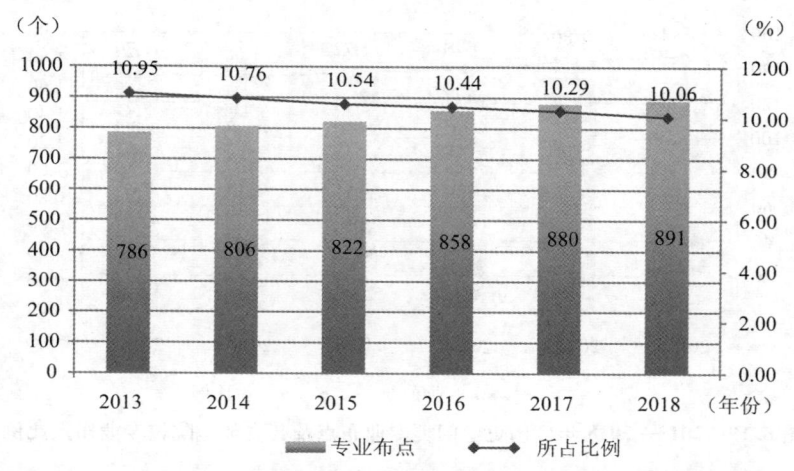

图 6.17 2013—2018 年度教育学门类专业布点及其占师范院校专业布点比例

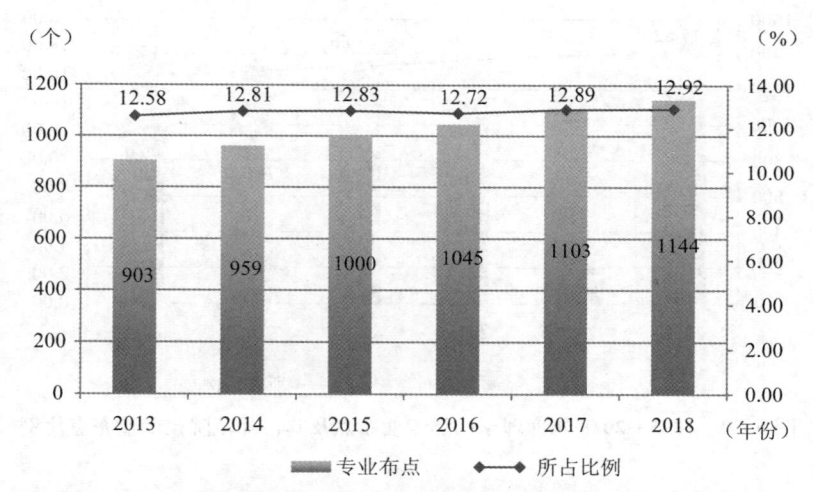

图 6.18 2013—2018 年度文学门类专业布点及其占师范院校专业布点比例

度下降到 1.70%，见图 6.19 所示。

7. 理学门类专业的发展

2013 年度，理学门类专业布点 1279 个；2018 年度增加到 1406 个。这期间，理学门类专业布点增加了 127 个，其占师范院校专业布点比重下降较大。2013 年度，该门类专业布点占师范院校专业布点的 17.82%；2018 年度下降到 15.87%，见图 6.20 所示。

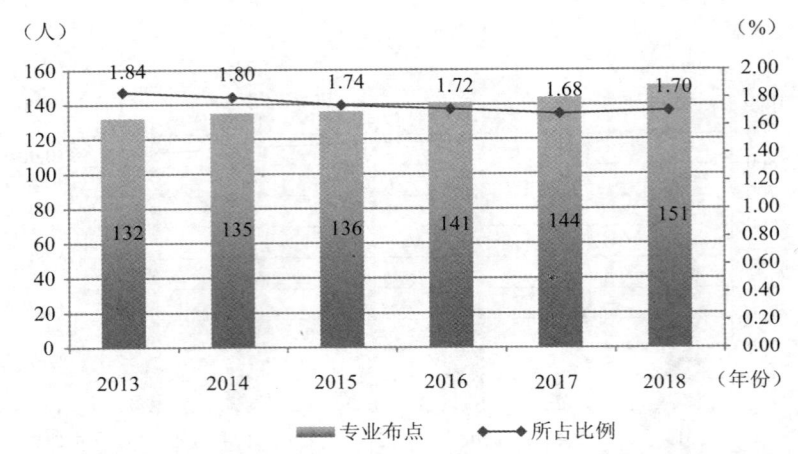

图 6.19 2013—2018 年度历史学门类专业布点及其占师范院校专业布点比例

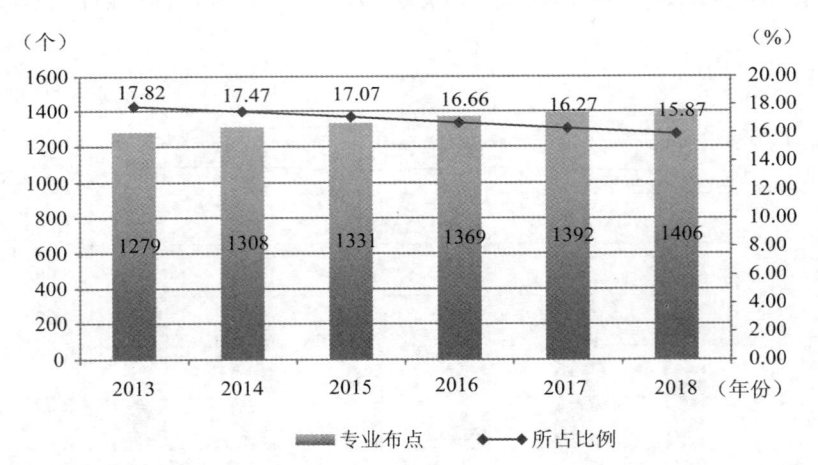

图 6.20 2013—2018 年度理学门类专业布点及其占师范院校专业布点比例

8. 工学门类专业的发展

2013 年度，工学门类专业布点 1267 个；2018 年度增加到 1812 个。这期间，工学门类专业布点增加了 545 个，其占师范院校专业布点比重有较大增长。2013 年度，该门类专业布点占师范院校专业布点的 17.66%；2018 年度上升到 20.46%，见图 6.21 所示。

9. 农学门类专业的发展

2013 年度，农学门类专业布点 99 个；2018 年度增加到 132 个。这期间，农学门类专业布点增加了 33 个，其占师范院校专业布点比重略有上

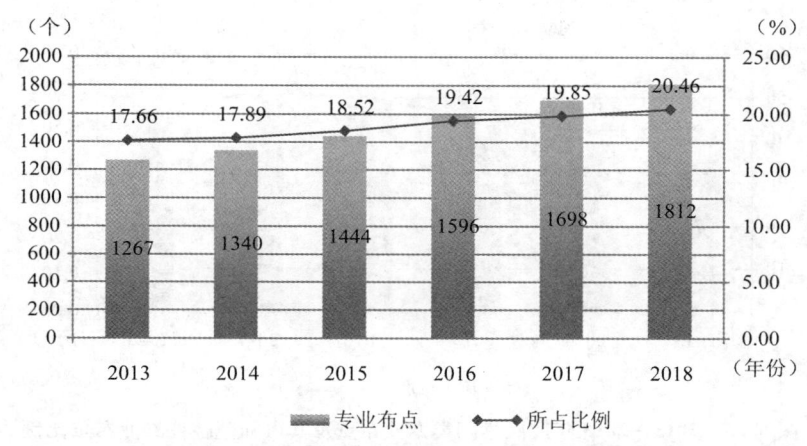

图 6.21　2013—2018 年度工学门类专业布点及其占师范院校专业布点比例

升。2013 年度，该门类专业布点占师范院校专业布点的 1.38%；2018 年度上升到 1.49%，见图 6.22 所示。

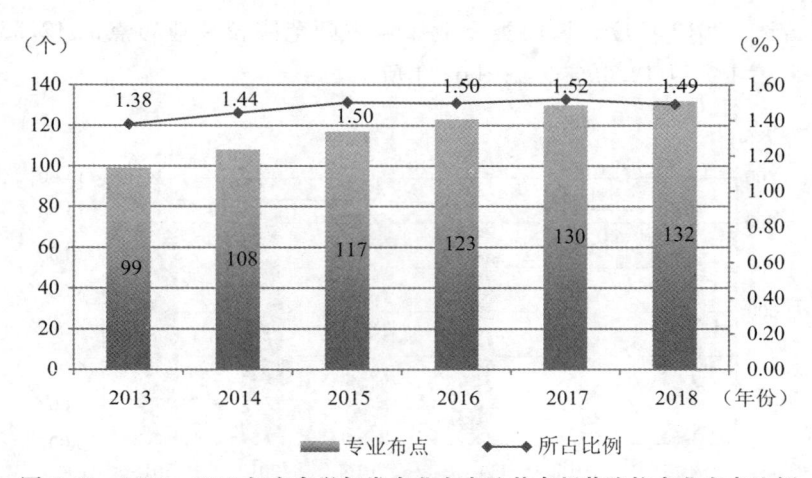

图 6.22　2013—2018 年度农学门类专业布点及其占师范院校专业布点比例

10. 医学门类专业的发展

2013 年度，医学门类专业布点 36 个；2018 年度增加到 59 个。这期间，医学门类专业布点增加了 23 个，其占师范院校专业布点比重略有增长。2013 年度，该门类专业布点占师范院校专业布点的 0.50%；2018 年度上升到 0.67%，见图 6.23 所示。

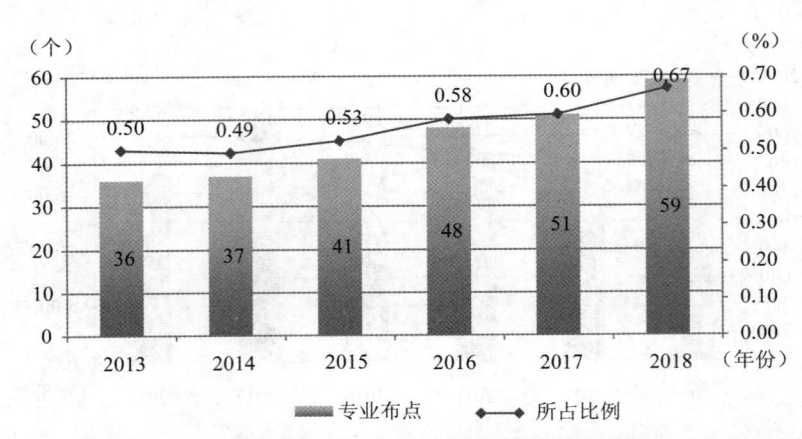

图 6.23　2013—2018 年度医学门类专业布点及其占师范院校专业布点比例

11. 管理学门类专业的发展

2013 年度，管理学门类专业布点 879 个；2018 年度增加到 1139 个。这期间，管理学门类专业布点增加了 260 个，其占师范院校专业布点比重略有增长。2013 年度，该门类专业布点占师范院校专业布点的 12.25%；2018 年度上升到 12.86%，见图 6.24 所示。

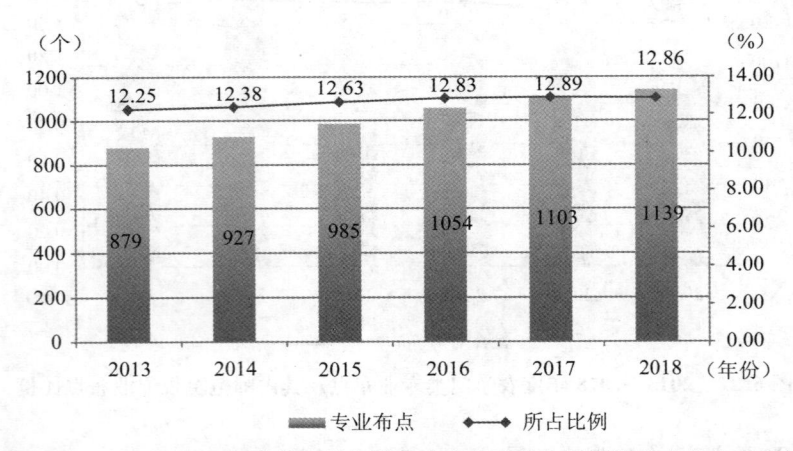

图 6.24　2013—2018 年度管理学门类专业布点及其占师范院校专业布点比例

12. 艺术学门类专业的发展

2013 年度，艺术学门类专业布点 1197 个；2018 年度增加到 1401 个。这期间，艺术学门类专业布点增加了 204 个，其占师范院校专业布点比重有所下降。2013 年度，该门类专业布点占师范院校专业布点的 16.68%；

2018 年度下降到 15.82%，见图 6.25 所示。

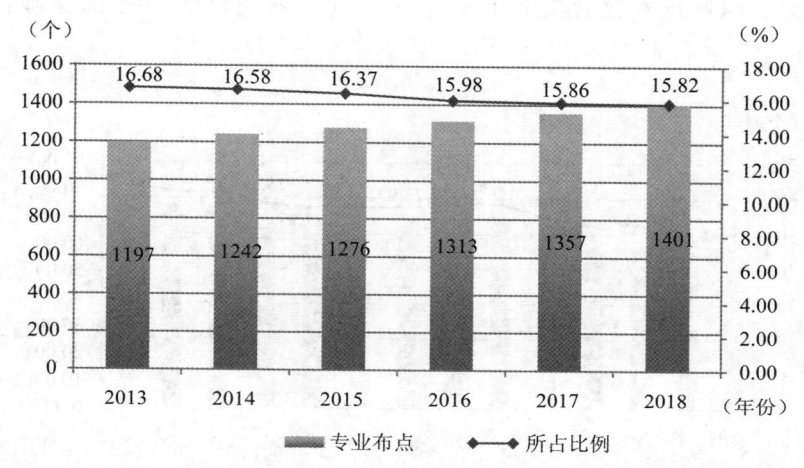

图 6.25 2013—2018 年度艺术学门类专业布点及其占师范院校专业布点比例

2013—2018 年度，各门类专业所占比重变化并不明显。除哲学门类外，师范院校其余各门类专业都得到了较大的发展，"教育学"门类专业特色有一定体现，但师范院校的专业设置的"综合性"特点更加明显。

三 师范院校分专业类的专业发展

（一） 1999—2012 年度师范院校分专业类专业布点

1. 1999—2012 年度师范院校各专业类专业布点基本状况

1999—2012 年度，师范院校设置的本科专业覆盖的专业类呈上升趋势，1999 年度的覆盖率是 58.90%；2012 年度是 82.19%，见图 6.26 所示。

2. 1999—2012 年度师范院校专业布点最多的专业类

1999—2012 年度，师范院校的师范类专业的特点较为明显，见表 6.1 所示。这期间，专业布点最多的前 10 个专业类主要是师范类专业。

3. 1999—2012 年度占各类别高校总专业布点比重一半以上的专业类

1999 年度，师范院校中，专业类的专业布点占该专业类在各类别高校中的总布点比重达一半的专业类只有 4 个，依次是系统学类、教育学类、职业技术教育类和心理学类。其中系统学类专业都在师范院校开设。

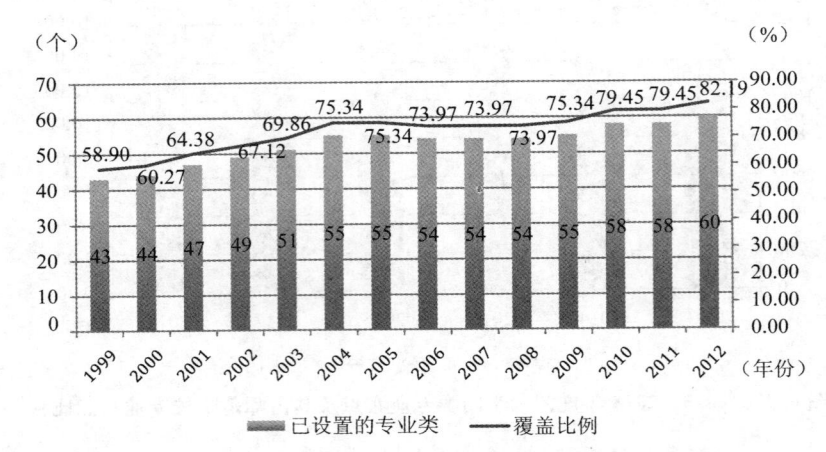

图 6.26　1999—2012 年度已设置的专业类及其覆盖比例

表 6.1　1999 年度和 2012 年度专业布点最多的前 10 个专业类　单位：个

排序	1999 年度		2012 年度	
	专业类	布点	专业类	布点
1	艺术类	140	艺术类	867
2	外国语言文学类	122	电气信息类	561
3	教育学类	103	工商管理类	511
4	化学类	94	教育学类	507
5	电气信息类	94	外国语言文学类	374
6	中国语言文学类	88	中国语言文学类	286
7	数学类	82	体育学类	276
8	物理学类	73	数学类	245
9	职业技术教育类	69	化学类	227
10	政治学类	67	生物科学类	221

到 2012 年度，师范院校中，专业类的专业布点占该专业类在各类别高校中的总布点比重达一半的专业类只有 3 个，依次是职业技术教育类、

教育学类和系统学类。这表明，师范院校所设专业的专业类特殊性不明显。

4. 1999—2012 年度师范院校专业布点增加最多的专业类

1999—2012 年度，专业布点增加最多的前 10 个专业类，分别是艺术类、工商管理类、电气信息类、教育学类、外国语言文学类、体育学类、中国语言文学类、新闻传播学类、经济学类和公共管理类，见表 6.2 所示。其中专业布点增加最多的是艺术类，增加专业布点 727 个，增加比例 519.29%。

表 6.2　　　　1999—2012 年度专业布点增加最多的前 10 个专业类　　单位：个,%

专业类	1999 年度	2012 年度	增加专业布点	增加比例
艺术类	140	867	727	519.29
工商管理类	42	511	469	1116.67
电气信息类	94	561	467	496.81
教育学类	103	507	404	392.23
外国语言文学类	122	374	252	206.56
体育学类	64	276	212	331.25
中国语言文学类	88	286	198	225.00
新闻传播学类	19	187	168	884.21
经济学类	21	189	168	800.00
公共管理类	29	194	165	568.97

5. 1999—2012 年度师范院校专业布点增幅最大的专业类

1999—2012 年度，专业布点增幅最大的前 10 个专业类，分别是材料科学类、轻工纺织食品类、统计学类、环境与安全类、社会学类、电子信息科学类、环境生态类、工商管理类、机械类和土建类，见表 6.3 所示，在 1999—2012 年度中，专业布点增幅最大的前 10 个专业类中最低增幅超过了 1000%。其中材料科学类 1999 年度只有 1 个布点，到 2012 年度该专业类的布点达 43 个，其增加布点的比例 4200.00%。环境与安全类、统计学类、环境生态等也都类似，这些专业类的专业布点都普遍较少。然而，工商管理类则不一样，该专业类不仅增加比例达到 1116.67%，且该专业类的专业布点总数仍较大。

表 6.3　　1999—2012 年度专业布点增幅最大的前 10 个专业类　　单位：个，%

专业类	1999 年度	2012 年度	增加专业布点	增加比例
材料科学类	1	43	42	4200.00
轻工纺织食品类	4	82	78	1950.00
统计学类	3	60	57	1900.00
环境与安全类	2	30	28	1400.00
社会学类	6	80	74	1233.33
电子信息科学类	8	102	94	1175.00
环境生态类	3	37	34	1133.33
工商管理类	42	511	469	1116.67
机械类	9	102	93	1033.33
土建类	5	56	51	1020.00

（二）2013—2018 年度师范院校分专业类专业布点

1. 2013—2018 年度师范院校各专业类专业布点基本状况

2013—2018 年度，师范院校专业类及其覆盖比例都得到一定增长，见图 6.27 所示。

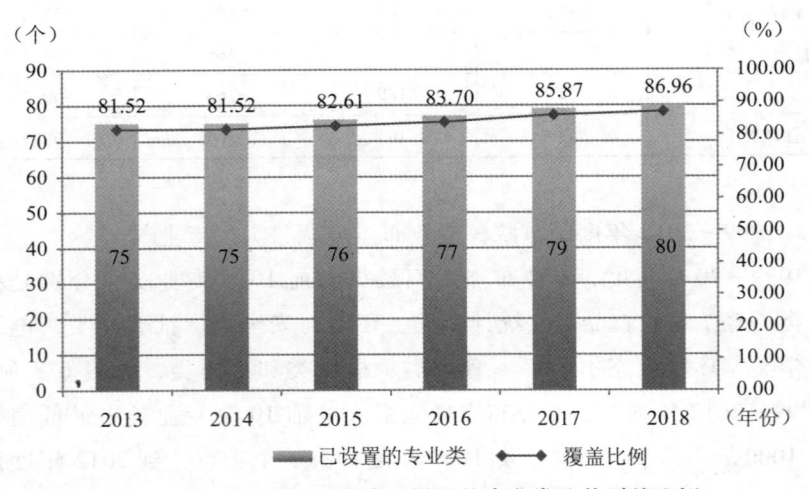

图 6.27　2013—2018 年度已设置的专业类及其覆盖比例

年份	已设置的专业类	覆盖比例
2013	75	81.52
2014	75	81.52
2015	76	82.61
2016	77	83.70
2017	79	85.87
2018	80	86.96

2013 年度师范院校专业覆盖了 75 个专业类；2018 年度师范院校专业覆盖了 80 个专业类，专业类布点覆盖达到了 86.96%。

2. 2013—2018 年度师范院校专业布点最多的专业类

2013 年度，专业布点最多的前 10 个专业类，分别是教育学类、设计学类、外国语言文学类、工商管理类、音乐与舞蹈学类、计算机类、中国语言文学类、体育学类、电子信息类和数学类；2018 年度与 2013 年度差异不大，美术学类上升到最多的前 10 个专业类，见表 6.4 所示。这些专业类除工商管理类外，都与师范教育密切相关。

表 6.4　　2013 年度和 2018 年度专业布点最多的前 10 个专业类　　单位：个

排序	2013 年度 专业	布点	2018 年度 专业	布点
1	教育学类	508	教育学类	571
2	设计学类	409	外国语言文学类	538
3	外国语言文学类	406	计算机类	494
4	工商管理类	373	设计学类	470
5	音乐与舞蹈学类	331	工商管理类	458
6	计算机类	314	音乐与舞蹈学类	379
7	中国语言文学类	312	中国语言文学类	366
8	体育学类	278	电子信息类	322
9	电子信息类	277	体育学类	320
10	数学类	234	美术学类	283

3. 2013—2018 年度占各类别高校总专业布点比重一半以上的专业类

2013 年度，师范院校中，专业类的专业布点占该专业类在各类别高校中的总布点比重达一半的专业类只有教育学类 1 个。

到 2018 年度，师范院校教育学类专业布点比例也低于 50%，该年度师范院校该类专业布点比重下降到 48.76%。

4. 2013—2018 年度师范院校专业布点增加最多的专业类

2013—2018 年度，专业布点增加最多的前 11 个专业类[①]，分别是计算机类、外国语言文学类、工商管理类、教育学类、金融学类、设计学类、

---

① 排在第 10 位的有两个专业类。

新闻传播学类、美术学类、中国语言文学类、旅游管理类和机械类,如表 6.5 所示。布点增加最多的是计算机类专业;其次是外国语言文学类专业,这两类增加的专业布点超过了 100 个。

表 6.5　　2013—2018 年度专业布点增加最多的前 11 个专业类　　单位:个,%

专业类	2013 年度	2018 年度	增加专业布点	增加比例
计算机类	314	494	180	57.32
外国语言文学类	406	538	132	32.51
工商管理类	373	458	85	22.79
教育学类	508	571	63	12.40
金融学类	60	123	63	105.00
设计学类	409	470	61	14.91
新闻传播学类	185	240	55	29.73
美术学类	229	283	54	23.58
中国语言文学类	312	366	54	17.31
旅游管理类	144	195	51	35.42
机械类	114	165	51	44.74

5. 2013—2018 年度师范院校专业布点增幅最大的专业类

2013—2018 年度,多数专业类的专业布点都有所增长,其中增长比例最大的前 10 个专业类依次是:天文学类、医学技术类、能源动力类、水利类、民族学类、金融学类、海洋工程类、中药学类、土木类和药学类,见表 6.6 所示。

表 6.6　　2013—2018 年度专业布点增幅最大的前 10 个专业类　　单位:个,%

专业类	2013 年度	2018 年度	增加专业布点	增加比例
天文学类	1	4	3	300.00
医学技术类	3	8	5	166.67
能源动力类	6	15	9	150.00
水利类	2	5	3	150.00
民族学类	3	7	4	133.33
金融学类	60	123	63	105.00

续表

专业类	2013 年度	2018 年度	增加专业布点	增加比例
海洋工程类	2	4	2	100.00
中药学类	2	4	2	100.00
土木类	31	59	28	90.32
药学类	9	17	8	88.89

四 师范院校专业布点的状况

(一) 1999—2012 年度师范院校的专业布点

1. 师范院校设置的本科专业种数

1999—2012 年度，师范院校设置的专业种数逐年增加，各年度专业种数占各类别高校专业总种数均超过达 40%，见图 6.28 所示。

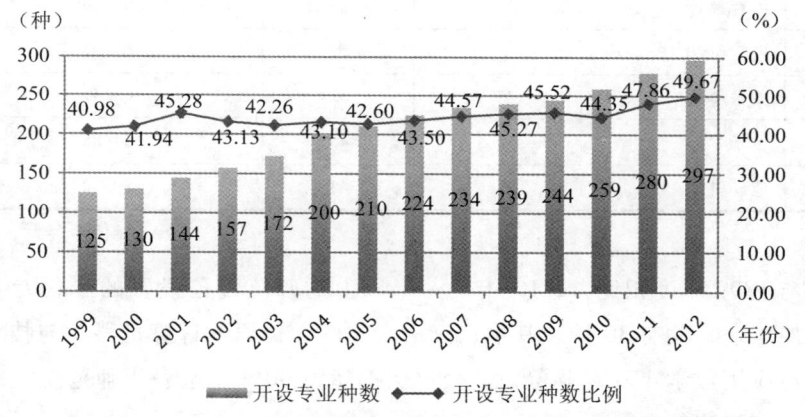

图 6.28 1999—2012 年度师范院校专业种数及其占各类别高校专业总种数的比例

1999 年度，师范院校设置的专业共 125 种，占当年度各类别高校专业总种数比重的 40.98%。到 2012 年度设置的专业种数达 297 种，占当年度各类别高校专业总种数比重的 49.67%。这表明师范院校设置的专业越来越有更强的综合性。

2. 师范院校较集中设置的本科专业

1999 年度，一半以上的师范院校设置的本科专业有 13 种，见表 6.7 所示。这 13 种专业是师范教育的主要专业。其中布点最多的是数学与应用数学专业,该专业的学校覆盖率为91.46%;其次是汉语言文学和英语,学校覆盖率都是90.24%。

表6.7　　　　1999年度一半以上的师范院校设置的本科专业　　　单位:个,%

排序	专业	专业布点	覆盖学校比例
1	数学与应用数学	75	91.46
2	汉语言文学	74	90.24
3	英语	74	90.24
4	物理学	72	87.80
5	化学	72	87.80
6	思想政治教育	66	80.49
7	计算机科学与技术	63	76.83
8	历史学	61	74.39
9	体育教育	56	68.29
10	生物科学	55	67.07
11	美术学	52	63.41
12	音乐学	45	54.88
13	地理科学	41	50.00

与1999年度相比,2012年度一半以上的师范院校设置的本科专业种数增加迅速,共有30种。其中,汉语言文学、英语、计算机科学与技术和数学与应用数学4种专业覆盖学校比例都超过90%。这表明师范院校的专业设置相似度较高。

3. 较集中在师范院校设置的本科专业

1999年度,师范院校中,专业布点占各类别高校中该专业布点总数的50%以上的专业共39种。其中,占80%以上的专业有20种,只在师范院校设置的专业有14种。

到2012年度,专业布点占各类别高校中该专业布点总数的50%以上的专业保持29种。其中,占80%以上的专业有11种,只在师范院校设置的专业有9种。这表明师范院校专业设置具有一定的特殊性。

4. 增长的本科专业

（1）专业布点增长数量。1999—2012 年度，师范院校布点增加的本科专业有 286 种，新增专业布点 5271 个。这期间，专业布点增加最多的前 11 种专业[①]，分别是艺术设计、学前教育、信息与计算科学、对外汉语、音乐学、旅游管理、小学教育、美术学、计算机科学与技术、社会体育和市场营销，见表 6.8 所示。这些增加布点最多的专业，除市场营销外，其他基本上都是与师范教育紧密相关的专业，这表明师范院校专业增加的集中趋势较明显。

表 6.8　　1999—2012 年度专业布点增加最多的前 11 种专业　　单位：个,%

专业	1999 年度	2012 年度	增加专业布点	增加比例
艺术设计	19	132	113	594.74
学前教育	21	132	111	528.57
信息与计算科学	7	99	92	1314.29
对外汉语	2	93	91	4550.00
音乐学	45	135	90	200.00
旅游管理	19	107	88	463.16
小学教育	4	91	87	2175.00
美术学	52	138	86	165.38
计算机科学与技术	63	149	86	136.51
社会体育	0	83	83	—
市场营销	6	89	83	1383.33

（2）专业布点的增幅。1999—2012 年度，专业布点增幅 50% 以上的专业有 107 种；增长 100% 以上有 97 种。这期间专业增幅最大的前 10 种专业，分别是人力资源管理、播音与主持艺术、对外汉语、社会工作、政治学与行政学、行政管理、制药工程、国际经济与贸易、应用物理学和通信工程，见表 6.9 所示。其中人力资源管理专业增加的比例最高，增长的比例高达 5700.00%。

---

① 排在第 10 位的有两种专业。

表 6.9　　　1999—2012 年度专业布点增幅最大的前 10 种专业　　单位：个，%

专业	1999 年度	2012 年度	增加的专业布点	增加的比例
人力资源管理	1	58	57	5700.00
播音与主持艺术	1	48	47	4700.00
对外汉语	2	93	91	4550.00
社会工作	2	62	60	3000.00
政治学与行政学	1	30	29	2900.00
行政管理	2	58	56	2800.00
制药工程	1	29	28	2800.00
国际经济与贸易	3	78	75	2500.00
应用物理学	1	26	25	2500.00
通信工程	2	51	49	2450.00

（3）新设的本科专业。1999—2012 年度，师范院校共新设置的本科专业 174 种，占 2012 年度师范院校所设置专业种数的 69.72%。

5. 布点减少或撤销的本科专业

1999—2012 年度，师范院校专业布点减少的专业有 5 种，分别是水产养殖教育、应用生物教育、农产品储运与加工教育、影视教育和农业机械化及其自动化专业。

1999—2012 年度，师范院校撤销了农产品储运与加工教育和影视教育专业。

（二）2013—2018 年度师范院校的专业布点

1. 师范院校设置的本科专业种数

2013—2018 年度，师范院校设置的专业种数逐年增加，各年度专业种数占各类别高校专业总种数的比重则起伏变化，见图 6.29 所示。

2013 年度，师范院校设置的专业共 289 种，占当年度各类别高校专业总种数比重的 56.78%；2018 年度，设置的专业共 341 种，占当年度各类别高校专业总种数比重的 54.30%。这表明师范院校设置的专业多样性和综合性进一步加强。

2. 师范院校较集中设置的本科专业

2013 年度，一半以上的师范院校设置的本科专业有 29 种，见表 6.10

所示。其中 80% 以上的师范院校都设置的专业共有 11 种；布点最多的是英语专业，该专业的学校覆盖率 98.04%。

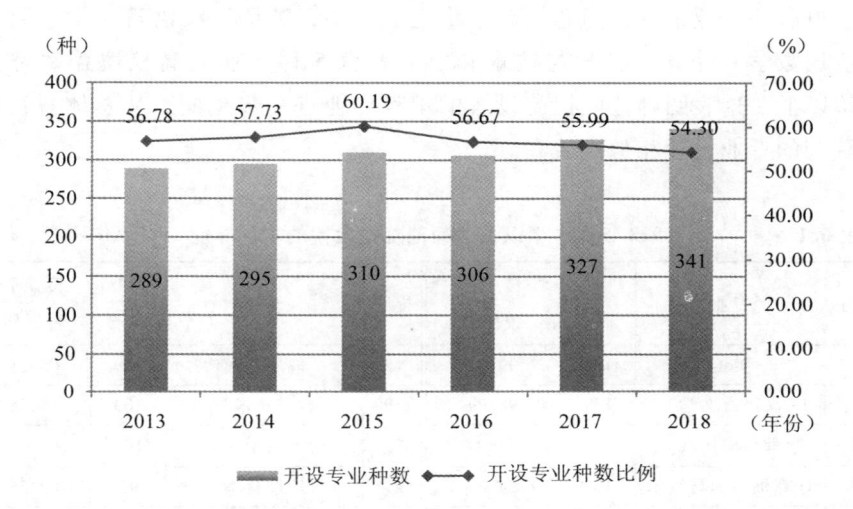

图 6.29　2013—2018 年度师范院校专业种数及其占各类别高校专业总种数的比例

表 6.10　　　　　2013 年度一半以上的师范院校设置的本科专业　　　单位：个, %

排序	专业	专业布点	覆盖学校比例	排序	专业	专业布点	覆盖学校比例
1	英语	150	98.04	16	旅游管理	105	68.63
2	汉语言文学	149	97.39	17	法学	100	65.36
3	计算机科学与技术	143	93.46	18	教育技术学	99	64.71
4	数学与应用数学	140	91.5	19	应用化学	98	64.05
5	音乐学	136	88.89	20	小学教育	95	62.09
6	学前教育	134	87.58	21	信息与计算科学	94	61.44
7	美术学	134	87.58	22	地理科学	92	60.13
8	体育教育	127	83.01	23	汉语国际教育	92	60.13
9	视觉传达设计	124	81.05	24	日语	92	60.13
10	化学	124	81.05	25	生物技术	89	58.17
11	物理学	123	80.39	26	市场营销	88	57.52
12	生物科学	121	79.08	27	电子信息工程	83	54.25
13	思想政治教育	120	78.43	28	社会体育指导与管理	83	54.25
14	环境设计	120	78.43	29	应用心理学	80	52.29
15	历史学	112	73.20				

2018年度，一半以上的师范院校设置的本科专业增加到34种，见表6.11所示。与2013年度相比，专业覆盖学校比例有所变化，有些专业上升，也有些专业下降，但总体趋于稳定。其中，英语、汉语言文学、数学与应用数学、计算机科学与技术和学前教育5种专业的高校覆盖率都在90%以上。这表明师范院校的设置的本科专业进一步趋同。从总体看，师范院校的专业设置相似度较高。

表6.11　　2018年度一半以上的师范院校设置的本科专业　　单位：个，%

排序	专业	专业布点	覆盖学校比例	排序	专业	专业布点	覆盖学校比例
1	英语	158	99.37	18	应用化学	109	68.55
2	汉语言文学	157	98.74	19	教育技术学	103	64.78
3	数学与应用数学	151	94.97	20	法学	101	63.52
4	计算机科学与技术	150	94.34	21	地理科学	99	62.26
5	学前教育	148	93.08	22	汉语国际教育	99	62.26
6	音乐学	143	89.94	23	财务管理	97	61.01
7	美术学	142	89.31	24	信息与计算科学	96	60.38
8	体育教育	137	86.16	25	电子信息工程	96	60.38
9	视觉传达设计	133	83.65	26	日语	93	58.49
10	化学	129	81.13	27	生物技术	90	56.60
11	物理学	129	81.13	28	物联网工程	90	56.60
12	思想政治教育	126	79.25	29	市场营销	89	55.97
13	环境设计	126	79.25	30	应用心理学	89	55.97
14	生物科学	122	76.73	31	社会体育指导与管理	88	55.35
15	小学教育	122	76.73	32	音乐表演	87	54.72
16	历史学	116	72.96	33	软件工程	85	53.46
17	旅游管理	109	68.55	34	舞蹈学	84	52.83

3. 较集中在师范院校设置的本科专业

2013年度，师范院校中，专业布点占各类别高校中该专业布点总数的50%以上的专业共18种。其中，占80%以上的专业有5种，只在师范院校设置的专业有4种。

到2018年度，专业布点占各类别高校中该专业布点总数的50%以上的专业保持着 18 种。其中，占 80% 以上的专业有 4 种，只在师范院校设置的专业有 3 种。

4. 增长的本科专业

（1）专业布点增长数量。2013—2018 年度，师范院校布点增加的本科专业有 268 种，共增加了 1703 个布点。这期间，专业布点增加最多的前 10 种专业，分别是物联网工程、数据科学与大数据技术、翻译、商务英语、网络与新媒体、酒店管理、秘书学、电子商务、书法学和小学教育，见表 6.12 所示。物联网工程专业布点增加最多。

表 6.12　　2013—2018 年度专业布点增加最多的前 10 种专业　　单位：个，%

专业	2013 年度	2018 年度	增加专业布点	增加比例
物联网工程	35	90	55	157.14
数据科学与大数据技术	0	48	48	—
翻译	26	68	42	161.54
商务英语	28	69	41	146.43
网络与新媒体	6	46	40	666.67
酒店管理	20	54	34	170.00
秘书学	33	66	33	100.00
电子商务	39	69	30	76.92
书法学	19	47	28	147.37
小学教育	95	122	27	28.42

（2）专业布点的增幅。2013—2018 年度，专业布点增幅 50% 以上的专业有 104 种；增长 100% 以上有 69 种。这期间专业增幅最大的前 11 种专业[①]，分别是经济与金融、物流工程、城市管理、新能源材料与器件、审计学、环境科学与工程、网络与新媒体、工程造价、运动康复、教育康复学和建筑环境与能源应用工程，见表 6.13 所示。其中经济与金融专业增加的比例最高。

（3）新设的本科专业。2013—2018 年度，师范院校不断增设新专业，

---

① 排在第 9 位的有三种专业。

在这期间新设置的专业共 52 种，占 2018 年度师范院校本科专业总种数的 15.25%。

表 6.13　　　2013—2018 年度专业布点增幅最大的前 11 种专业　　单位：个，%

专业	2013 年度	2018 年度	增加专业布点	增加比例
经济与金融	1	15	14	1400.00
物流工程	1	11	10	1000.00
城市管理	1	11	10	1000.00
新能源材料与器件	1	9	8	800.00
审计学	2	17	15	750.00
环境科学与工程	1	8	7	700.00
网络与新媒体	6	46	40	666.67
工程造价	3	23	20	666.67
运动康复	3	15	12	400.00
教育康复学	1	5	4	400.00
建筑环境与能源应用工程	1	5	4	400.00

5. 布点减少或撤销的本科专业

2013—2018 年度，师范院校中专业布点减少的专业有 13 种，分别是人文教育、公共事业管理、应用电子技术教育、信息管理与信息系统、科学教育、工商管理、编辑出版学、服装设计与工程、作曲与作曲技术理论、机电技术教育、汽车维修工程教育、服装设计与工艺教育和采矿工程。其中人文教育专业减少布点最多，这期间该专业共减少了 4 个布点。

第 七 章

语文院校本科专业设置发展

一 语文院校专业设置基本状况

1999—2018 年度,语文院校本科专业有很大发展,见图 7.1 和图 7.2 所示。

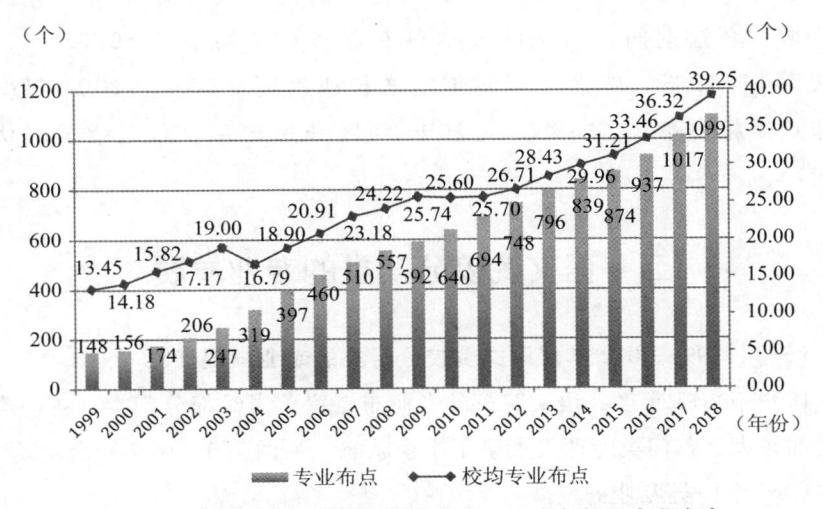

图 7.1 1999—2018 年度语文院校专业布点与校均专业布点

见图 7.1 所示,1999 年度,语文院校本科专业布点 148 个;2018 年度增加到 1099 个,是 1999 年度专业布点的 7.43 倍。2018 年度专业布点增加最多,共增加了 82 个。1999 年度,语文院校校均本科专业 13.45 个;2018 年度增加到 39.25 个,校均专业设置规模增加 25.80 个。

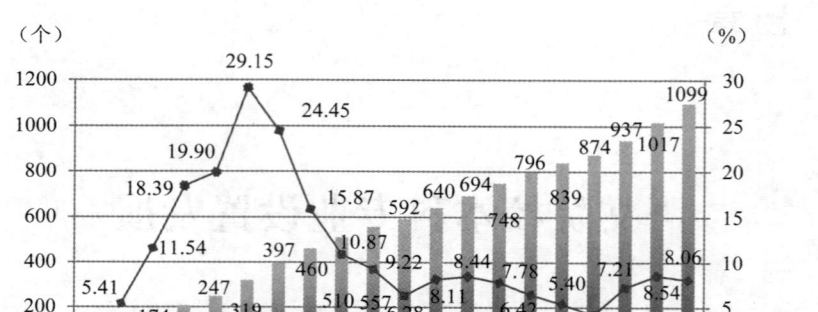

图 7.2　1999—2018 年度语文院校专业布点与专业布点增长趋势

见图 7.2 所示，1999—2018 年度，语文院校专业布点一直保持较快增长。这期间，语文院校本科专业布点年均增长 50.05 个，年增长率 11.13%。然而，不同年度增长速度则有起伏，2004 年度专业布点增幅高达 29.15%。从 2009 年度开始，专业布点增长起伏变化较小。

二　语文院校分门类的专业发展

（一）1999—2012 年度语文院校分门类的专业发展状况

1999—2012 年度，语文院校的专业布点覆盖当时部分门类。各门类专业增加较大，各门类专业发展呈不平衡状态，见图 7.3—图 7.9 所示。

1. 哲学门类专业的发展

1999—2012 年度，语文院校未开设哲学门类本科专业。

2. 经济学门类专业的发展

1999 年度，经济学门类专业布点 7 个；2012 年度增加到 51 个。这期间，经济学门类专业布点增加了 44 个，其占语文院校专业布点比重有较大提升。1999 年度，该门类专业布点语文院校占专业布点的 4.73%；2012 年度上升到 6.82%，见图 7.3 所示。

第七章 语文院校本科专业设置发展 173

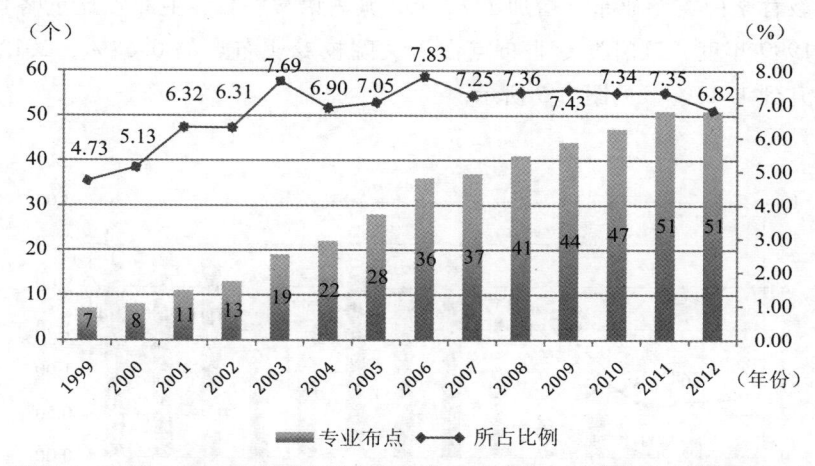

图 7.3　1999—2012 年度经济学门类专业布点及其占语文院校专业布点比例

3. 法学门类专业的发展

1999 年度，法学门类专业布点 7 个；2012 年度增加到 37 个。这期间，法学门类专业布点增加了 30 个，其占语文院校专业布点比重略有增加。1999 年度，该门类专业布点占语文院校专业布点的 4.73%；2012 年度增加到 4.95%，见图 7.4 所示。

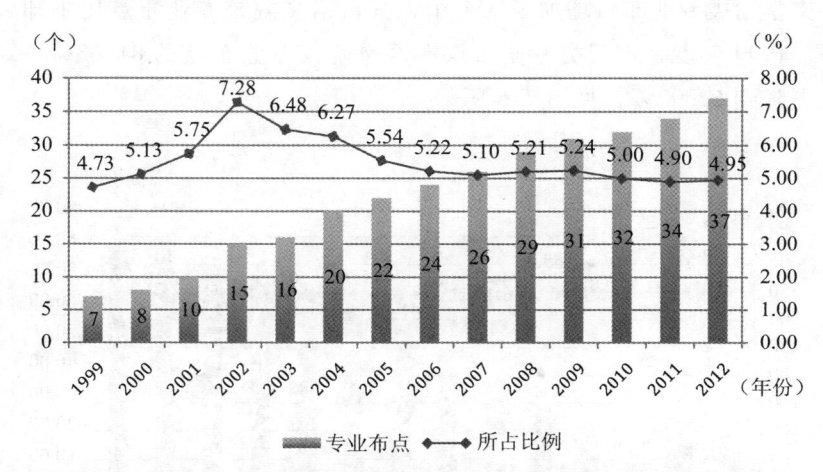

图 7.4　1999—2012 年度法学门类专业布点及其占语文院校专业布点比例

4. 教育学门类专业的发展

1999 年度，教育学门类专业布点 1 个；2012 年度增加到 11 个。这期间，教育学门类专业布点增加了 10 个，其占语文院校专业布点比重略有提升，1999 年度，该门类专业布点占语文院校专业布点的 0.68%，2012 年度上升到 1.47%，见图 7.5 所示。

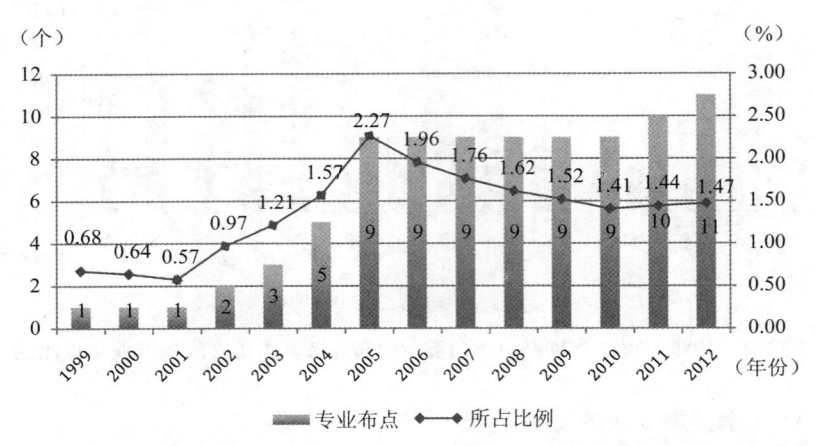

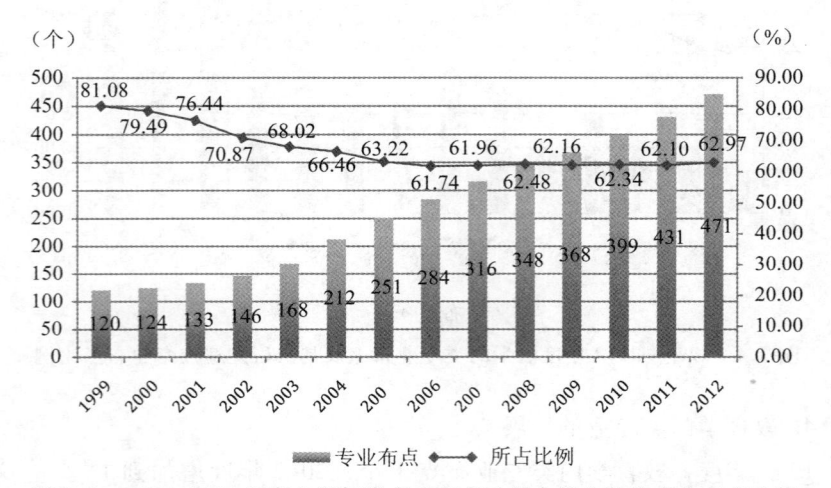

图 7.5　1999—2012 年度教育学门类专业布点及其占语文院校专业布点比例

5. 文学门类专业的发展

1999 年度，文学门类专业布点 120 个；2012 年度增加到 471 个。这期间，文学门类专业布点增加了 351 个，其占语文院校专业布点比重却大幅下降。1999 年度，该门类专业布点占语文院校专业布点的 81.08%，2012 年度下降到 62.97%，见图 7.6 所示。

图 7.6　1999—2012 年度文学门类专业布点及其占语文院校专业布点比例

6. 历史学门类专业的发展

1999—2012 年度，语文院校未开设历史门类本科专业。

7. 理学门类专业的发展

1999—2001 年度语文院校没有开设理学门类专业。到 2002 年度，开始有 2 所语文院校开设理学门类专业；2012 年度，理学专业类专业布点增加到 20 个，其占理学门类专业布点的 2.67%，见图 7.7 所示。

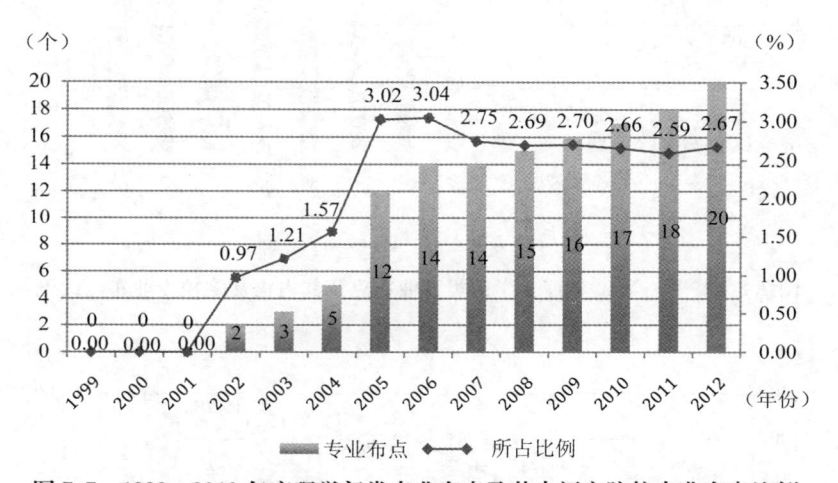

图 7.7　1999—2012 年度理学门类专业布点及其占语文院校专业布点比例

8. 工学门类专业的发展

1999 年度，工学门类专业布点 3 个；2012 年度增加到 38 个。这期间，工学门类专业布点增加了 35 个，其占理学门类专业布点比重增加较大。1999 年度，该门类专业布点占语文院校专业布点的 2.03%；2012 年度上升到 5.08%，见图 7.8 所示。

9. 农学门类专业的发展

1999—2012 年度，语文院校未开设农学门类本科专业。

10. 医学门类专业的发展

1999—2004 年度，语文院校未开设医学门类本科专业；2005—2012 年度语文院校有 1 所学校开设了医学门类专业。

11. 管理学门类专业的发展

1999 年度，管理学门类专业布点 10 个；2012 年度增加到 119 个。这期间，管理学门类专业布点增加了 109 个，其占语文院校专业布点比重大幅提升。1999 年度，该门类专业布点占语文院校专业布点的 6.76%；2012 年度上升到 15.91%，见图 7.9 所示。

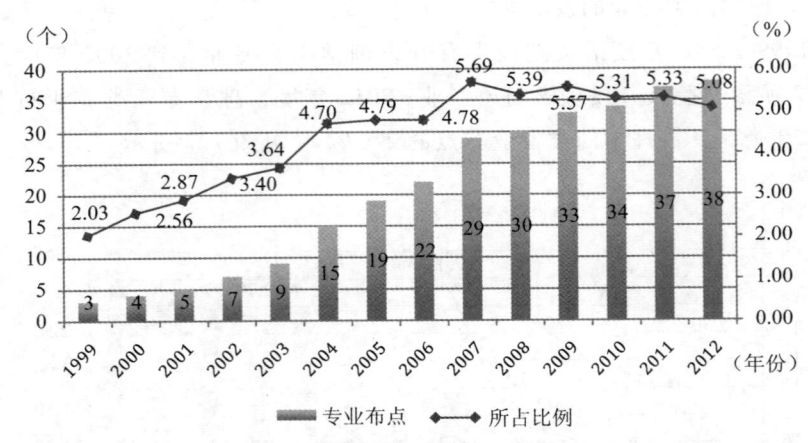

图 7.8 1999—2012 年度工学门类专业布点及其占语文院校专业布点比例

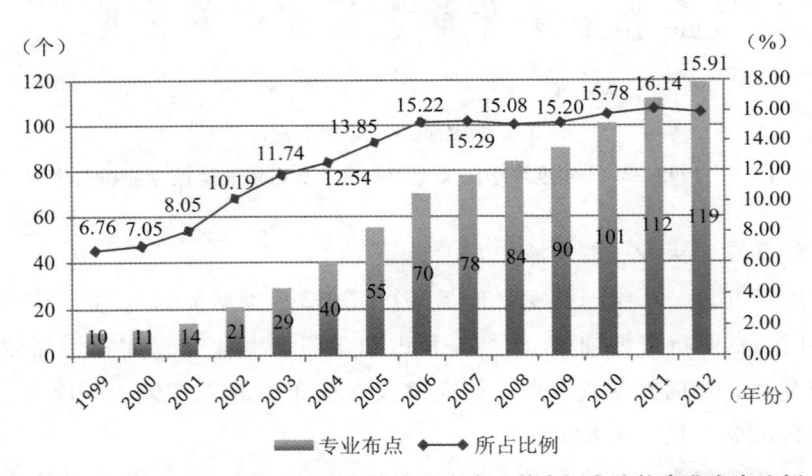

图 7.9 1999—2012 年度管理学门类专业布点及其占语文院校专业布点比例

1999—2012 年度，经济学、法学、教育学、文学、理学、工学和管理学门类的专业布点都有不同程度的发展。文学门类专业的布点占了主体，占总增长布点的一半以上。其次是管理学门类。其余门类专业的增加较少。这期间增加的专业布点主要集中在部分门类，各门类专业在发展速度和规模，以及占语文院校专业布点比重等方面的不均衡现象很明显。

（二）2013—2018 年度语文院校分门类的专业发展状况

2013—2018 年度，语文院校的专业布点除哲学、历史学和农学外的其余十二大门类。各门类专业都有所增加，但与前一阶段类似，各门类专业发展仍呈不平衡状态，见图 7.10—图 7.18 所示。

1. 哲学门类专业的发展

2013—2018 年度，语文院校未开设哲学门类专业。

2. 经济学门类专业的发展

2013 年度，经济学门类专业布点 51 个；2018 年度增加到 69 个。这期间，经济学门类专业布点增加了 18 个，其占语文院校专业布点比重略有下降。2013 年度，该门类专业布点占语文院校专业布点的 6.41%；2018 年度下降到 6.28%，见图 7.10 所示。

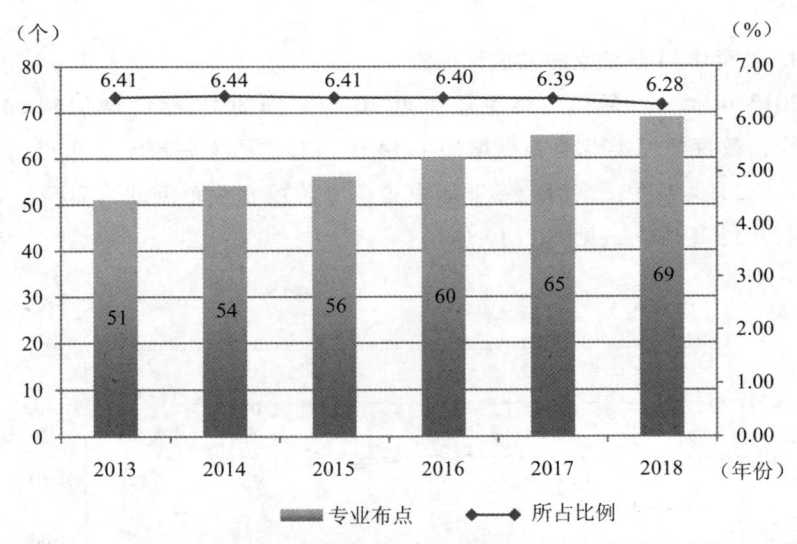

图 7.10　2013—2018 年度经济学门类专业布点及其占语文院校专业布点比例

3. 法学门类专业的发展

2013 年度，法学门类专业布点 38 个；2018 年度增加到 43 个。这期间，法学门类专业布点仅增加 5 个，其占语文院校专业布点比重有所下降。2013 年度，该门类专业布点占语文院校专业布点的 4.77%；2018 年度下降到 3.91%，见图 7.11 所示。

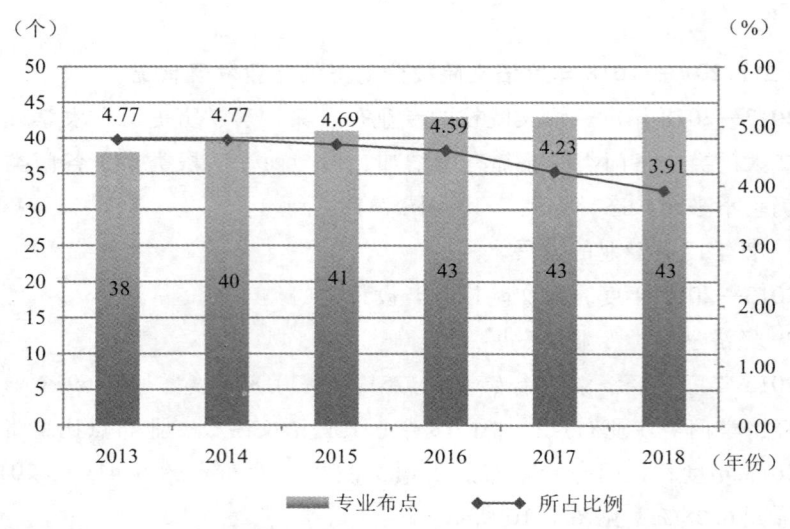

图 7.11　2013—2018 年度法学门类专业布点及其占语文院校专业布点比例

4. 教育学门类专业的发展

2013 年度，教育学门类专业布点 10 个；到 2018 年度增加到 24 个。这期间，教育学门类专业布点增加了 14 个，其占语文院校专业布点比重有所增长。2013 年度，该门类专业布点占语文院校专业布点的 1.26%；2018 年度上升到 2.18%，见图 7.12 所示。

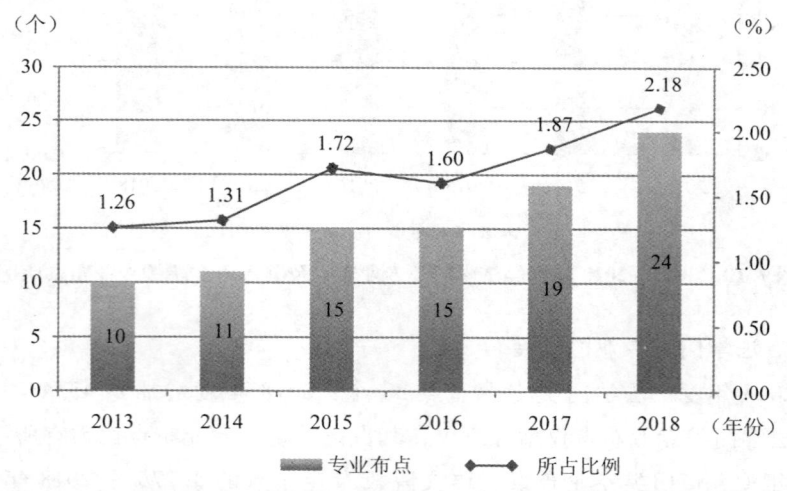

图 7.12　2013—2018 年度教育学门类专业布点及其占语文院校专业布点比例

5. 文学门类专业的发展

2013 年度，文学门类专业布点 413 个；2018 年度增加到 586 个。这期间，文学门类专业布点增加了 173 个，其占语文院校专业布点比重有所增加。2013 年度，该门类专业布点占语文院校专业布点的 51.88%；2018 年度上升到 53.32%，见图 7.13 所示。

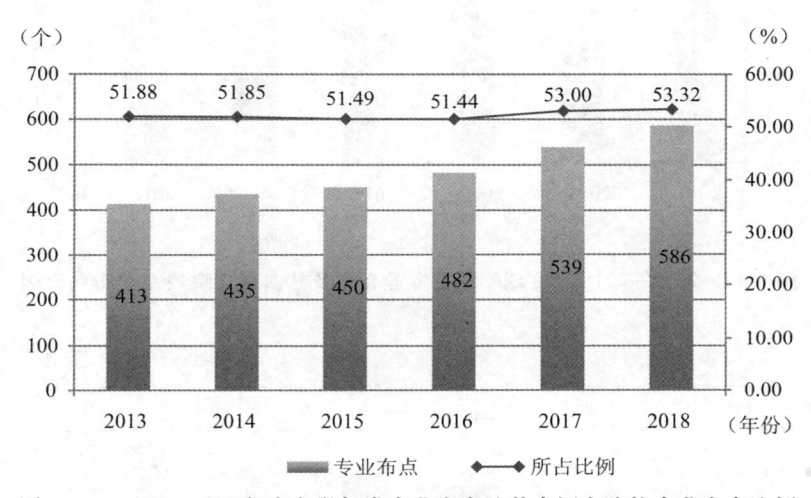

图 7.13　2013—2018 年度文学门类专业布点及其占语文院校专业布点比例

6. 历史学门类专业的发展

2013—2017 年度，语文院校仍然未开设历史学门类专业；2018 年度历史学门类出现了 1 个专业布点。

7. 理学门类专业的发展

2013—2014 年度，理学门类专业布点 12 个；2015—2018 年度增加到 13 个。这期间，理学门类专业布点仅增加 1 个，其占语文院校专业布点比重略有下降。2013 年度，理学门类专业布点占语文院校专业布点的 1.51%；2018 年度下降到 1.18%，见图 7.14 所示。

8. 工学门类专业的发展

2013 年度，工学门类专业布点 41 个；2018 年度增加到 59 个。这期间，工学门类专业布点增加了 18 个，其占语文院校专业布点比重略有增长。2013 年度，该门类专业布点占语文院校专业布点的 5.15%；2018 年度上升到 5.37%，见图 7.15 所示。

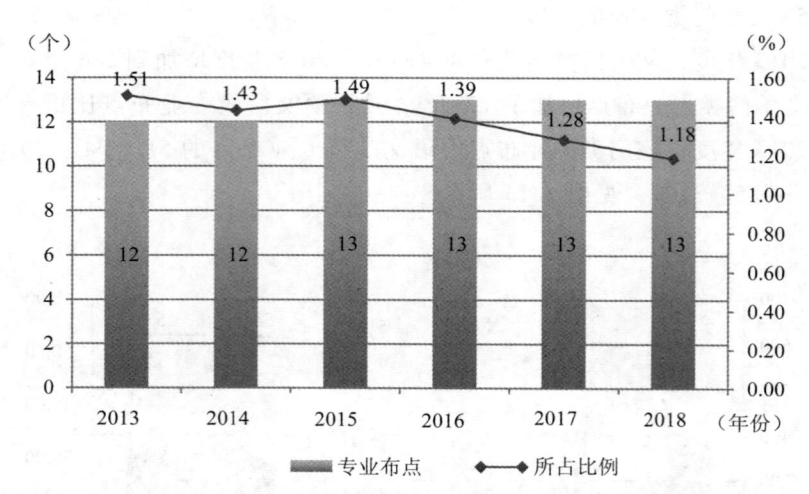

图 7.14 2013—2018 年度理学门类专业布点及其占语文院校专业布点比例

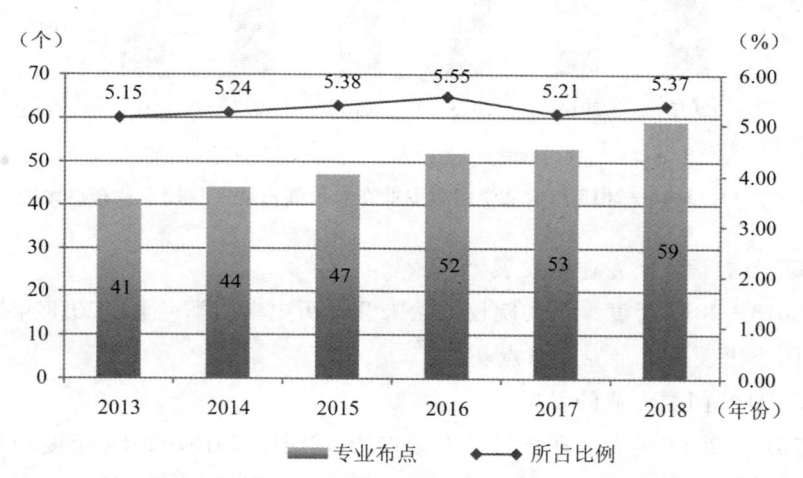

图 7.15 2013—2018 年度工学门类专业布点及其占语文院校专业布点比例

9. 农学门类专业的发展

2013—2018 年度,语文院校依然未开设农学门类本科专业。

10. 医学门类专业的发展

2013—2015 年度,医学门类专业布点 4 个;2018 年度增加到 9 个。这期间,医学门类专业布点仅增加 5 个,其占语文院校专业布点比重略有增长。2013 年度,该门类专业布点占语文院校专业布点的 0.50%;2018 年度上升到 0.82%,见图 7.16 所示。

第七章 语文院校本科专业设置发展　　181

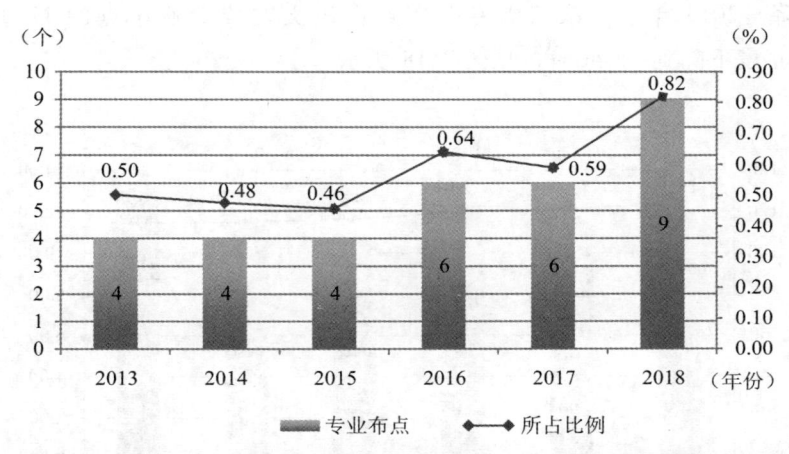

图7.16　2013—2018年度医学门类专业布点及其占语文院校专业布点比例

11. 管理学门类专业的发展

2013年度，管理学门类专业布点129个；2018年度增加到169个。这期间，管理学门类专业布点增加了40个，其占语文院校专业布点比重却略有下降。2013年度，该门类专业布点占语文院校专业布点的16.21%；2018年度下降到15.38%，见图7.17所示。

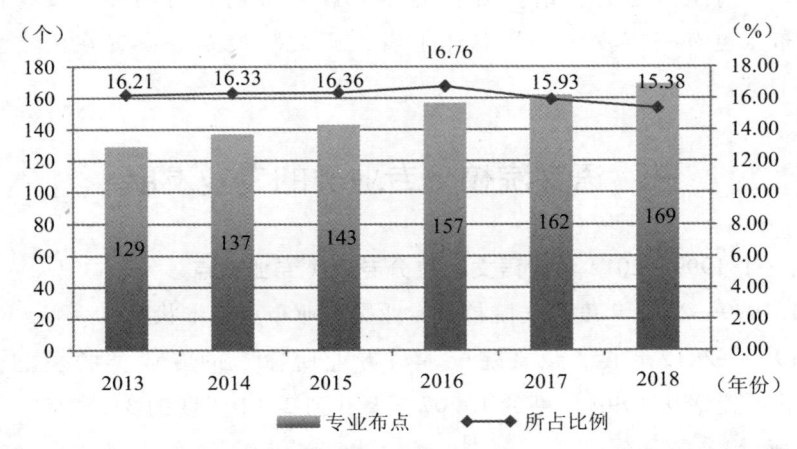

图7.17　2013—2018年度管理学门类专业布点及其占语文院校专业布点比例

12. 艺术学门类专业的发展

2013年度，艺术学门类专业布点98个；2018年度增加到126个。这期间，艺术学门类专业布点增加了28个，其占语文院校专业布点比重却有所下降。2013 年度，该门类专业布点占语文院校专业布点的 12.31%；2018 年度下降到 11.46%，见图 7.18 所示。

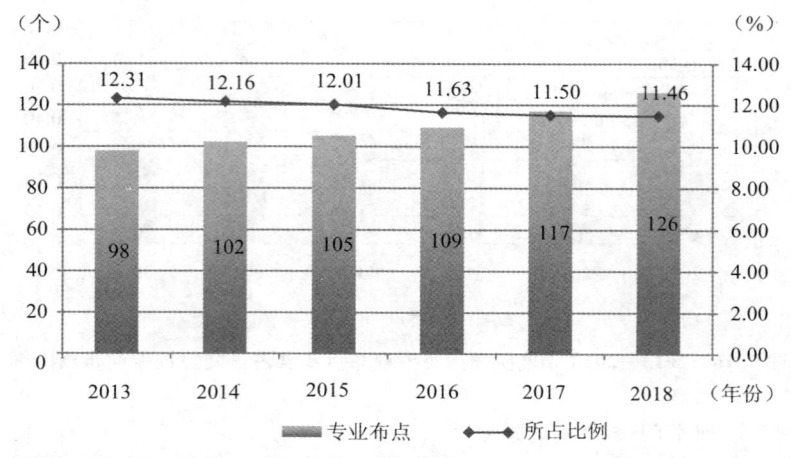

图 7.18　2013—2018 年度艺术学门类专业布点及其占语文院校专业布点比例

2013—2018 年度，各门类专业所占比重变化很不明显。语文院校专业布点主要集中在文学门类，这期间文学门类专业布点占比在 50% 左右，并有上升趋势，语文院校的专业设置特色相对明显。其余门类专业布点也有一定发展，从总体上看，语文院校专业设置在门类上进一步丰富。

三　语文院校分专业类的专业发展

（一）1999—2012 年度语文院校分专业类专业布点

1. 1999—2012 年度语文院校各专业类专业布点基本状况

1999—2012 年度，语文院校本科专业所覆盖的专业类的呈上升趋势，其覆盖率从 1999 年度的 15.07% 上升到 2012 年度的 31.51%，见图 7.19 所示。

2. 1999—2012 年度语文院校专业布点最多的专业类

见表 7.1 所示，1999 年度，语文院校专业布点分布在 11 个专业类，其中专业布点最多的专业类是外国语言文学类，共有 98 个布点；其次是中国语言文学类，布点 11 个。其余 9 个专业类的布点都较少。

第七章 语文院校本科专业设置发展 183

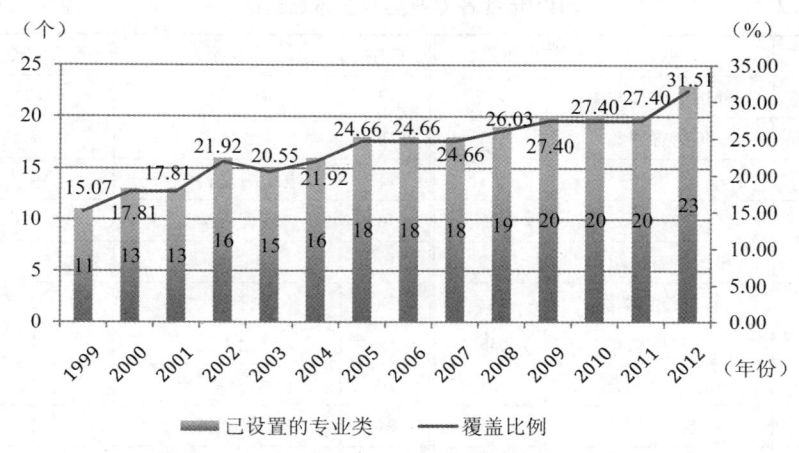

图 7.19 1999—2012 年度已设置的专业类及其覆盖比例

表 7.1   1999 年度各专业类专业布点状况   单位：个

排序	专业	布点数	排序	专业	布点数
1	外国语言文学类	98	7	法学类	4
2	中国语言文学类	11	8	电气信息类	3
3	工商管理类	8	9	政治学类	3
4	经济学类	7	10	管理科学与工程类	2
5	新闻传播学类	6	11	教育学类	1
6	艺术类	5			

见表 7.2 所示，2012 年度，语文院校专业布点分布在 23 个专业类，其中专业布点最多的专业类是外国语言文学类，共有 297 个布点；其次是工商管理类，布点 86 个。其余专业类的布点都较少。但这也表明语文院校专业设置逐渐开始多样化。

3. 1999—2012 年度占各类别高校总专业布点比重一半以上的专业类

1999—2012 年度，语文院校中，没有一个专业类的专业布点占该专业类在各类别高校中的总布点比重达一半以上。专业类的专业布点占该专业类在各类别高校中的总布点比重最高的专业类是外国语言文学类，其比例都不到 20%，1999 年度比例是 16.20%，2012 年度是 12.72%。

表 7.2　　　　　　　　2012 年度各专业类专业布点状况　　　　　单位：个

排序	专业	布点数	排序	专业	布点数
1	外国语言文学类	297	13	社会学类	10
2	工商管理类	86	14	数学类	7
3	艺术类	83	15	电子信息科学类	4
4	经济学类	51	16	地理科学类	3
5	中国语言文学类	49	17	心理学类	2
6	新闻传播学类	42	18	统计学类	2
7	电气信息类	36	19	化学类	1
8	公共管理类	21	20	生物科学类	1
9	政治学类	15	21	机械类	1
10	管理科学与工程类	12	22	轻工纺织食品类	1
11	法学类	12	23	药学类	1
12	教育学类	11			

4. 1999—2012 年度语文院校专业布点增加最多的专业类

1999—2012 年度，专业布点增加最多的前 12 个专业类[①]，分别是外国语言文学类、工商管理类、艺术类、经济学类、中国语言文学类、新闻传播学类、电气信息类、公共管理类、政治学类、管理科学与工程类、教育学类和社会学类，见表 7.3 所示。其中专业布点增加最多的是外国语言文学类，增加专业布点 199 个，增加比例 203.06%。这表明语文院校特色明显，同时也开始呈现多样性。

表 7.3　　　1999—2012 年度专业布点增加最多的前 12 个专业类　　单位：个，%

专业类	1999 年度	2012 年度	增加布点	增加比例
外国语言文学类	98	297	199	203.06
工商管理类	8	86	78	975.00
艺术类	5	83	78	1560.00
经济学类	7	51	44	628.57
中国语言文学类	11	49	38	345.45

---

① 排在第 10 位有三个专业类。

续表

专业类	1999年度	2012年度	增加布点	增加比例
新闻传播学类	6	42	36	600.00
电气信息类	3	36	33	1100.00
公共管理类	0	21	21	—
政治学类	3	15	12	400.00
管理科学与工程类	2	12	10	500.00
教育学类	1	11	10	1000.00
社会学类	0	10	10	—

5. 1999—2012年度语文院校专业布点增幅最大的专业类

见表7.4所示，1999—2012年度，这些增加比例较大的专业类中，只有中国语言文学类和外国语言文学类这两个专业与"语文院校"密切相关。这进一步表明，语文院校专业设置多样化有进一步扩大的趋势。

表7.4　　1999—2012年度专业布点增幅最大的前10个专业类　　单位：个,%

专业类	1999年度	2012年度	增加布点	增加比例
艺术类	5	83	78	1560.00
电气信息类	3	36	33	1100.00
教育学类	1	11	10	1000.00
工商管理类	8	86	78	975.00
经济学类	7	51	44	628.57
新闻传播学类	6	42	36	600.00
管理科学与工程类	2	12	10	500.00
政治学类	3	15	12	400.00
中国语言文学类	11	49	38	345.45
外国语言文学类	98	297	199	203.06

（二）2013—2018年度语文院校分专业类专业布点

1. 2013—2018年度语文院校各专业类专业布点基本状况

见图7.20所示，2013—2018年度，语文院校专业覆盖的专业类及其覆盖率都有所增加，但其比例仍然较低。这表明语文院校专业设置分布的专业类相对集中。

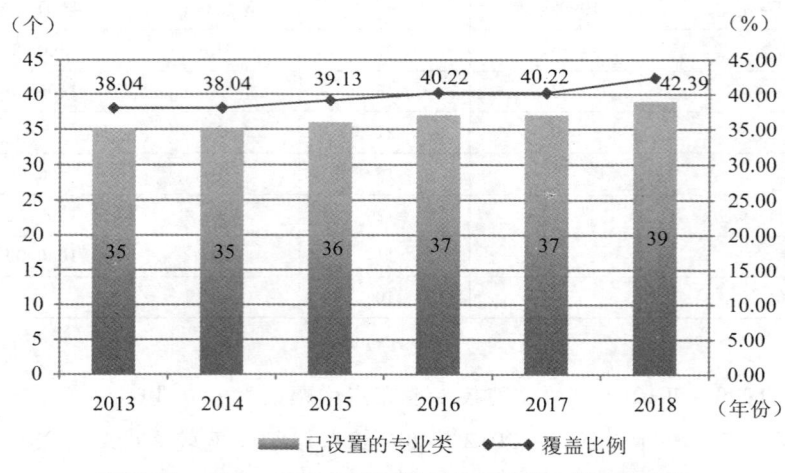

图 7.20　2013—2018 年度已设置的专业类及其覆盖比例

年份	已设置的专业类（个）	覆盖比例（%）
2013	35	38.04
2014	35	38.04
2015	36	39.13
2016	37	40.22
2017	37	40.22
2018	39	42.39

2. 2013—2018 年度语文院校专业布点最多的专业类

2013—2018 年度，专业布点最多的前 10 个专业类，分别是外国语言文学类、工商管理类、中国语言文学类、新闻传播学类、戏剧与影视学类、设计学类、计算机类、旅游管理类、经济与贸易类和金融学类，见表7.5 所示。这期间布点最多的专业类是外国语言文学类。2013 年度外国语言文学类共有 324 个专业布点，占当年度语文院校专业布点总数的 40.70%；2018 年度共有 476 个专业布点，占当年度语文院校专业布点总数的 43.31%。这表明，语文院校专业特色明显。

表 7.5　2013—2018 年度专业布点最多的前 10 个专业类　　　单位：个

专业类	2013 年度	2014 年度	2015 年度	2016 年度	2017 年度	2018 年度
外国语言文学类	324	338	349	376	432	476
工商管理类	69	73	77	81	84	90
中国语言文学类	48	52	53	55	55	57
新闻传播学类	41	45	48	51	52	53
戏剧与影视学类	39	40	42	42	45	49
设计学类	32	34	35	37	39	43
计算机类	28	31	33	36	37	42

续表

专业类	2013 年度	2014 年度	2015 年度	2016 年度	2017 年度	2018 年度
旅游管理类	25	26	27	31	32	32
经济与贸易类	24	24	24	25	25	26
金融学类	18	20	21	23	27	28

3. 2013—2018 年度占各类别高校总专业布点比重一半以上的专业类

与 1999—2012 年度类似，2013—2018 年度的语文院校中没有一个专业类的专业布点占该专业类在各类别高校中的总布点比重达一半以上。专业类的专业布点占该专业类在各类别高校中的总布点比重最高的专业类是外国语言文学类，但其比例仍不足 15%。2013 年度该比例是 12.93%，2018 年度为 14.68%。

4. 2013—2018 年度语文院校专业布点增加最多的专业类

2013—2018 年度，语文院校专业布点增加最多的前 10 个专业类，分别是外国语言文学类、工商管理类、计算机类、教育学类、新闻传播学类、设计学类、戏剧与影视学类、金融学类、中国语言文学类和旅游管理类，见表 7.6 所示。布点增加最多的是外国语言文学类；其次是工商管理类。

表 7.6　　2013—2018 年度专业布点增加最多的前 10 个专业类　　单位：个,%

专业类	2013 年度	2018 年度	增加专业布点	增加比例
外国语言文学类	324	476	152	46.91
工商管理类	69	90	21	30.43
计算机类	28	42	14	50.00
教育学类	10	24	14	140.00
新闻传播学类	41	53	12	29.27
设计学类	32	43	11	34.38
戏剧与影视学类	39	49	10	25.64
金融学类	18	28	10	55.56
中国语言文学类	48	57	9	18.75
旅游管理类	25	32	7	28.00

5. 2013—2018 年度语文院校专业布点增幅最大的专业类

2013—2018 年度，语文院校专业布点增长速度最快的前 10 类，分别是医学技术类、教育学类、财政学类、护理学类、地理科学类、电子商务类、经济学类、金融学类、计算机类和外国语言文学类，见表 7.7 所示。除外国语言文学类外，其他增幅较高的专业类其专业布点总量都比较少。

表 7.7　2013—2018 年度专业布点增幅最大的前 10 个专业类　单位：个，%

专业类	2013 年度	2018 年度	增加专业布点	增加比例
医学技术类	1	4	3	300.00
教育学类	10	24	14	140.00
财政学类	2	4	2	100.00
护理学类	2	4	2	100.00
地理科学类	1	2	1	100.00
电子商务类	7	13	6	85.71
经济学类	7	11	4	57.14
金融学类	18	28	10	55.56
计算机类	28	42	14	50.00
外国语言文学类	324	476	152	46.91

四　语文院校专业布点的状况

（一）1999—2012 年度语文院校的专业布点

1. 语文院校设置的本科专业种数

1999—2012 年度，语文院校设置的专业种数逐年增加，2012 年度，专业种数占各类别高校专业总种数的 25.92%。见图 7.21 所示。

1999 年度，语文院校设置的专业共 63 种，占当年度各类别高校专业总种数比重的 20.66%。到 2012 年度设置的专业种数 155 种，占各类别高校专业总种数比重的 25.92%。这表明语文院校设置的专业越来越全面，综合性更强。

2. 语文院校较集中设置的本科专业

1999 年度，一半以上的语文院校设置的本科专业有 6 种，分别是英语、日语、法语、德语、俄语和西班牙语专业,见表 7.8 所示。其中所有语文院校都开设了英语专业。

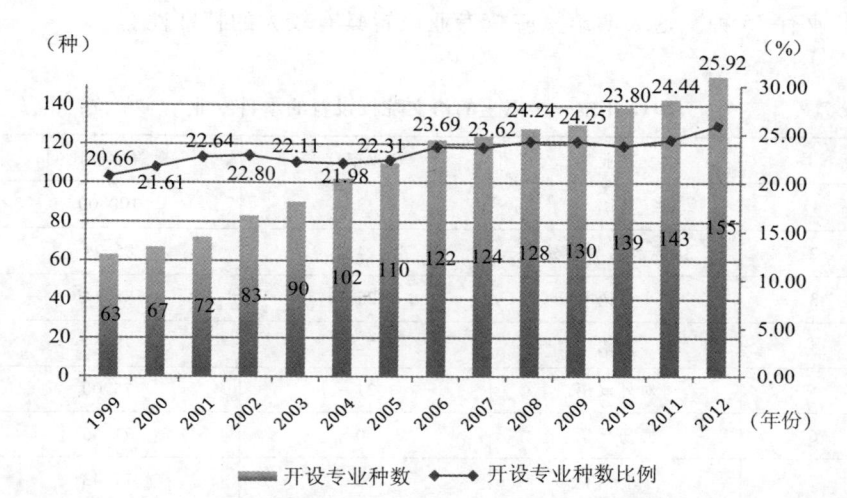

图 7.21　1999—2012 年度语文院校专业种数及其占各类别高校专业总种数的比例

表 7.8　　　　1999 年度一半以上的语文院校设置的本科专业　　　单位:个,%

排序	专业	专业布点	覆盖学校比例
1	英语	11	100.00
2	日语	10	90.91
3	法语	10	90.91
4	德语	8	72.73
5	俄语	8	72.73
6	西班牙语	7	63.64

2012 年度,一半以上的语文院校设置的本科专业增加到了 16 种,见表 7.9 所示。这些专业除了语文院校传统的语言文学类专业外,增加了国际经济与贸易、金融学、市场营销等专业,这表明较多的语文院校专业设置与社会发展,特别是"经济"发展密切相关的专业。

3. 较集中在语文院校设置的本科专业

1999 年度,语文院校中,专业布点占各类别高校中该专业布点总数的 50% 以上的专业共 29 种。其中,占 80% 以上的专业有 22 种,只在语文院校设置的专业有 22 种。

到 2012 年度，专业布点占各类别高校中该专业布点总数的 50% 以上的专业保持 48 种。其中，占 80% 以上的专业有 37 种，只在语文院校设置的专业有 35 种。这表明语文院校专业设置具有较大的特殊性。

表 7.9　　2012 年度一半以上的语文院校设置的本科专业　　单位：个，%

排序	专业	专业布点	覆盖学校比例
1	英语	28	100.00
2	国际经济与贸易	24	85.71
3	日语	23	82.14
4	法语	22	78.57
5	对外汉语	21	75.00
6	西班牙语	20	71.43
7	朝鲜语	20	71.43
8	德语	19	67.86
9	汉语言文学	19	67.86
10	俄语	17	60.71
11	阿拉伯语	15	53.57
12	金融学	15	53.57
13	新闻学	14	50.00
14	市场营销	14	50.00
15	会计学	14	50.00
16	旅游管理	14	50.00

4. 增长的本科专业

（1）专业布点增长数量。1999—2012 年度，语文院校布点增加的本科专业有 137 种，新增专业布点 601 个。这期间，专业布点增加最多的前 12 种专业[1]，分别是国际经济与贸易、汉语言文学、对外汉语、英语、朝鲜语、金融学、日语、商务英语、翻译、艺术设计、市场营销和旅游管理，

---

①　排在第 6 位的有七种专业。

见表 7.10 所示。

表 7.10　1999—2012 年度专业布点增加最多的前 12 种专业　　单位：个,%

专业	1999 年度	2012 年度	增加专业布点	增加比例
国际经济与贸易	5	24	19	380.00
汉语言文学	2	20	18	900.00
对外汉语	5	22	17	340.00
英语	11	28	17	154.55
朝鲜语	5	20	15	300.00
金融学	2	15	13	650.00
日语	10	23	13	130.00
商务英语	0	13	13	—
翻译	0	13	13	—
艺术设计	0	13	13	—
市场营销	2	15	13	650.00
旅游管理	1	14	13	1300.00

（2）专业布点的增幅。1999—2012 年度，专业布点增幅 50% 以上的专业有 44 种；增长 100% 以上有 43 种。这期间专业增幅最大的前 10 种专业，分别是旅游管理、计算机科学与技术、汉语言文学、播音与主持艺术、财务管理、金融学、市场营销、会计学、广播电视新闻学和广播电视编导，见表 7.11 所示。其中旅游管理专业增加的比例最高，增长的比例达 1300.00%。

表 7.11　1999—2012 年度专业布点增幅最大的前 10 种专业　　单位：个,%

专业	1999 年度	2012 年度	增加专业布点	增加比例
旅游管理	1	14	13	1300.00
计算机科学与技术	1	13	12	1200.00
汉语言文学	2	20	18	900.00
播音与主持艺术	1	9	8	800.00
财务管理	1	9	8	800.00

续表

专业	1999 年度	2012 年度	增加专业布点	增加比例
金融学	2	15	13	650.00
市场营销	2	15	13	650.00
会计学	2	14	12	600.00
广播电视新闻学	1	7	6	600.00
广播电视编导	1	6	5	500.00

（3）新设的本科专业。1999—2012 年度，语文院校共新设置的本科专业 93 种，占 2012 年度语文院校所设置专业种数的 60%。

5. 布点减少或撤销的本科专业

1999—2012 年度，语文院校撤销了塞尔维亚-克罗地亚语专业 1 种。

（二）2013—2018 年度语文院校的专业布点

1. 语文院校设置的本科专业种数

2013—2018 年度，语文院校设置的专业种数逐年增加，各年度专业种数占各类别高校专业总种数的比重也有所增加（见图 7.22）。

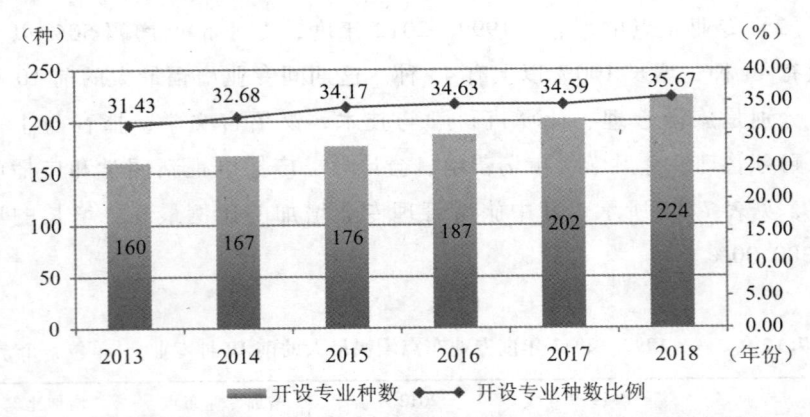

年份	开设专业种数	开设专业种数比例(%)
2013	160	31.43
2014	167	32.68
2015	176	34.17
2016	187	34.63
2017	202	34.59
2018	224	35.67

图 7.22　2013—2018 年度语文院校专业种数及其占各类别高校专业总种数的比例

2013 年度，语文院校设置的专业共 160 种，占当年度各类别高校专业总种数比重的 31.43%。2018 年度，设置的专业共 224 种，占当年度各类别高校专业总种数比重的 35.67%。这表明语文院校设置的专业多样性进一步加强。

2. 语文院校较集中设置的本科专业

2013 年度，一半以上的语文院校设置的本科专业有 17 种，见表 7.12 所示。与 2012 年度有些相似，这 17 种专业，除典型的"语言文学"专业外，还包括了国际经济与贸易、金融学、市场营销和新闻学专业，这表明较多的语文院校专业设置与社会发展，特别是"经济"发展密切相关的专业。

表 7.12　　　　2013 年度一半以上的语文院校设置的本科专业　　单位：个，%

排序	专业	专业布点	覆盖学校比例
1	英语	27	96.43
2	国际经济与贸易	23	82.14
3	日语	23	82.14
4	汉语国际教育	22	78.57
5	法语	22	78.57
6	朝鲜语	21	75.00
7	俄语	20	71.43
8	德语	20	71.43
9	西班牙语	20	71.43
10	汉语言文学	19	67.86
11	翻译	18	64.29
12	商务英语	16	57.14
13	金融学	15	53.57
14	阿拉伯语	15	53.57
15	市场营销	15	53.57
16	意大利语	14	50.00
17	新闻学	14	50.00

2018 年度，一半以上的语文院校设置的本科专业有 20 种，除增加了葡萄牙语、财务管理和播音与主持艺术 3 种专业之外，其他的专业与 2013 年度相同（见表 7.13）。与 2013 年度相比，大多数专业的覆盖率有所提升。

表 7.13　　2018 年度一半以上的语文院校设置的本科专业　　单位：个，%

排序	专业	专业布点	覆盖学校比例
1	英语	27	96.43
2	汉语国际教育	26	92.86
3	国际经济与贸易	25	89.29
4	日语	24	85.71
5	翻译	24	85.71
6	法语	23	82.14
7	西班牙语	23	82.14
8	朝鲜语	22	78.57
9	俄语	22	78.57
10	德语	21	75.00
11	汉语言文学	21	75.00
12	商务英语	20	71.43
13	阿拉伯语	18	64.29
14	意大利语	17	60.71
15	新闻学	16	57.14
16	葡萄牙语	16	57.14
17	金融学	15	53.57
18	市场营销	15	53.57
19	财务管理	15	53.57
20	播音与主持艺术	14	50.00

3. 较集中在语文院校设置的本科专业

2013 年度，语文院校中，专业布点占各类别高校中该专业布点总数的 50% 以上的专业共 49 种。其中，占 80% 以上的专业有 38 种，只有语文院校设置的专业有 38 种。

到 2018 年度，专业布点占各类别高校中该专业布点总数的 50% 以上的专业保持 86 种。其中，占 80% 以上的专业有 66 种，只在语文院校设置的专业有 61 种。这表明语文院校专业设置具有很大的特殊性，同时也表明新专业增设呈快速增长的趋势。

4. 增长的本科专业

（1）专业布点增长数量。2013—2018 年度，语文院校布点增加的本科专业有 155 种,共增加了 308 个布点。这期间,专业布点增加最多的前 12 种专业[1],分别是网络与新媒体、捷克语、学前教育、波兰语、国际商务、泰语、匈牙利语、翻译、电子商务、土耳其语、数字媒体技术和审计学,见表 7.14 所示。网络与新媒体布点增加最多,共增加 9 个专业布点。

表 7.14   2013—2018 年度专业布点增加最多的前 12 种专业   单位:个,%

专业	2013 年度	2018 年度	增加专业布点	增加比例
网络与新媒体	3	12	9	300.00
捷克语	1	9	8	800.00
学前教育	4	11	7	175.00
波兰语	1	8	7	700.00
国际商务	5	12	7	140.00
泰语	6	12	6	100.00
匈牙利语	1	7	6	600.00
翻译	18	24	6	33.33
电子商务	7	13	6	85.71
土耳其语	4	9	5	125.00
数字媒体技术	6	11	5	83.33
审计学	3	8	5	166.67

(2) 专业布点的增幅。2013—2018 年度,专业布点增幅 50% 以上的专业有 56 种;增长 100% 以上有 44 种。这期间专业增幅最大的前 15 种专业[2],分别是捷克语、波兰语、匈牙利语、网络与新媒体、乌尔都语、罗马尼亚语、塞尔维亚语、哈萨克语、金融工程、数字媒体艺术、税收学、保加利亚语、康复治疗学、公共事业管理、艺术与科技(见表 7.15)。其中捷克语专业增加的比例最高,增加的比例是 800.00%。

---

[1] 排在第 9 位的有三种专业。
[2] 排在第 9 位的有七种专业。

表 7.15　　2013—2018 年度专业布点增幅最大的前 15 种专业　　单位：个，%

专业	2013 年度	2018 年度	增加专业布点	增加比例
捷克语	1	9	8	800.00
波兰语	1	8	7	700.00
匈牙利语	1	7	6	600.00
网络与新媒体	3	12	9	300.00
乌尔都语	1	4	3	300.00
罗马尼亚语	1	4	3	300.00
塞尔维亚语	1	4	3	300.00
哈萨克语	1	4	3	300.00
金融工程	2	6	4	200.00
数字媒体艺术	2	6	4	200.00
税收学	1	3	2	200.00
保加利亚语	1	3	2	200.00
康复治疗学	1	3	2	200.00
公共事业管理	1	3	2	200.00
艺术与科技	1	3	2	200.00

（3）新设的本科专业。2013—2018 年度，语文院校不断增设新专业，在这期间新设置的专业共 64 种，占 2018 年度语文院校本科专业总种数的 28.57%。

5. 布点减少或撤销的本科专业

2013—2018 年度，语文院校有 5 种专业各减少专业布点 1 个，分别是摄影、广播电视学、行政管理、广告学和计算机科学与技术。

第 八 章

财经院校本科专业设置发展

一 财经院校专业设置基本状况

1999—2018 年度，财经院校本科专业得到了快速发展，见图 8.1 和图 8.2 所示。

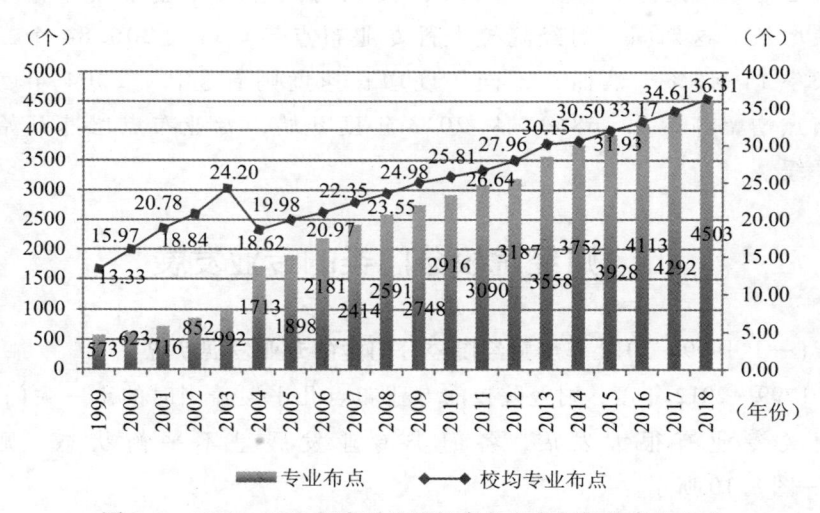

图 8.1 1999—2018 年度财经院校专业布点与校均专业布点

见图 8.1 所示，1999 年度，财经院校本科专业布点 573 个；2018 年度增加到 4503 个，是 1999 年度专业布点的 7.86 倍。2004 年度专业布点增加最多，共增加了 721 个。1999 年度，财经院校校均本科专业 13.33 个；2018 年度增加到 36.31 个，校均专业设置规模增加 23.98 个。

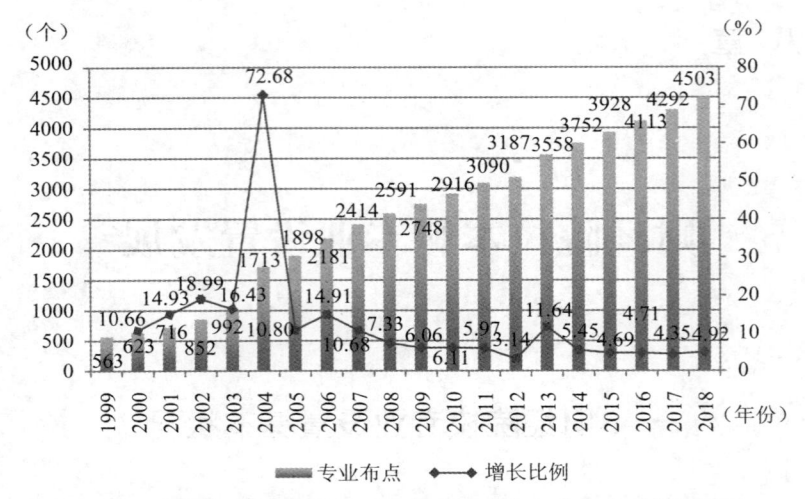

图 8.2 1999—2018 年度财经院校专业布点与专业布点增长趋势

见图 8.2 所示,1999—2018 年度,财经院校专业布点一直保持较快增长。这期间,财经院校本科专业布点年均增长 206.84 个,年增长率 11.46%。然而,不同年度增长速度则有起伏,2004 年度专业布点增幅高达 72.68%。从 2013 年度开始,专业布点增速开始逐渐平缓。

二 财经院校分门类的专业发展

(一) 1999—2012 年度财经院校分门类的专业发展状况

1999—2012 年度,财经院校的专业布点几乎覆盖当时的十一大门类。各门类专业有很大发展,各门类专业发展呈不平衡状态,见图 8.3—图 8.10 所示。

1. 哲学门类专业的发展

1999—2006 年度,财经院校未开设哲学门类专业。直到 2007 年度才有 2 个哲学门类专业。2012 年度,该门类专业布点有 3 个,其占财经院校专业布点比重仅为 0.09%。

2. 经济学门类专业的发展

1999 年度,经济学门类专业布点 152 个;2012 年度增加到 510 个。这期间,经济学门类专业布点增加了 358 个,其占财经院校专业布点比重却大幅下降。1999年度，该门类专业布点占财经院校专业布点的26.53%；2012年度下降到16.00%（见图8.3）。

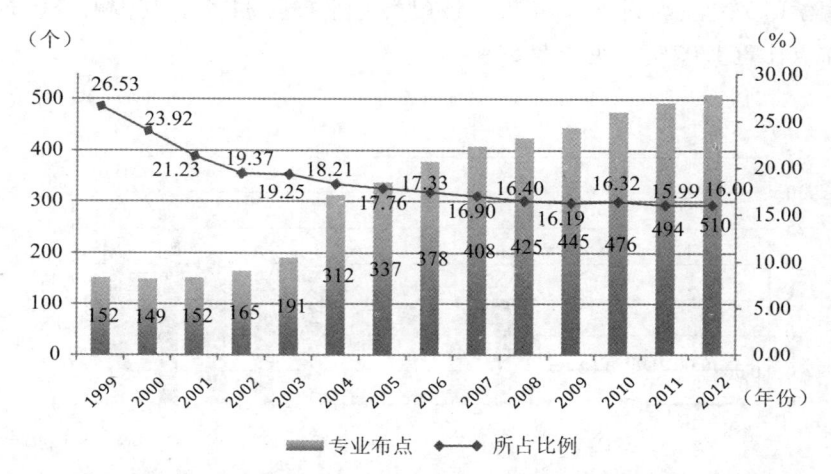

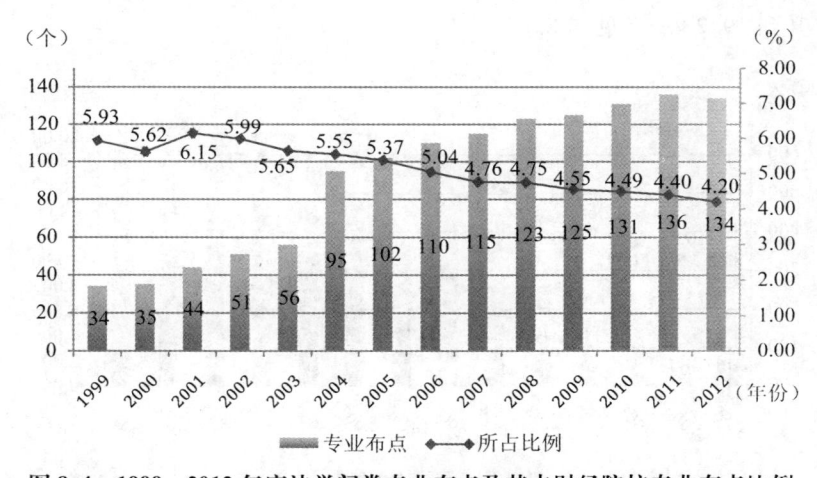

图8.3　1999—2012年度经济学门类专业布点及其占财经院校专业布点比例

3. 法学门类专业的发展

1999年度，法学门类专业布点34个；2012年度增加到134个。这期间，法学门类专业布点增加了100个，其占财经院校专业布点比重却有所下降。1999年度，该门类专业布点占财经院校专业布点的5.93%；2012年度下降到4.20%（见图8.4）。

图8.4　1999—2012年度法学门类专业布点及其占财经院校专业布点比例

4. 教育学门类专业的发展

1999—2001年度财经院校未开设教育学门类专业。2002年度才有1个教育学门类专业。到2012年度，该门类专业布点34个，其占财经院校专业布点比重1.07%（见图8.5）。

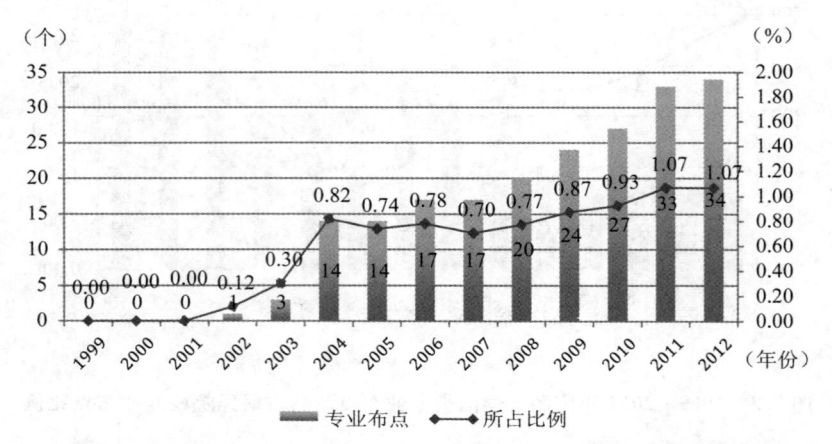

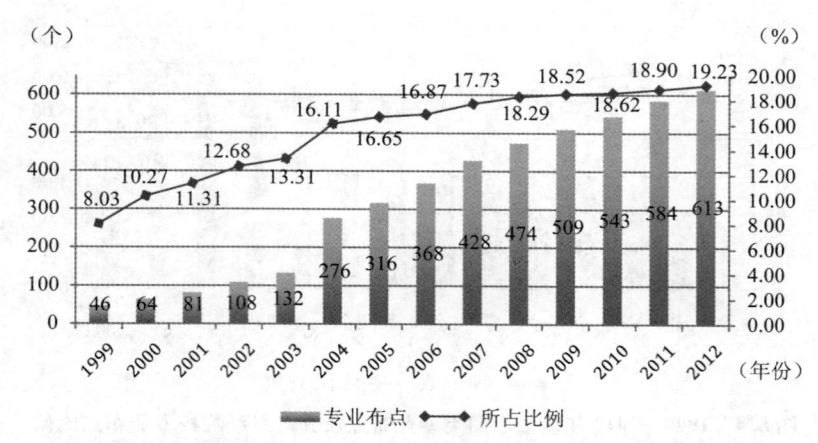

图 8.5 1999—2012年度教育学门类专业布点及其占财经院校专业布点比例

5. 文学门类专业的发展

1999年度，文学门类专业布点46个；2012年度增加到613个。这期间，文学门类专业布点增加了567个，其占财经院校专业布点比重大幅提升。1999年度，该门类专业布点占财经院校专业布点的8.03%；2012年度上升到19.23%（见图8.6）。

图 8.6 1999—2012年度文学门类专业布点及其占财经院校专业布点比例

6. 历史学门类专业的发展

1999—2009 年度，财经院校未开设历史学门类专业。到 2010 年度财经院校才有 1 个历史学门类专业；2012 年度仍只有 1 个专业布点。

7. 理学门类专业的发展

1999 年度，理学门类专业布点 37 个；2012 年度增加到 201 个。这期间，理学门类专业布点增加了 164 个，其占专业布点比重略有下降。1999 年度，该门类专业布点占财经院校专业布点的 6.46%；2012 年度下降到 6.31%（见图 8.7）。

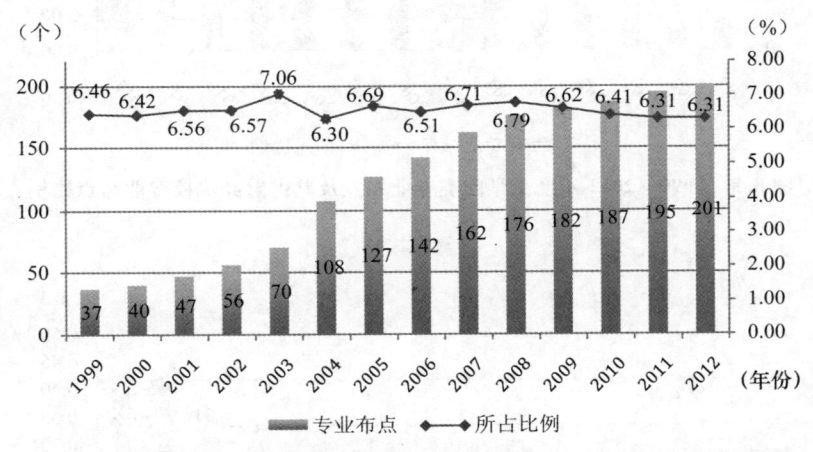

图 8.7　1999—2012 年度理学门类专业布点及其占财经院校专业布点比例

8. 工学门类专业的发展

1999 年度，工学门类专业布点 52 个；2012 年度增加到 416 个。这期间，工学门类专业布点增加了 364 个，其占财经院校专业布点比重有较大幅度提升。1999 年度，该门类专业布点占财经院校专业布点的 9.08%；2012 年度上升到 13.05%（见图 8.8）。

9. 农学门类专业的发展

1999—2002 年度，财经院校未开设农学门类专业。到 2003 年度才有 1 个农学门类专业。2012 年度，该门类专业布点 7 个，其占财经院校专业布点比重的 0.22%。

10. 医学门类专业的发展

1999—2002 年度，财经院校未开设医学门类专业。到 2003 年度才有 1

个医学门类专业。到 2012 年度，该门类专业布点 11 个，其占财经院校专业布点比重的 0.35%（见图 8.9）。

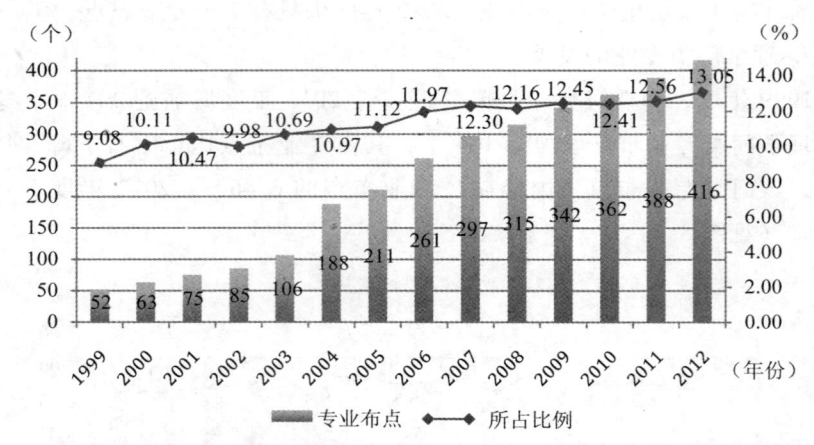

图 8.8　1999—2012 年度工学门类专业布点及其占财经院校专业布点比例

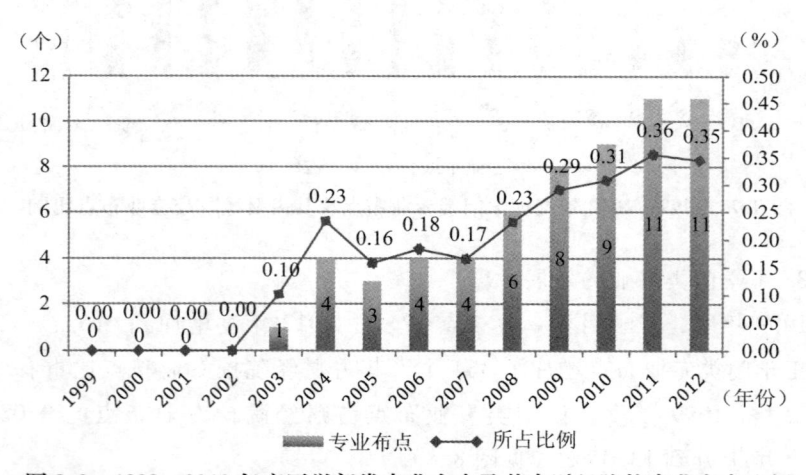

图 8.9　1999—2012 年度医学门类专业布点及其占财经院校专业布点比例

11. 管理学门类专业的发展

1999 年度，管理学门类专业布点 252 个；2012 年度增加到 1257 个。这期间，管理学门类专业布点增加了 1005 个，其占专业布点比重却有所下降。1999 年度，该门类专业布点占财经院校专业布点的 43.98%；2012 年度下降到 39.44%（见图 8.10）。

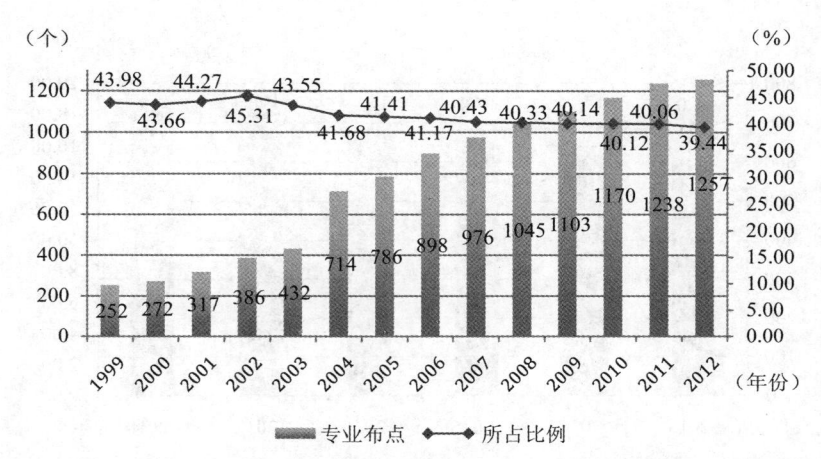

图 8.10　1999—2012 年度管理学门类专业布点及其占财经院校专业布点比例

1999—2012 年度，哲学、历史学、农学和医学门类专业发展缓慢。经济学、文学、管理学、工学和理学门类专业都有了迅速的发展。这期间最显著的变化是，管理学、文学和经济学门类专业成了财经院校专业设置的主体，改变了 1999 年度以前以"经济学门类"为主体的状况。

（二）2013—2018 年度财经院校分门类的专业发展状况

2013—2018 年度，财经院校专业布点覆盖了目前的十二大门类。各门类专业都有所增加，但与前一阶段类似，各门类专业发展仍呈不平衡状态（见图 8.11—图 8.19）。

1. 哲学门类专业的发展

2013—2017 年度，财经院校哲学门类专业布点一直保持着 3 个；到 2018 年度减少到 2 个。

2. 经济学门类专业的发展

2013 年度，经济学门类专业布点 606 个；2018 年度增加到 760 个。这期间，经济学门类专业布点增加了 154 个，其占财经院校专业布点比重略有下降。2013 年度，该门类专业布点占财经院校专业布点的 17.03%；2018 年度下降到 16.88%（见图 8.11）。

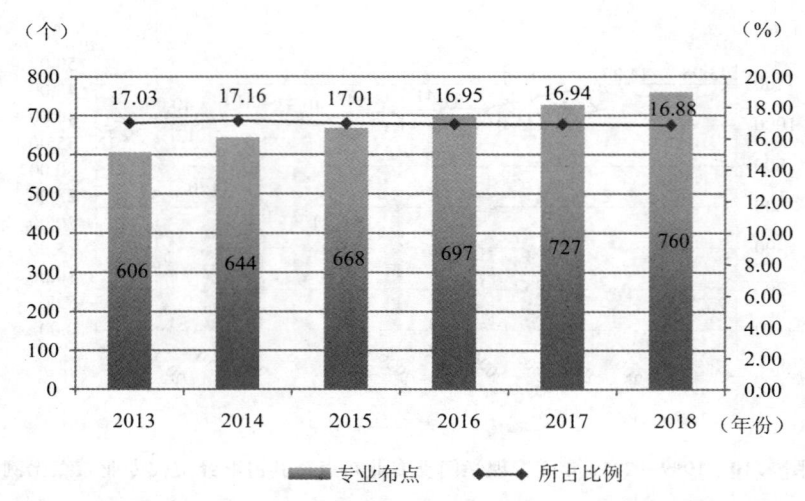

图 8.11　2013—2018 年度经济学门类专业布点及其占财经院校专业布点比例

3. 法学门类专业的发展

2013 年度，法学门类专业布点 134 个；2018 年度增加到 142 个。这期间，法学门类专业布点仅增加 8 个，其占财经院校专业布点比重有所下降。2013 年度，该门类专业布点占财经院校专业布点的 3.77%；2018 年度下降到 3.15%（见图 8.12）。

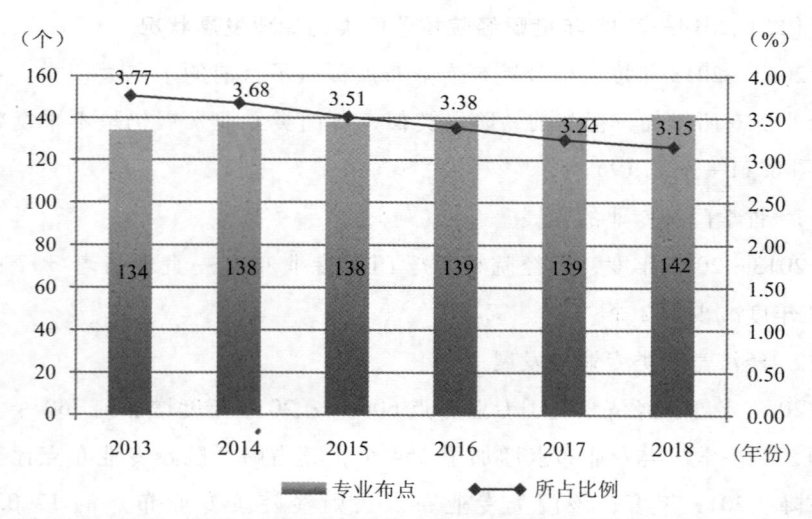

图 8.12　2013—2018 年度法学门类专业布点及其占财经院校专业布点比例

4. 教育学门类专业的发展

2013年度，教育学门类专业布点24个；到2018年度增加到56个。这期间，教育学门类专业布点增加了32个，其占财经院校专业布点比重有所增长。2013年度，该门类专业布点占财经院校专业布点的0.67%；2018年度上升到1.24%（见图8.13）。

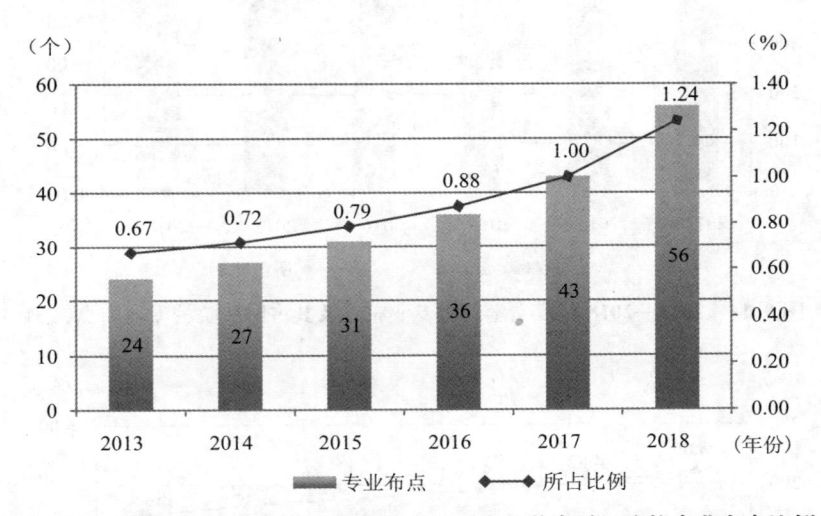

图8.13　2013—2018年度教育学门类专业布点及其占财经院校专业布点比例

5. 文学门类专业的发展

2013年度，文学门类专业布点467个；2018年度增加到596个。这期间，文学门类专业布点增加了129个，其占财经院校专业布点比重略有增加。2013年度，该门类专业布点占财经院校专业布点的13.13%；2018年度上升到13.24%（见图8.14）。

6. 历史学门类专业的发展

2013—2018年度，财经院校历史学门类保持着1个专业布点。

7. 理学门类专业的发展

2013年度，理学门类专业布点180个；2018年度增加到191个。这期间，理学门类专业布点增加了11个，其占财经院校专业布点比重有所下降。2013年度，理学门类专业布点占财经院校专业布点的5.06%；2018年度下降到4.24%（见图8.15）。

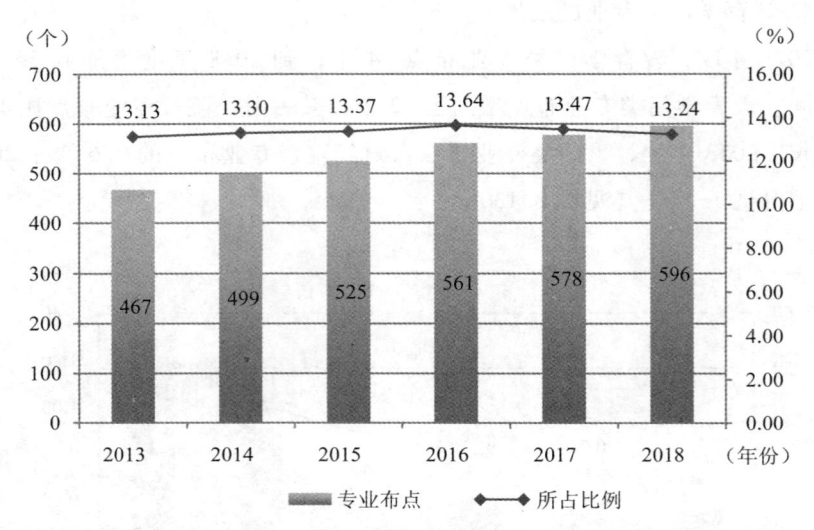

图 8.14 2013—2018 年度文学门类专业布点及其占财经院校专业布点比例

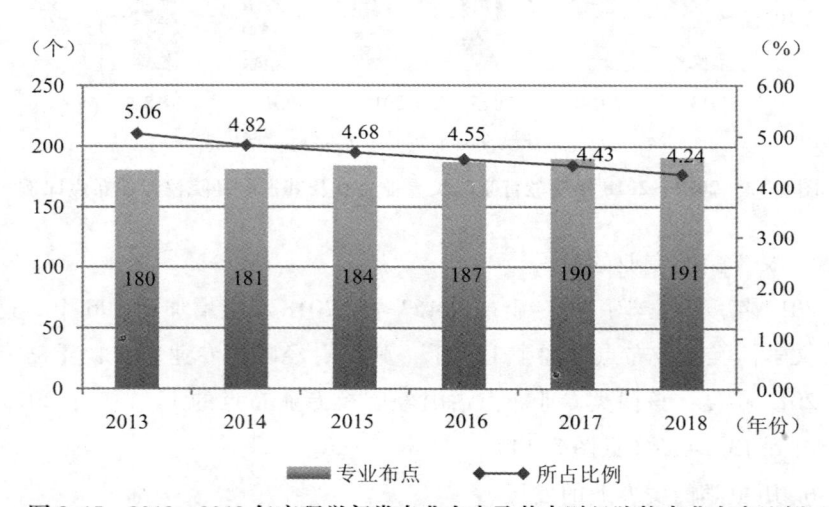

图 8.15 2013—2018 年度理学门类专业布点及其占财经院校专业布点比例

8. 工学门类专业的发展

2013 年度，工学门类专业布点 450 个；2018 年度增加到 668 个。这期间，工学门类专业布点增加了 218 个点，其占财经院校专业布点比重有所增长。2013 年度，该门类专业布点占财经院校专业布点的 12.65%；2018 年度上升到 14.83%（见图 8.16）。

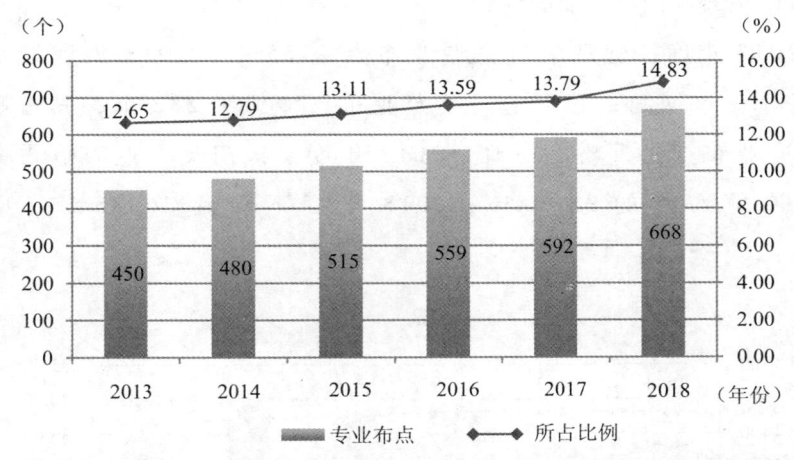

图 8.16　2013—2018 年度工学门类专业布点及其占财经院校专业布点比例

9. 农学门类专业的发展

2013—2018 年度，财经院校历史学门类保持着 8 个专业布点。

10. 医学门类专业的发展

2013—2014 年度，医学门类专业布点有 12 个；2018 年度增加到 26 个。这期间，医学门类专业布点增加了 14 个，其占财经院校专业布点比重略有增长。2013 年度，该门类专业布点占财经院校专业布点的 0.34%；2018 年度上升到 0.58%（见图 8.17）。

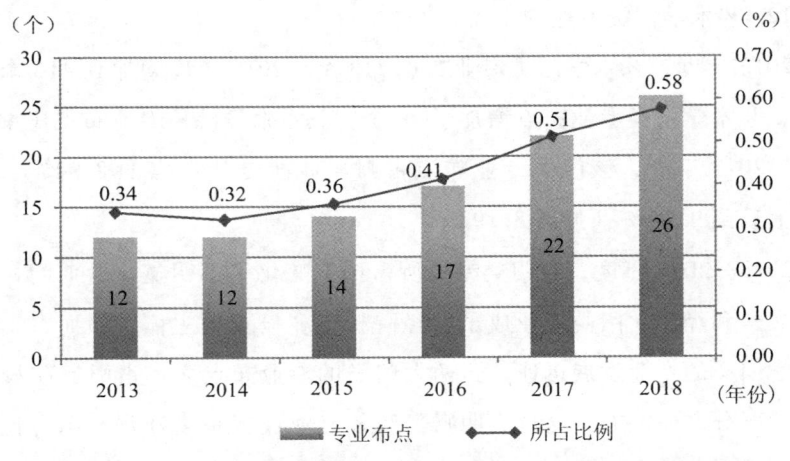

图 8.17　2013—2018 年度医学门类专业布点及其占财经院校专业布点比例

11. 管理学门类专业的发展

2013年度，管理学门类专业布点1355个；2018年度增加到1637个。这期间，管理学门类专业布点增加了282个，其占财经院校专业布点比重略有下降。2013年度，该门类专业布点占财经院校专业布点的38.08%；2018年度下降到36.35%（见图8.18）。

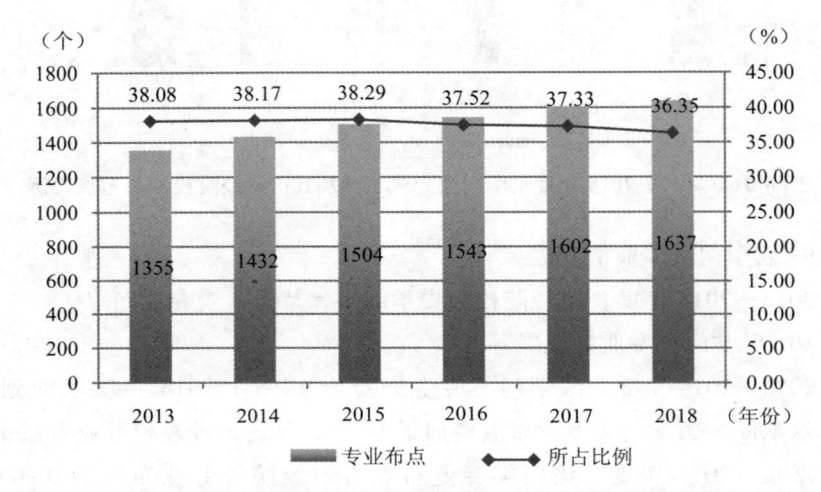

图8.18 2013—2018年度管理学门类专业布点及其占财经院校专业布点比例

12. 艺术学门类专业的发展

2013年度，艺术学门类专业布点318个；2018年度增加到416个。这期间，艺术学门类专业布点增加了98个，其占财经院校专业布点比重有所增加。2013年度，该门类专业布点占财经院校专业布点的8.94%；2018年度上升到9.24%（见图8.19）。

2013—2018年度，各门类专业所占比重变化很不明显。这期间，管理学、文学和经济学门类专业成了财经院校专业设置的主体。然而，工学和艺术学门类的专业发展迅速，这两大门类的专业布点之和占财经院校专业布点的五分之一左右。这也表明财经院校专业设置呈多样化、综合化方面发展。

第八章 财经院校本科专业设置发展 209

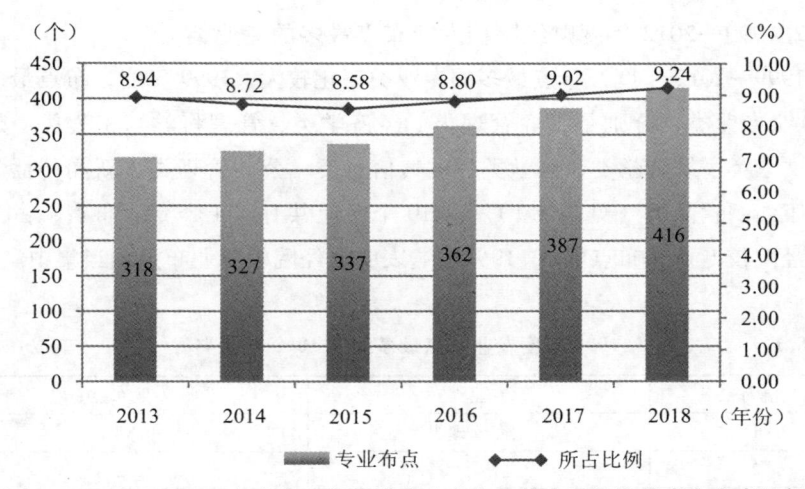

图 8.19 2013—2018 年度艺术学门类专业布点及其占财经院校专业布点比例

三 财经院校分专业类的专业发展

(一) 1999—2012 年度财经院校分专业类专业布点

1. 1999—2012 年度财经院校各专业类专业布点基本状况

1999—2012 年度，财经院校本科专业所覆盖的专业类的迅速增加，其覆盖率从 1999 年度的 39.73% 上升到 2011 年度的 65.75%，见图 8.20 所示。这表明财经院校专业设置越来越全面。

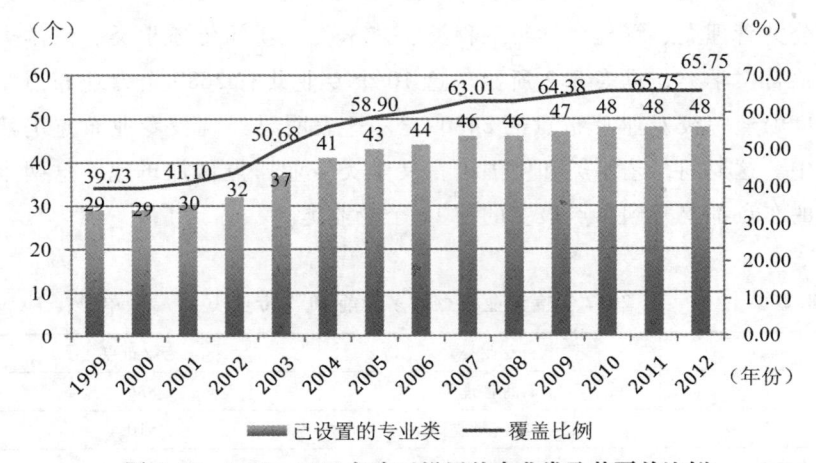

图 8.20 1999—2012 年度已设置的专业类及其覆盖比例

2. 1999—2012 年度财经院校专业布点最多的专业类

1999—2012 年度，布点最多的专业类变化较大。1999 年度，布点最多的前 10 个专业类，分别是工商管理类、经济学类、管理科学与工程类、外国语言文学类、统计学类、法学类、电气信息类、公共管理类、新闻传播学类和轻工纺织食品类（见表 8.1）。这 10 个专业共有 534 个专业布点，占当年度财经院校专业总布点的 93.19%。这表明财经院校专业布点相当集中。

表 8.1　　　　　1999 年度专业布点最多的前 10 个专业类　　　　　单位：个

排序	专业类	专业布点
1	工商管理类	181
2	经济学类	152
3	管理科学与工程类	49
4	外国语言文学类	33
5	统计学类	32
6	法学类	30
7	电气信息类	23
8	公共管理类	18
9	新闻传播学类	8
10	轻工纺织食品类	8

到 2012 年度，财经院校各专业类专业得到了较快发展，布点最多的前 10 个专业类，分别是工商管理类、经济学类、电气信息类、外国语言文学类、公共管理类、管理科学与工程类、艺术类、新闻传播学类、法学类和中国语言文学类，见表 8.2 所示。这 10 个专业共有 2680 个专业布点，占当年度财经院校专业总布点的 84.09%。这表明财经院校专业布点仍然相当集中。这期间，艺术类和中国语言文学类专业布点增加迅速，这两个专业类的布点都上升到布点最多的前 10 个专业类。

表 8.2　　　　　2012 年度专业布点最多的前 10 个专业类　　　　　单位：个,%

排序	专业类	专业布点
1	工商管理类	836
2	经济学类	510
3	电气信息类	241

续表

排序	专业类	专业布点
4	外国语言文学类	225
5	公共管理类	204
6	管理科学与工程类	195
7	艺术类	177
8	新闻传播学类	134
9	法学类	81
10	中国语言文学类	77

3. 1999—2012 年度占各类别高校总专业布点比重一半以上的专业类

1999—2012 年度，财经院校中，没有一个专业类专业布点占该专业类在各类别高校中的总布点比重达一半。专业类的专业布点占该专业类在各类别高校中的总布点比重较大的专业类是经济学类、工商管理类和法学类。但是这些专业类的专业布点所在比重在各年度均未过半。这三个专业类布点所占比例还呈下降趋势。

4. 1999—2012 年度财经院校专业布点增加最多的专业类

1999—2012 年度，专业布点增加最多的前 10 个专业类，分别是工商管理类、经济学类、电气信息类、外国语言文学类、公共管理类、艺术类、管理科学与工程类、新闻传播学类、中国语言文学类和数学类（见表 8.3）。其中专业布点增加最多的是工商管理类，增加专业布点 655 个，增加比例 361.88%。

表 8.3　1999—2012 年度专业布点增加最多的前 10 个专业类　单位：个,%

专业类	1999 年度	2012 年度	增加专业布点	增加比例
工商管理类	181	836	655	361.88
经济学类	152	510	358	235.53
电气信息类	23	241	218	947.83
外国语言文学类	33	225	192	581.82
公共管理类	18	204	186	1033.33
艺术类	4	177	173	4325.00
管理科学与工程类	49	195	146	297.96

续表

专业类	1999 年度	2012 年度	增加专业布点	增加比例
新闻传播学类	8	134	126	1575.00
中国语言文学类	1	77	76	7600.00
数学类	2	74	72	3600.00

5. 1999—2012 年度财经院校专业布点增幅最大的专业类

1999—2012 年度，财经院校专业布点增幅最大的前 10 个专业类，分别是中国语言文学类、艺术类、数学类、地理科学类、新闻传播学类、土建类、政治学类、公共管理类、电气信息类和化学类（见表8.4）。这期间，专业布点增幅最大的前 10 个专业类中，其最低增幅为 800.00%。

表 8.4 1999—2012 年度专业布点增幅最大的前 10 个专业类 单位：个，%

专业类	1999 年度	2012 年度	增加专业布点	增加比例
中国语言文学类	1	77	76	7600.00
艺术类	4	177	173	4325.00
数学类	2	74	72	3600.00
地理科学类	1	20	19	1900.00
新闻传播学类	8	134	126	1575.00
土建类	2	29	27	1350.00
政治学类	1	13	12	1200.00
公共管理类	18	204	186	1033.33
电气信息类	23	241	218	947.83
化学类	1	9	8	800.00

（二）2013—2018 年度财经院校分专业类专业布点

1. 2013—2018 年度财经院校各专业类专业布点基本状况

2013—2018 年度，财经院校已设置的专业覆盖的比例都在 75% 及以上，专业设置较为多样（见图 8.21）。

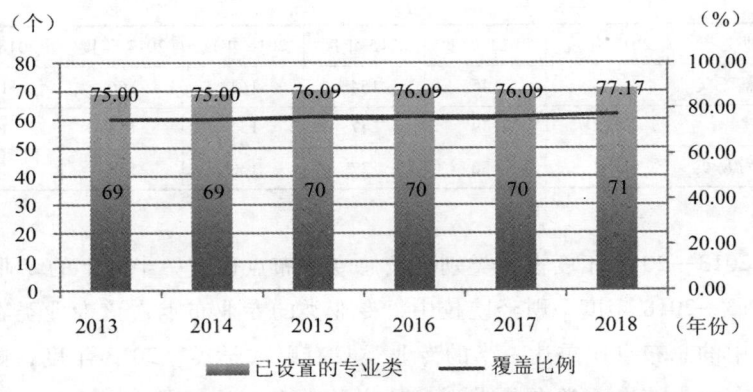

图 8.21 2013—2018 年度已设置的专业类及其覆盖比例

2. 2013—2018 年度财经院校专业布点最多的专业类

2013—2018 年度，专业布点最多的前 11 个专业类①，分别是工商管理类、金融学类、外国语言文学类、计算机类、设计学类、管理科学与工程类、公共管理类、旅游管理类、新闻传播学类、经济学类和经济与贸易类（见表 8.5）。

表 8.5　　　2013—2018 年度专业布点最多的前 11 个专业类　　单位：个，%

专业类	2013 年度	2014 年度	2015 年度	2016 年度	2017 年度	2018 年度
工商管理类	652	682	717	732	757	770
金融学类	248	271	284	308	332	354
外国语言文学类	246	264	278	299	309	322
计算机类	161	176	190	212	230	285
设计学类	217	221	229	242	254	270
管理科学与工程类	192	208	223	226	236	241
公共管理类	172	176	183	182	185	188
旅游管理类	129	137	148	157	162	169

① 2013 年度旅游管理类有专业布点 129 个，正好是第 11 位；但到 2018 年度时该专业类上升到 8 位。所以这里取前 11 个专业类。

续表

专业类	2013年度	2014年度	2015年度	2016年度	2017年度	2018年度
新闻传播学类	136	145	154	161	166	168
经济学类	132	139	147	151	154	156
经济与贸易类	132	136	137	138	139	144

3. 2013—2018年度占各类别高校总专业布点比重一半以上的专业类

2013—2018年度，财经院校中，专业类的专业布点占该专业类在各类别高校中的总布点比重达一半的专业类只有财政学类。2013年度，财政学类专业布点占该专业类在各类别高校中的总布点比重的59.49%，2018年度所占的比例是56.08%。其余专业类专业点所占比重均低于40%。

4. 2013—2018年度财经院校专业布点增加最多的专业类

2013—2018年度，财经院校专业布点增加最多的前10个专业类，分别是计算机类、工商管理类、金融学类、外国语言文学类、设计学类、管理科学与工程类、旅游管理类、新闻传播学类、电子商务类和物流管理与工程类（见表8.6）。

表8.6　　2013—2018年度专业布点增加最多的前10个专业类　单位：个,%

专业类	2013年度	2018年度	增加专业布点	增加比例
计算机类	161	8.70	124	77.02
工商管理类	652	19.40	118	18.10
金融学类	248	30.39	106	42.74
外国语言文学类	246	9.93	76	30.89
设计学类	217	9.02	53	24.42
管理科学与工程类	192	15.99	49	25.52
旅游管理类	129	18.61	40	31.01
新闻传播学类	136	12.89	32	23.53
电子商务类	79	19.02	26	32.91
物流管理与工程类	108	15.40	26	24.07

5. 2013—2018年度财经院校专业布点增幅最大的专业类

2013—2018年度，财经院校专业布点增长速度最快的10个专业类，分别是医学技术类、工业工程类、护理学类、教育学类、建筑类、海洋科学类、测绘类、水利类、体育学类和计算机类，见表 8.7 所示。增幅较高的专业类是医学技术类。

表 8.7　　2013—2018 年度专业布点增幅最大的前 10 个专业类　　单位：个，%

专业类	2013 年度	2018 年度	增加专业布点	增加比例
医学技术类	1	7	6	600.00
工业工程类	2	7	5	250.00
护理学类	2	7	5	250.00
教育学类	8	26	18	225.00
建筑类	15	32	17	113.33
海洋科学类	1	2	1	100.00
测绘类	1	2	1	100.00
水利类	1	2	1	100.00
体育学类	16	30	14	87.50
计算机类	161	285	124	77.02

四　财经院校专业布点的状况

（一）1999—2012 年度财经院校的专业布点

1. 财经院校设置的本科专业种数

1999—2012 年度，财经院校设置的专业种数逐年增加（见图 8.22）。

1999 年度，财经院校设置的专业共 72 种，占当年度各类别高校专业总种数比重的 23.61%。到 2012 年度设置的专业种数达 196 种，占当年度各类别高校专业总种数比重的 32.78%。在这期间，财经院校设置的专业种数增加 124 种，增加的比例 172.22%。这表明财经院校设置的专业越来越丰富。

2. 财经院校较集中设置的本科专业

1999 年度，一半以上的财经院校设置的本科专业有 11 种，分别是会计学、工商管理、市场营销、信息管理与信息系统、金融学、经济学、国际经济与贸易、统计学、法学、财政学和财务管理（见表 8.8）。其中布点

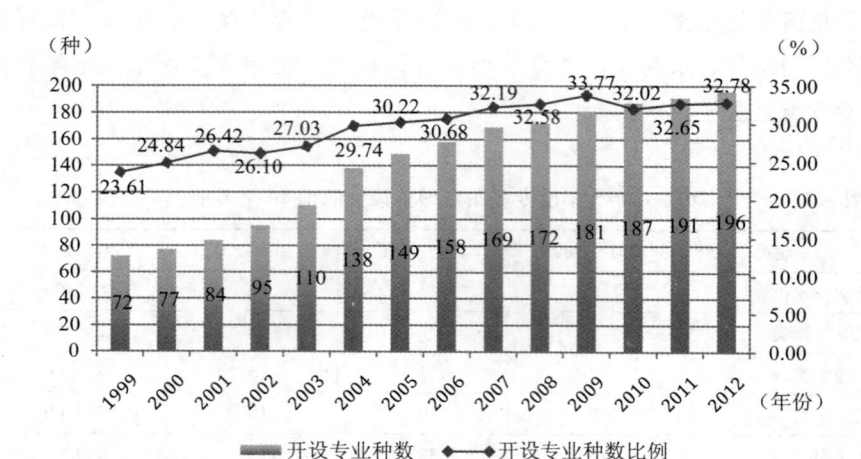

图 8.22　1999—2012 年度财经院校专业种数及其占各类别高校专业总种数的比例

最多的是会计学专业,所有财经院校都设置了该专业。其次是工商管理专业,只有 1 所学校未开设该专业。

表 8.8　　　　　1999 年度一半以上的财经院校设置的本科专业　　　单位:个,%

排序	专业	专业布点	覆盖学校比例
1	会计学	42	100.00
2	工商管理	41	97.62
3	市场营销	39	92.86
4	信息管理与信息系统	36	85.71
5	金融学	36	85.71
6	经济学	35	83.33
7	国际经济与贸易	35	83.33
8	统计学	32	76.19
9	法学	29	69.05
10	财政学	29	69.05
11	财务管理	26	61.90

2012 年度,一半以上的财经院校设置的本科专业有 18 种,分别是国际经济与贸易、英语、财务管理、市场营销、会计学、计算机科学与技术、金融学、信息管理与信息系统、工商管理、人力资源管理、物流管理、旅游管理、法学、艺术设计、电子商务、经济学、广告学和统计

学（见表 8.9）。

表 8.9　　2012 年度一半以上的财经院校设置的本科专业　　单位：个，%

排序	专业	专业布点	覆盖学校比例
1	国际经济与贸易	107	94.69
2	英语	106	93.81
3	财务管理	104	92.04
4	市场营销	103	91.15
5	会计学	101	89.38
6	计算机科学与技术	94	83.19
7	金融学	91	80.53
8	信息管理与信息系统	90	79.65
9	工商管理	87	76.99
10	人力资源管理	87	76.99
11	物流管理	83	73.45
12	旅游管理	77	68.14
13	法学	76	67.26
14	艺术设计	75	66.37
15	电子商务	69	61.06
16	经济学	66	58.41
17	广告学	60	53.10
18	统计学	58	51.33

1999—2012 年度，财经院校中一半以上的学校都设置的本科专业发生了一定的变化。1999 年度一半以上的财经院校设置的专业有 11 种，到 2012 年度一半以上的财经院校设置的本科专业共增加到 18 种。从专业的高校覆盖率看，多数经济学门类专业的覆盖率下降较大，而非经济学门类专业的覆盖率则有较大提升。

3. 较集中在财经院校设置的本科专业

1999 年度，财经院校中，专业布点占各类别高校中该专业布点总数的 50% 以上的专业共 4 种，占当年度设置专业的 4.40%，其中，占 80% 以上的专业有 1 种。

到 2012 年度，专业布点占各类别高校中该专业布点总数的 50% 以上的专业共 18 种，占当年度设置专业的 7.73%。其中，占 80% 以上的专业有 5 种，只在财经院校设置的专业共 3 种。

4. 增长的本科专业

（1）专业布点增长数量。1999—2012 年度，财经院校布点增加的本科专业有 137 种，新增专业布点 601 个。这期间，专业布点增加最多的前 10 种专业，分别是英语、物流管理、计算机科学与技术、财务管理、国际经济与贸易、人力资源管理、艺术设计、电子商务、市场营销和旅游管理，见表 8.10 所示。

表 8.10　　1999—2012 年度专业布点增加最多的前 10 种专业　　单位：个，%

专业	1999 年度	2012 年度	增加专业布点	增加比例
英语	21	107	86	409.52
物流管理	0	83	83	—
计算机科学与技术	16	94	78	487.50
财务管理	26	104	78	300.00
国际经济与贸易	35	108	73	208.57
人力资源管理	14	87	73	521.43
艺术设计	4	75	71	1775.00
电子商务	0	69	69	—
市场营销	39	103	64	164.10
旅游管理	16	78	62	387.50

（2）专业布点的增幅。1999—2012 年度，专业布点增幅 50% 以上的专业有 66 种；增长 100% 以上有 62 种。这期间专业增幅最大的前 10 种专业，分别是汉语言文学、新闻学、保险、公共事业管理、艺术设计、日语、信息与计算科学、土地资源管理、广播电视新闻学和资源环境与城乡规划管理（见表 8.11）。其中汉语言文学专业增加的比例最高，增长的比例达 4600%。

表 8.11　　1999—2012 年度专业布点增幅最大的前 10 种专业　　单位：个，%

专业	1999 年度	2012 年度	增加专业布点	增加比例
汉语言文学	1	47	46	4600.00
新闻学	1	45	44	4400.00

续表

专业	1999 年度	2012 年度	增加专业布点	增加比例
保险	2	55	53	2650.00
公共事业管理	2	48	46	2300.00
艺术设计	4	75	71	1775.00
日语	3	51	48	1600.00
信息与计算科学	2	34	32	1600.00
土地资源管理	1	16	15	1500.00
广播电视新闻学	1	15	14	1400.00
资源环境与城乡规划管理	1	15	14	1400.00

（3）新设的本科专业。1999—2012 年度，财经院校共新设置的本科专业 124 种，占 2012 年度财经院校所设置专业种数的 63.27%。

5. 布点减少或撤销的本科专业

1999—2012 年度，财经院校没有减少或撤销的本科专业。

（二）2013—2018 年度财经院校的专业布点

1. 财经院校设置的本科专业种数

2013—2018 年度，财经院校专业种数增加较快，其占各类别高校专业总种数的比重则有一定起伏，见图 8.23 所示。

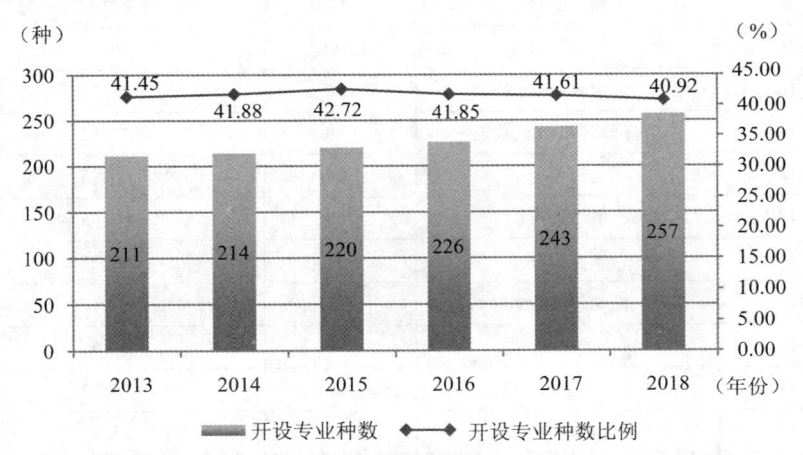

图 8.23 2013—2018 年度财经院校专业种数及其占各类别高校专业总种数的比例

2013年度，财经院校设置的专业共211种，占当年度各类别高校专业总种数比重的41.45%。2018年度，设置的专业共257种，其占当年度各类别高校专业总种数比重的40.92%。与2012年度相比，2013—2018年度财经院校专业种数占当年度各类别高校专业总种数的比例有较大提高。2012年度以前，该比例都在35%及以下，从2013年度开始该比例有了很大提升。这表明财经院校专业发展越来越多样化。

2. 财经院校较集中设置的本科专业

2013年度，一半以上的财经院校设置的本科专业有19种，见表8.12所示。其中布点最多的国际经济与贸易和财务管理专业，这两种专业的学校覆盖率都在90%以上。

表8.12　　　2013年度一半以上的财经院校设置的本科专业　　　单位:%

排序	专业	专业布点	覆盖学校比例
1	国际经济与贸易	109	92.37
2	财务管理	107	90.68
3	英语	104	88.14
4	会计学	104	88.14
5	市场营销	103	87.29
6	金融学	93	78.81
7	计算机科学与技术	93	78.81
8	物流管理	92	77.97
9	工商管理	90	76.27
10	人力资源管理	90	76.27
11	信息管理与信息系统	89	75.42
12	法学	79	66.95
13	电子商务	79	66.95
14	旅游管理	77	65.25
15	视觉传达设计	71	60.17
16	经济学	68	57.63
17	环境设计	66	55.93
18	审计学	63	53.39
19	广告学	61	51.69

到 2018 年度，一半以上的财经院校设置的本科专业增加到 22 种，见表 8.13 所示。其中布点最多的财务管理、国际经济与贸易和会计学专业布点的学校覆盖率都在 90% 以上，且比 2013 年度有所增加。

表 8.13　　2018 年度一半以上的财经院校设置的本科专业　　单位：%；个

排序	专业	专业布点	覆盖学校比例
1	财务管理	116	93.55
2	国际经济与贸易	113	91.13
3	会计学	112	90.32
4	市场营销	109	87.90
5	英语	106	85.48
6	物流管理	106	85.48
7	电子商务	103	83.06
8	人力资源管理	97	78.23
9	金融学	95	76.61
10	计算机科学与技术	93	75.00
11	工商管理	92	74.19
12	信息管理与信息系统	88	70.97
13	审计学	85	68.55
14	旅游管理	80	64.52
15	视觉传达设计	80	64.52
16	法学	79	63.71
17	环境设计	73	58.87
18	商务英语	72	58.06
19	经济学	69	55.65
20	保险学	68	54.84
21	投资学	65	52.42
22	工程管理	62	50.00

3. 较集中在财经院校设置的本科专业

2013 年度，财经院校中，专业布点占各类别高校中该专业布点总数的 50% 以上的专业共 12 种。其中，占 80% 以上的专业有海关管理专业 1 种，该专业也只在财经院校设置。

到 2018 年度，专业布点占各类别高校中该专业布点总数的 50% 以上的专业增加到 17 种。其中，占 80% 以上的专业有 8 种，只在财经院校设置的专业有 7 种。这表明财经院校专业设置的特殊性较小。

4. 增长的本科专业

（1）专业布点增长数量。2013—2018 年度，财经院校布点增加的本科专业有 172 种，共增加了 962 个布点。这期间，专业布点增加最多的前 10 种专业，分别是数据科学与大数据技术、商务英语、物联网工程、工程造价、投资学、国际商务、金融工程、电子商务、网络与新媒体和酒店管理，见表 8.14 所示。数据科学与大数据技术专业布点增加最多，共增加 42 个，该专业是这期间新设置的本科专业。

表 8.14　2013—2018 年度专业布点增加最多的前 10 种专业　单位：个,%

专业	2013 年度	2018 年度	增加专业布点	增加比例
数据科学与大数据技术	0	42	42	—
商务英语	38	72	34	89.47
物联网工程	14	47	33	235.71
工程造价	13	44	31	238.46
投资学	36	65	29	80.56
国际商务	28	55	27	96.43
金融工程	35	61	26	74.29
电子商务	79	103	24	30.38
网络与新媒体	3	26	23	766.67
酒店管理	27	50	23	85.19

（2）专业布点的增幅。2013—2018 年度，专业布点增幅 50% 以上的专业有 67 种；增长 100% 以上有 35 种。这期间专业增幅最大的前 10 种专业，分别是网络与新媒体、休闲体育、采购管理、经济与金融、风景园林、护理学、质量管理工程、摄影、工程造价和物联网工程，见表 8.15 所示。其中网络与新媒体专业增加的比例最高，增加的比例是 766.67%。

（3）新设的本科专业。2013—2018 年度，财经院校不断增设新专业，在这期间新设置的专业共 46 种，占 2018 年度财经院校本科专业总种数的 17.90%。

表 8.15　　2013—2018 年度专业布点增幅最大的前 10 种专业　　单位：个，%

专业	2013 年度	2018 年度	增加专业布点	增加比例
网络与新媒体	3	26	23	766.67
休闲体育	1	5	4	400.00
采购管理	1	5	4	400.00
经济与金融	2	8	6	300.00
风景园林	2	7	5	250.00
护理学	2	7	5	250.00
质量管理工程	2	7	5	250.00
摄影	2	7	5	250.00
工程造价	13	44	31	238.46
物联网工程	14	47	33	235.71

5. 布点减少或撤销的本科专业

2013—2018 年度，财经院校专业布点减少的专业共有 16 种，其中信息与计算科学专业减少两个布点，其余 15 种专业各减少一个布点。

第九章

政法院校本科专业设置发展

一 政法院校专业设置基本状况

1999—2018 年度，政法院校本科专业有较大发展，见图 9.1 和图 9.2 所示。

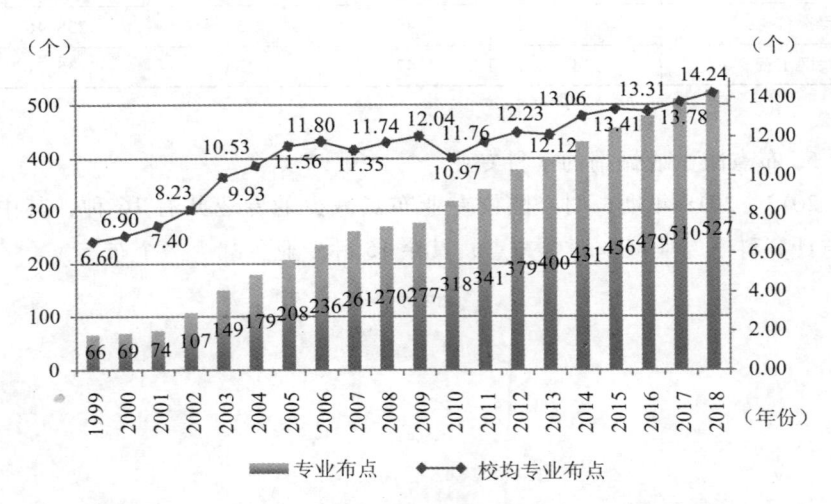

图 9.1 1999—2018 年度政法院校专业布点与校均专业布点

见图 9.1 所示，1999 年度，政法院校本科专业布点 66 个；2018 年度增加到 527 个，是 1999 年度专业布点的 7.98 倍。2003 年度专业布点增加最多，共增加了 42 个。1999 年度，政法院校校均本科专业 6.60 个；2018 年度增加到 14.24 个，校均专业设置规模增加 7.64 个。

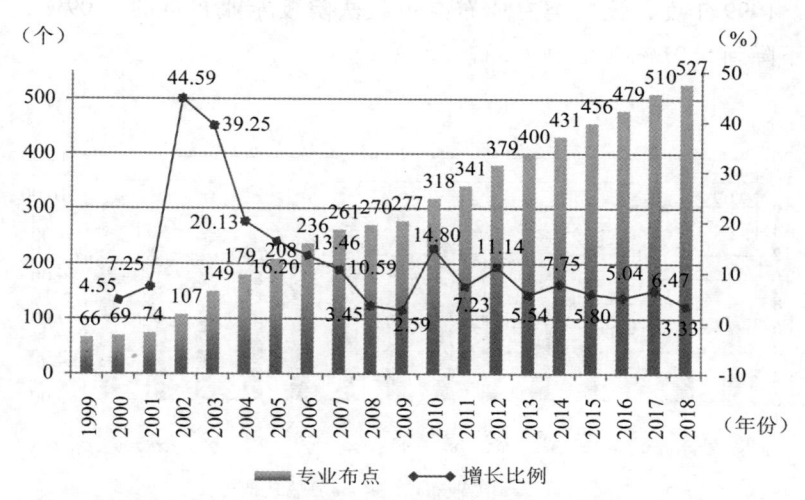

图 9.2 1999—2018 年度政法院校专业布点与专业布点增长趋势

见图 9.2 所示，1999—2018 年度，政法院校专业布点一直保持较快增长。这期间，政法院校本科专业布点年均增长 24.26 个，年增长率 11.55%。然而，不同年度增长速度则有起伏，2002 年度专业布点增幅高达 44.59%。从 2013 年度开始，专业布点增速开始逐渐平缓。

二 政法院校分门类的专业发展

（一）1999—2012 年度政法院校分门类的专业发展状况

1999—2012 年度，政法院校的专业布点覆盖当时多数门类。各门类专业有不同程度增加，各门类专业发展呈不平衡状态（见图 9.3—图 9.8）。

1. 哲学门类专业的发展

1999—2001 年度，政法院校未开设哲学门类专业。直到 2002 年度政法院校哲学类专业布点才有 2 个；2012 年度增加到 3 个，其占政法院校专业布点比重的 0.79%。

2. 经济学门类专业的发展

1999 年度，经济学门类专业布点 6 个；2012 年度增加到 19 个。这期间，经济学门类专业布点增加了 13 个，其占政法院校专业布点比重却下降较大。1999 年度，该门类专业布点占政法院校专业布点的 9.09%，2012 年度下降到 5.01%（见图 9.3）。

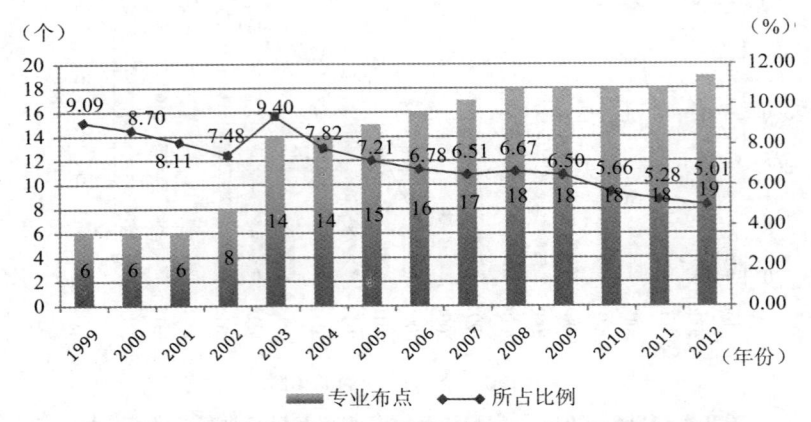

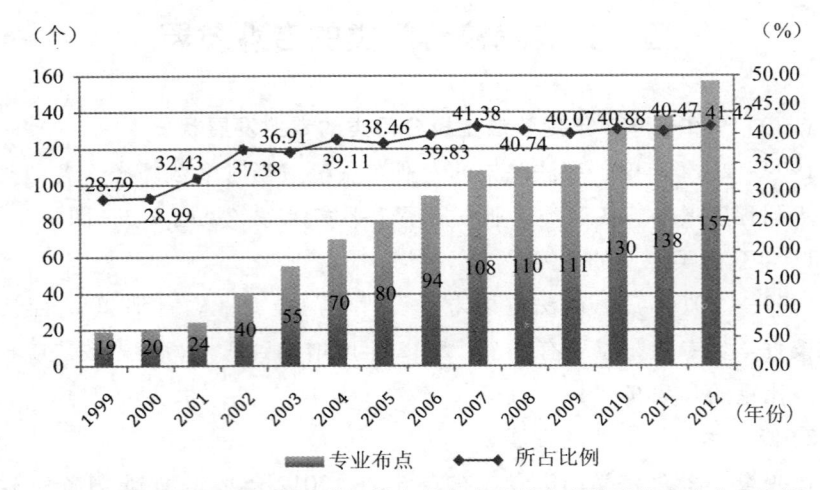

图 9.3　1999—2012 年度经济学门类专业布点及其占政法院校专业布点比例

3. 法学门类专业的发展

1999 年度，法学门类专业布点 19 个；2012 年度增加到 157 个。这期间，法学门类专业布点增加了 138 个，其占政法院校专业布点比重大幅提升。1999 年度，该门类专业布点占政法院校专业布点的 28.79%；2012 年度上升到 41.42%（见图 9.4）。

图 9.4　1999—2012 年度法学门类专业布点及其占政法院校专业布点比例

4. 教育学门类专业的发展

1999—2002年度，教育学门类专业布点1个；2003—2011年度，专业布点有2个；2012年度增加到5个。

5. 文学门类专业的发展

1999年度，文学门类专业布点16个；2012年度增加到54个。这期间，文学门类专业布点增加了38个，其占政法院校专业布点比例却大幅下降。1999年度，该门类专业布点占政法院校专业布点的24.24%。2012年度下降到14.25%（见图9.5）。

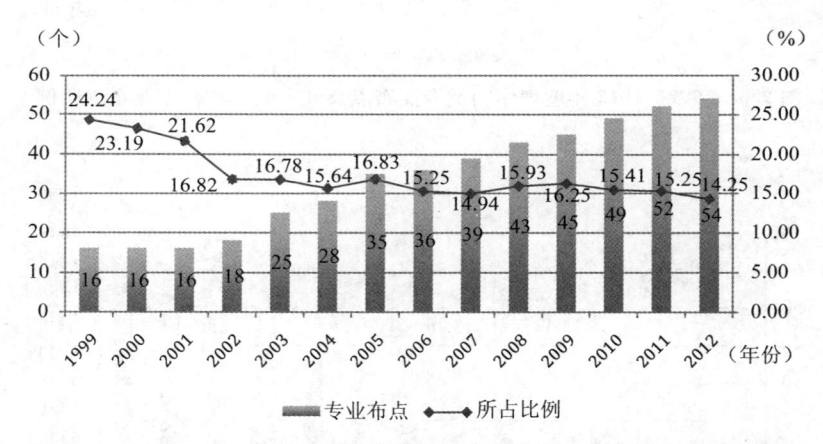

图9.5　1999—2012年度文学门类专业布点及其占政法院校专业布点比例

6. 历史学门类专业的发展

1999—2012年度政法院校未开设历史学门类专业。

7. 理学门类专业的发展

1999—2001年度，政法院校未开设理学门类专业，直到2002年度才有2所政法院校设置了理学门类专业。2012年度，理学门类专业布点增加到13个，其占政法院校专业布点比例的3.43%（见图9.6）。

8. 工学门类专业的发展

1999年度，工学门类专业布点10个；2012年度增加到62个。这期间，工学门类专业布点增加了52个，其占政法院校专业布点比例有所增加。1999年度，该门类专业布点占政法院校专业布点的15.15%，2012年度上升到 16.36%（见图 9.7）。

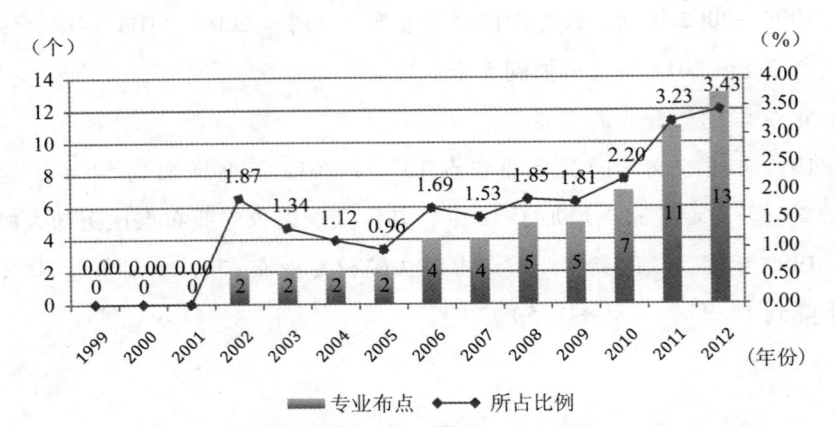

图 9.6　1999—2012 年度理学门类专业布点及其占政法院校专业布点比例

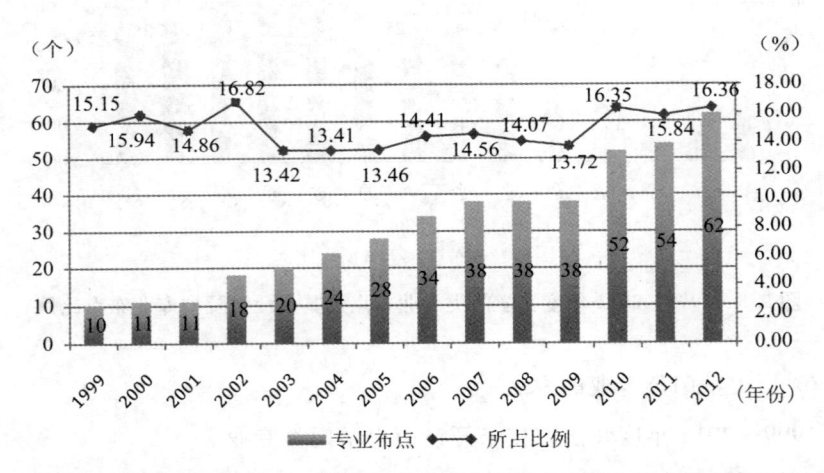

图 9.7　1999—2012 年度工学门类专业布点及其占政法院校专业布点比例

9. 农学门类专业的发展

1999—2012 年度，政法院校未开设农学门类专业。

10. 医学门类专业的发展

1999—2012 年度，政法院校农学门类专业布点只有 1 个。

11. 管理学门类专业的发展

1999 年度，管理学门类专业布点 13 个；2012 年度增加到 65 个。这期间，工学门类专业布点增加了 52 个，其占政法院校专业布点比例却有所下降。1999 年度，该门类专业布点占政法院校专业布点的 19.70%。2012 年度下降到 17.15%，见图 9.8 所示。

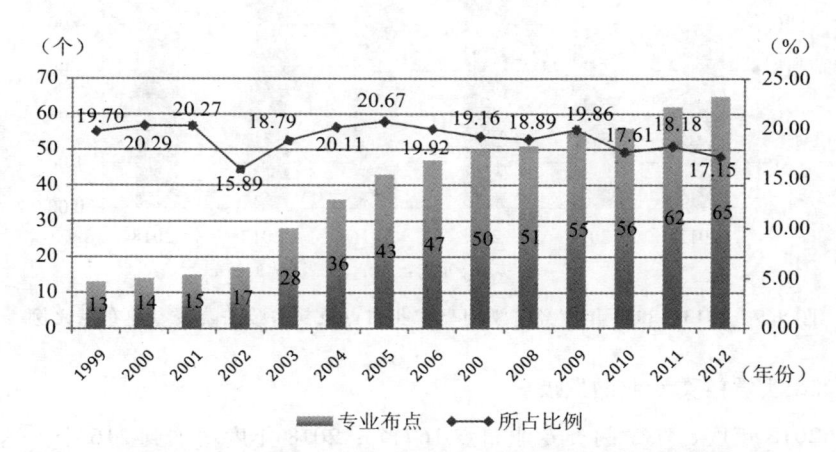

图 9.8 1999—2012 年度管理学门类专业布点及其占政法院校专业布点比例

1999—2012 年度，除农学和历史学门类外，其余各门类专业有了一定发展。发展最快的是法学门类，这期间共增长专业布点 138 个，占总增加布点的 66.35%。政法院校的"法学"性表现较明显。

（二）2013—2018 年度政法院校分门类的专业发展状况

2013—2018 年度，政法院校专业布点覆盖了除历史学和农学外的其他十大门类。这期间，与前一阶段类似，各门类专业发展仍呈不平衡状态（见图 9.9—图 9.14）。

1. 哲学门类专业的发展

2013—2018 年度，政法院校哲学门类专业布点一直保持着 3 个。

2. 经济学门类专业的发展

2013 年度，经济学门类专业布点 20 个；2018 年度增加到 28 个。这期间，经济学门类专业布点仅增加 8 个，其占政法院校专业布点比重略有上升。2013 年度，该门类专业布点占政法院校专业布点的 5.00%；2018 年度上升到 5.31%（见图 9.9）。

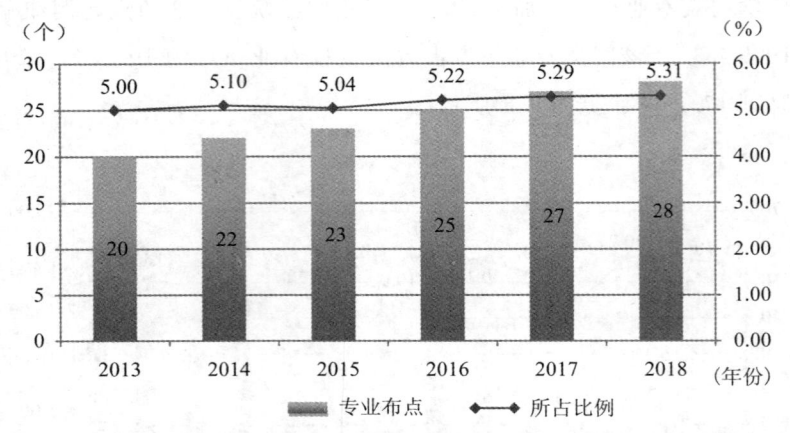

图 9.9　2013—2018 年度经济学门类专业布点及其占政法院校专业布点比例

3. 法学门类专业的发展

2013 年度，法学门类专业布点 167 个；2018 年度增加到 216 个。这期间，法学门类专业布点增加 49 个，其占政法院校专业布点比重则略有下降。2013 年度，该门类专业布点占政法院校专业布点的 41.75%；2018 年度下降到 40.99%（见图 9.10）。

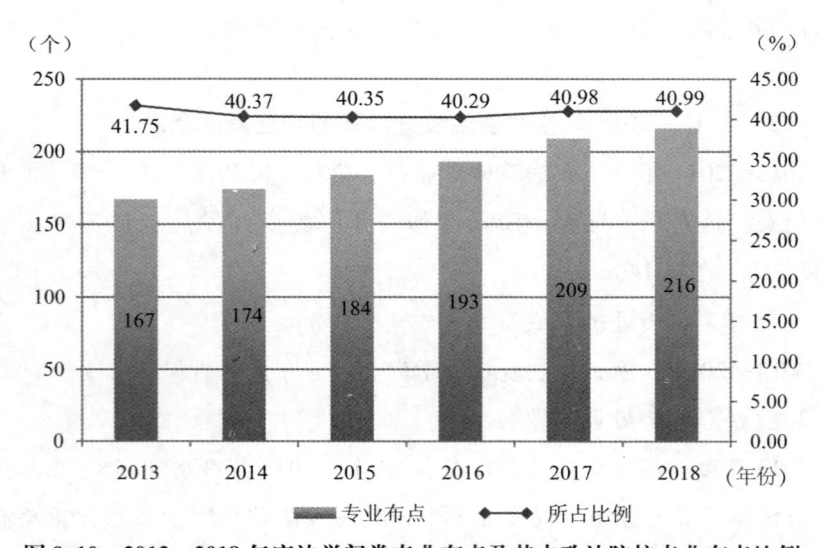

图 9.10　2013—2018 年度法学门类专业布点及其占政法院校专业布点比例

4. 教育学门类专业的发展

2013—2018 年度，政法院校教育学门类专业布点一直保持着 3 个。

5. 文学门类专业的发展

2013 年度，文学门类专业布点 47 个；2018 年度增加到 59 个。这期间，文学门类专业布点增加了 12 个，其占政法院校专业布点比重则略有下降。2013 年度，该门类专业布点占政法院校专业布点的 11.75%；2018 年度下降到 11.20%（见图 9.11）。

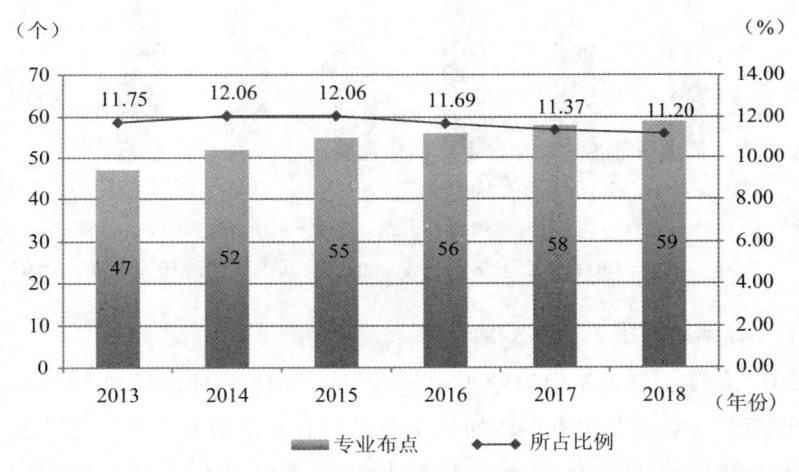

图 9.11　2013—2018 年度文学门类专业布点及其占政法院校专业布点比例

6. 历史学门类专业的发展

2013—2018 年度，政法院校未开设历史学门类专业。

7. 理学门类专业的发展

2013 年度，理学门类专业布点有 6 个；2014 年度增加到 7 个；2015—2018 年度一直保持着 8 个。

8. 工学门类专业的发展

2013 年度，工学门类专业布点 75 个；2018 年度增加到 119 个。这期间，工学门类专业布点增加了 44 个，其占政法院校专业布点比重有较大增长。2013 年度，该门类专业布点占政法院校专业布点的 18.75%；2018 年度上升到 22.58%（见图 9.12）。

9. 农学门类专业的发展

2013—2018 年度，政法院校未开设农学门类专业。

10. 医学门类专业的发展

2013—2018 年度，政法院校教育学门类专业布点一直保持着 1 个。

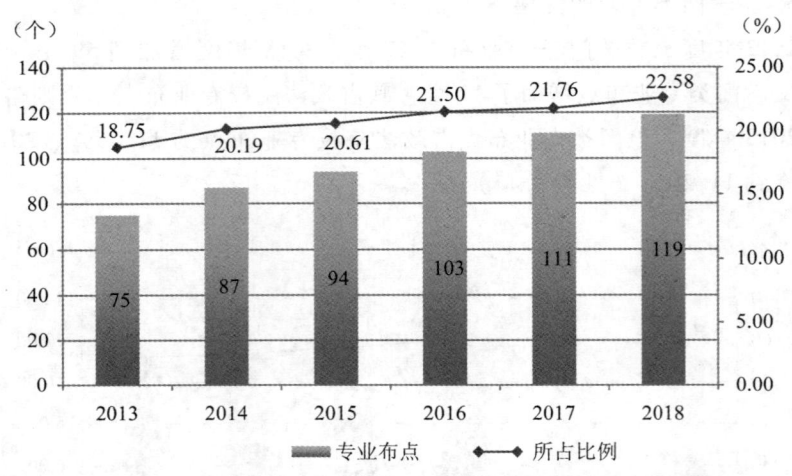

图 9.12　2013—2018 年度工学门类专业布点及其占政法院校专业布点比例

11. 管理学门类专业的发展

2013 年度，管理学门类专业布点 70 个；2018 年度增加到 79 个。这期间，管理学门类专业布点仅增加了 9 个，但其政法院校占专业布点比重下降较大。2013 年度，该门类专业布点占政法院校专业布点的 17.50%；2018 年度下降到 14.99%（见图 9.13）。

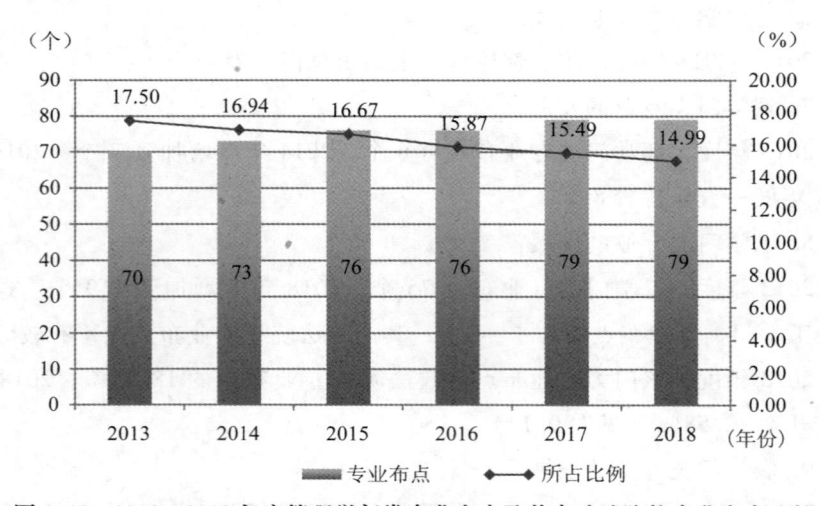

图 9.13　2013—2018 年度管理学门类专业布点及其占政法院校专业布点比例

12. 艺术学门类专业的发展

2013年度，艺术学门类专业布点8个；2018年度增加到11个。这期间，艺术学门类专业布点仅增加3个，其占政法院校专业布点比重略有增加。2013年度，该门类专业布点占政法院校专业布点的2.00%；2018年度上升到2.09%（见图9.14）。

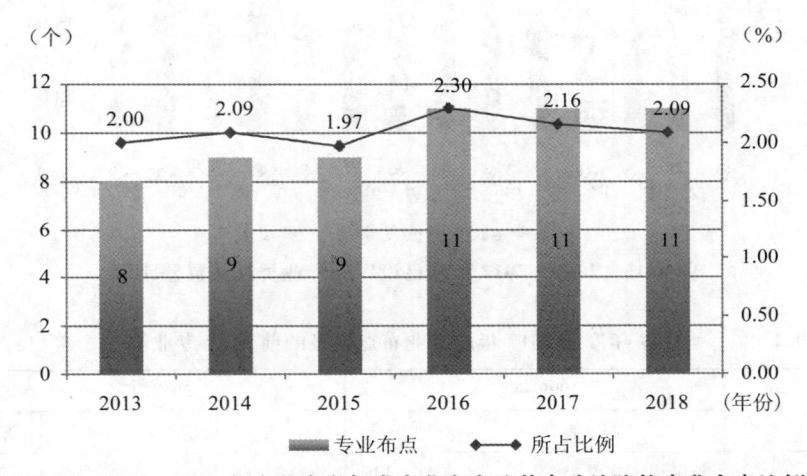

图9.14 2013—2018年度艺术学门类专业布点及其占政法院校专业布点比例

2013—2018年度，各门类专业所占比重变化并不明显。专业布点最多的门类仍然是法学门类，政法院校特色较为明显。

三 政法院校分专业类的专业发展

（一）1999—2012年度政法院校分专业类专业布点

1. 1999—2012年度政法院校各专业类专业布点基本状况

1999—2012年度，政法院校本科专业所覆盖的专业类的逐渐增多，覆盖率从1999年度的20.55%上升到2012年度的34.25%（见图9.15）。

2. 1999—2012年度政法院校专业布点最多的专业类

2012年度，布点最多的前10个专业类，分别是公安学类、公安技术类、公共管理类、法学类、工商管理类、外国语言文学类、电气信息类、经济学类、政治学类和新闻传播学类，见表9.1所示。其中公安类的专业布点最多，共有92个。

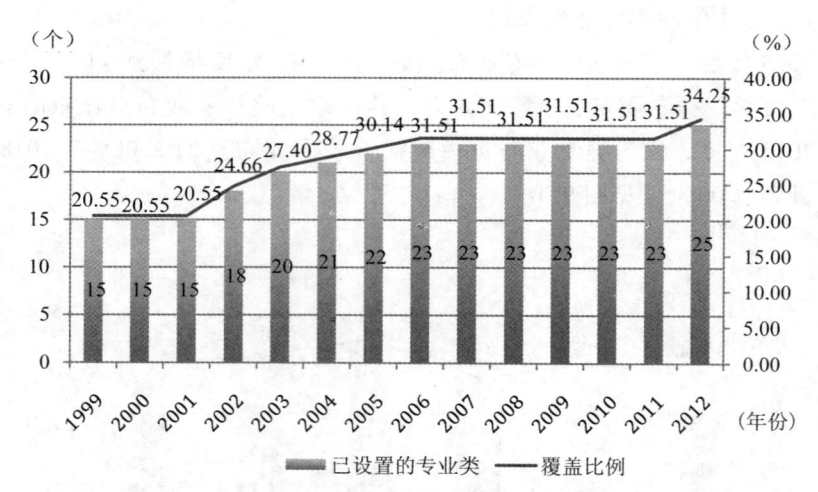

图 9.15　1999—2012 年度已设置的专业类及其覆盖比例

表 9.1　　1999 年度和 2012 年度专业布点最多的前 10 个专业类　　单位：个

排序	1999 年度 专业类	布点	2012 年度 专业类	布点
1	外国语言文学类	12	公安学类	92
2	法学类	7	公安技术类	36
3	公安学类	7	公共管理类	34
4	公共管理类	7	法学类	31
5	经济学类	6	工商管理类	24
6	工商管理类	6	外国语言文学类	23
7	公安技术类	5	电气信息类	20
8	政治学类	4	经济学类	19
9	电气信息类	4	政治学类	19
10	新闻传播学类	3	新闻传播学类	17

3. 1999—2012 年度占各类别高校总专业布点比重一半以上的专业类

1999—2012 年度，政法院校中，专业类的专业布点占该专业类在各类别高校中的总布点比重达一半的专业类只有 2 个，分别是公安学类和公安技术类。1999 年度公安类和公安技术类专业布点比例分别是 53.85%、83.33%；2012 年度公安类和公安技术类专业布点比例分别是 91.09%、

73.47%。这表明政法院校的专业还保持着一定的独特性。

4. 1999—2012 年度政法院校专业布点增加最多的专业类

1999—2012 年度，专业布点增加最多的前 10 个专业类，分别是公安学类、公安技术类、公共管理类、法学类、工商管理类、电气信息类、政治学类、新闻传播学类、社会学类和经济学类（见表9.2）。增加最多的专业类与布点最多的专业类相类似。这期间布点更多的专业类，其增加的布点也更多。这也表明专业发展在专业类层面趋于稳定。

表 9.2　　　　1999—2012 年度专业布点增加最多的前 10 个专业类　　单位：个,%

专业类	1999 年度	2012 年度	增加专业布点	增加比例
公安学类	7	92	85	1214.29
公安技术类	5	36	31	620.00
公共管理类	7	34	27	385.71
法学类	7	31	24	342.86
工商管理类	6	24	18	300.00
电气信息类	4	20	16	400.00
政治学类	4	19	15	375.00
新闻传播学类	3	17	14	466.67
社会学类	1	15	14	1400.00
经济学类	6	19	13	216.67

5. 1999—2012 年度政法院校专业布点增幅最大的专业类

1999—2012 年度，专业布点增幅最大的前 10 个专业类，分别是社会学类、公安学类、中国语言文学类、公安技术类、新闻传播学类、电气信息类、公共管理类、政治学类、法学类、工商管理类（见表9.3）。除了政法院校传统的公安学类、公安技术类、政法学类和法学类专业外，其他专业类也有较大增长，这表明政法院校专业设置开始向多样化发展。

表 9.3　　　　1999—2012 年度专业布点增幅最大的前 10 个专业类　　单位：个,%

专业类	1999 年度	2012 年度	增加专业布点	增加比例
社会学类	1	15	14	1400.00
公安学类	7	92	85	1214.29

续表

专业类	1999 年度	2012 年度	增加专业布点	增加比例
中国语言文学类	1	10	9	900.00
公安技术类	5	36	31	620.00
新闻传播学类	3	17	14	466.67
电气信息类	4	20	16	400.00
公共管理类	7	34	27	385.71
政治学类	4	19	15	375.00
法学类	7	31	24	342.86
工商管理类	6	24	18	300.00

（二）2013—2018 年度政法院校分专业类专业布点

1. 2013—2018 年度政法院校各专业类专业布点基本状况

2013—2018 年度，政法院校设置的本科专业覆盖的专业类变化较小，且相对集中（见图 9.16）。

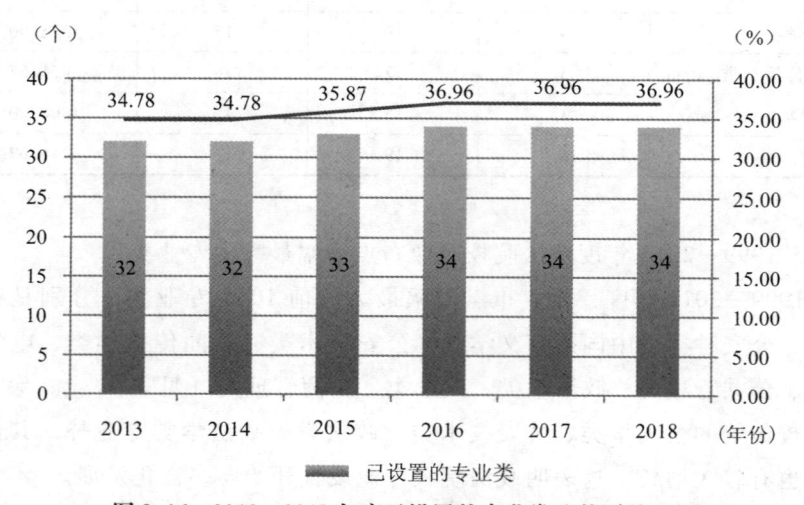

图 9.16 2013—2018 年度已设置的专业类及其覆盖比例

2. 2013—2018 年度政法院校专业布点最多的专业类

2013—2018 年度，专业布点最多的前 10 个专业类，分别是公安学类、公安技术类、法学类、公共管理类、工商管理类、外国语言文学类、计算机类、新闻传播学类、社会学类和政治学类（见表9.4）。这期间，布点最多的前三个专业类都是"政法"特色专业，特别是公安学类仍然是布点最多的专业类，2018年度共有布点140个。

表9.4　　　　2013—2018年度专业布点最多的前10个专业类　　　单位：个

专业类	2013年度	2014年度	2015年度	2016年度	2017年度	2018年度
公安学类	102	107	116	123	136	140
公安技术类	47	58	64	72	80	85
法学类	33	35	35	36	37	39
公共管理类	33	33	34	34	35	35
工商管理类	28	29	30	30	31	31
外国语言文学类	20	23	25	25	25	25
计算机类	19	20	21	22	22	25
新闻传播学类	17	19	19	20	21	22
社会学类	15	15	16	17	18	19
政治学类	12	12	12	12	13	13

3. 2013—2018年度占各类别高校总专业布点比重一半以上的专业类

与1999—2012年度相同，2013—2018年度政法院校中，专业类的专业布点占该专业类在各类别高校中的总布点比重达一半的专业类只有2个，分别是公安学类和公安技术类。2013年度，公安类和公安技术类专业布点所占比例分别是91.89%、78.33%；2018年度，公安类和公安技术类专业布点所占比例分别是93.96%、84.16%。这表明政法院校的专业还保持着一定的独特性。

4. 2013—2018年度政法院校专业布点增加的专业类

2013—2018年度，政法院校中有22个专业类的专业布点有所增加，专业布点增加最多的前13个专业类①（见表9.5）。公安学类和公安技术类依然是布点增加最多的专业类，其他类专业布点略有增加。这表明政法院

---

① 排在第9位的有四个专业类。

校专业设置仍具较大特殊性。

5. 2013—2018 年度政法院校专业布点增幅最大的专业类

2013—2018 年度，增加比例最大的是金融学类，其增加的比例是 200%。其余各专业类专业布点的增幅都较小。

表 9.5　　2013—2018 年度专业布点增加最多的前 13 个专业类　　单位：个，%

专业类	2013 年度	2018 年度	增加专业布点	增加比例
公安学类	102	140	38	37.25
公安技术类	47	85	38	80.85
法学类	33	39	6	18.18
计算机类	19	25	6	31.58
金融学类	3	9	6	200.00
外国语言文学类	20	25	5	25.00
新闻传播学类	17	22	5	29.41
社会学类	15	19	4	26.67
工商管理类	28	31	3	10.71
公共管理类	33	35	2	6.06
中国语言文学类	10	12	2	20.00
管理科学与工程类	7	9	2	28.57
戏剧与影视学类	3	5	2	66.67

四　政法院校专业布点的状况

（一）1999—2012 年度政法院校的专业布点

1. 政法院校设置的本科专业种数

1999—2012 年度，政法院校设置的专业种数逐年增加，见图 9.17 所示。

1999 年度，政法院校设置的专业共 32 种，占当年度各类别高校专业总种数比重的 10.49%。到 2012 年度设置的专业种数 87 种，占当年度各类别高校专业总种数比重的 14.55%。这表明政法院校设置的专业越来越全面，有更强的综合性。

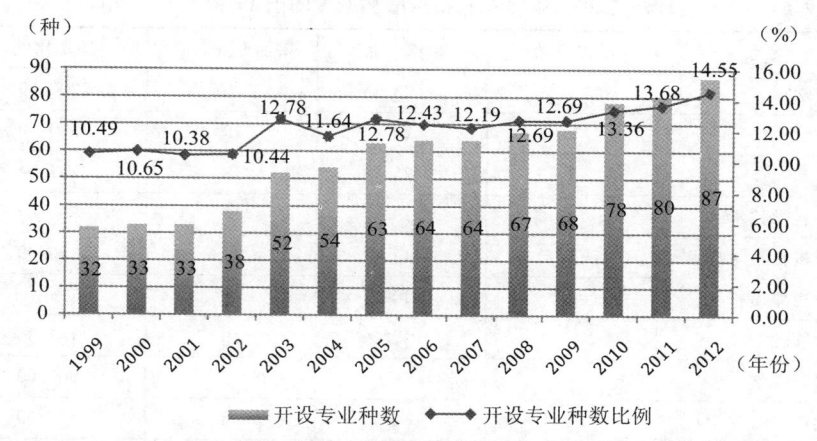

图 9.17　1999—2012 年度政法院校专业种数及其占各类别高校专业总种数的比例

2. 政法院校较集中设置的本科专业

1999 年度，一半以上的政法院校设置的本科专业法学、行政管理学、英语和侦查学 4 种。

到 2012 年度一半以上的政法院校设置的本科专业增加到 5 种，依次是：法学、侦查学、治安学、刑事科学技术和行政管理学。

3. 较集中在政法院校设置的本科专业

1999 年度，政法院校中，专业布点占各类别高校中该专业布点总数的 50% 以上的专业共 7 种。其中，占 80% 以上的专业有 5 种，只在政法院校设置的专业有 4 种。

到 2012 年度，专业布点占各类别高校中该专业布点总数的 50% 以上的专业保持 23 种。其中，占 80% 以上的专业有 21 种，只在政法院校设置的专业有 18 种。这表明政法院校专业设置具有一定的特殊性。

4. 增长的本科专业

（1）专业布点增长数量。1999—2012 年度，政法院校布点增加的本科专业有 83 种，新增专业布点 313 个。这期间，专业布点增加最多的前 11 种专业[①]，分别是治安学、侦查学、法学、刑事科学技术、计算机科学与技术、经济犯罪侦查、行政管理、汉语言文学、政治学与行政学、信息安全、公共事业管理（见表 9.6）。

---

① 排在第 8 位的有三种专业。

表 9.6　　　　1999—2012 年度专业布点增加最多的前 11 种专业　　　单位：个,%

专业	1999 年度	2012 年度	增加专业布点	增加比例
治安学	1	23	22	2200.00
侦查学	5	24	19	380.00
法学	7	25	18	257.14
刑事科学技术	2	19	17	850.00
计算机科学与技术	1	12	11	1100.00
经济犯罪侦查	0	10	10	—
行政管理	7	17	10	142.86
汉语言文学	1	10	9	900.00
政治学与行政学	1	9	8	800.00
信息安全	0	8	8	—
公共事业管理	0	8	8	—

（2）专业布点的增幅。1999—2012 年度，专业布点增幅 50% 以上的专业有 28 种；增长 100% 以上有 26 种。这期间专业增幅最大的前 10 种专业，分别是治安学、计算机科学与技术、汉语言文学、刑事科学技术、政治学与行政学、社会工作、交通管理工程、边防管理、侦查学和国际经济与贸易（见表 9.7）。其中治安学专业增加的比例最高，增长的比例达 2200.00%。

表 9.7　　　　1999—2012 年度专业布点增幅最大的前 10 种专业　　　单位：个,%

专业	1999 年度	2012 年度	增加专业布点	增加比例
治安学	1	23	22	2200.00
计算机科学与技术	1	12	11	1100.00
汉语言文学	1	10	9	900.00
刑事科学技术	2	19	17	850.00
政治学与行政学	1	9	8	800.00
社会工作	1	8	7	700.00
交通管理工程	1	7	6	600.00
边防管理	1	5	4	400.00
侦查学	5	24	19	380.00
国际经济与贸易	2	9	7	350.00

（3）新设的本科专业。1999—2012 年度，政法院校共新设置的本科专业 55 种，占 2012 年度政法院校所设置专业种数的 63.22%。

5. 布点减少或撤销的本科专业

1999—2012 年度，政法院校没有布点减少的专业。

（二）2013—2018 年度政法院校的专业布点

1. 政法院校设置的本科专业种数

2013—2018 年度，政法院校设置的专业种数逐年增加，各年度专业种数占各类别高校专业总种数的比重则有起伏（见图 9.18）。

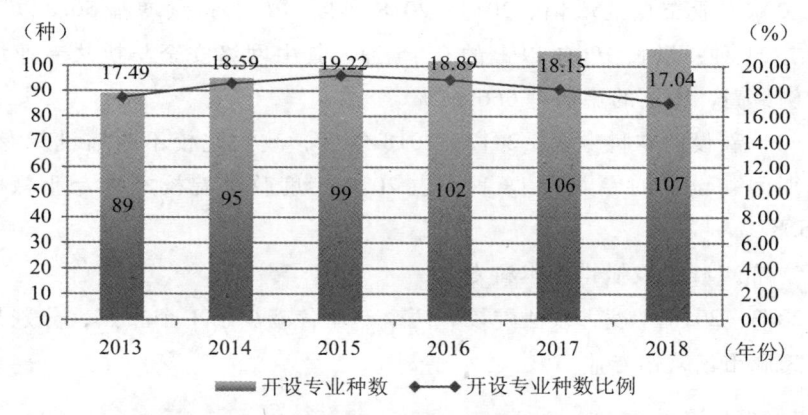

图 9.18　2013—2018 年度政法院校专业种数及其占各类别高校专业总种数的比例

2013 年度，政法院校设置的专业共 89 种，占当年度各类别高校专业总种数比重的 17.49%。2018 年度，设置的专业共 107 种，占当年度各类别高校专业总种数比重的 17.04%。这表明政法院校的专业设置相对集中。

2. 政法院校较集中设置的本科专业

2013—2018 年度，一半以上的政法院校都设置的本科专业有 5 种，依次是侦查学、法学、治安学、刑事科学技术和行政管理学。这些专业都具有较强的"政法"特色。

3. 较集中在政法院校设置的本科专业

2013 年度，政法院校专业布点占各类别高校中该专业布点总数的 50% 以上的专业共 24 种。其中，政法院校布点占 80% 以上的专业有 23 种，只有政法院校设置的专业有 20 种。到 2018 年度，专业布点占各类别高校中该专业布点总数的 50% 以上的专业保持 29 种。其中，政法院校布点占 80% 以上的专业有 28 种，只有政法院校设置的专业有 26 种。这表明政法院校专业设置具有一定的特殊性。

4. 增长的本科专业

（1）专业布点增长数量。2013—2018 年度，政法院校布点增加的本科专业有 53 种，共增加了 129 个布点。这期间各专业的布点增长都较少，布点增长 5 个及以上的专业只有 8 种，分别是网络安全与执法、交通管理工程、公安管理学、警务指挥与战术、治安学、禁毒学、刑事科学技术和监狱学。其中布点增加最多的是网络安全与执法专业，共增加了 20 个布点。

（2）专业布点的增幅。2013—2018 年度，专业布点增幅 50% 以上的专业有 21 种；增长 100% 以上的有 15 种。其中网络安全与执法专业增加的比例最高，增加的比例是 666.67%。

（3）新设的本科专业。2013—2018 年度，政法院校不断增设新专业，在这期间新设置的专业共 18 种，占 2018 年度政法院校本科专业总种数的 16.82%。

5. 布点减少或撤销的本科专业

2013—2018 年度，政法院校有两个专业各减少了 1 个布点，分别是边防管理和市场营销专业。

第十章

体育院校本科专业设置发展

一 体育院校专业设置基本状况

1999—2018年度，体育院校本科专业有很大发展（见图10.1和图10.2）。

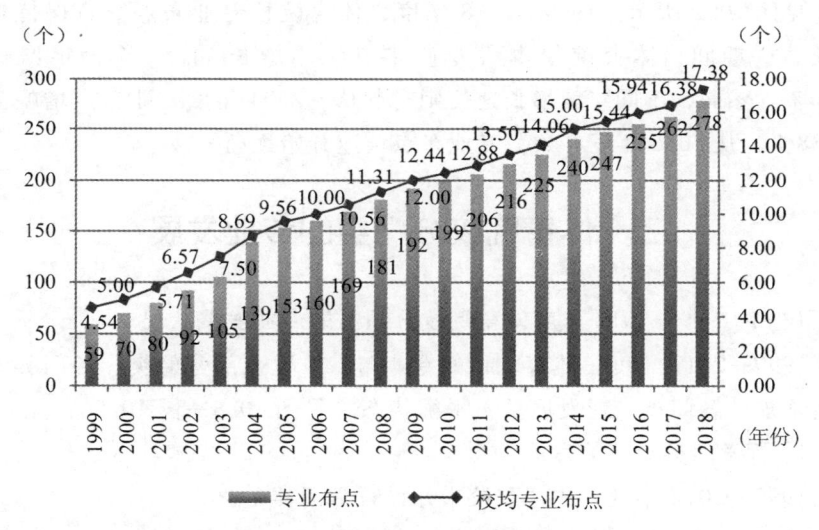

图10.1 1999—2018年度体育院校专业布点与校均专业布点

见图10.1所示，1999年度，体育院校本科专业布点59个；2018年度增加到278个，是1999年度专业布点的4.71倍。2004年度专业布点增加最多，共增加了34个。1999年度，体育院校校均本科专业4.54个；2018年度增加到17.38个，校均专业设置规模增加12.84个。

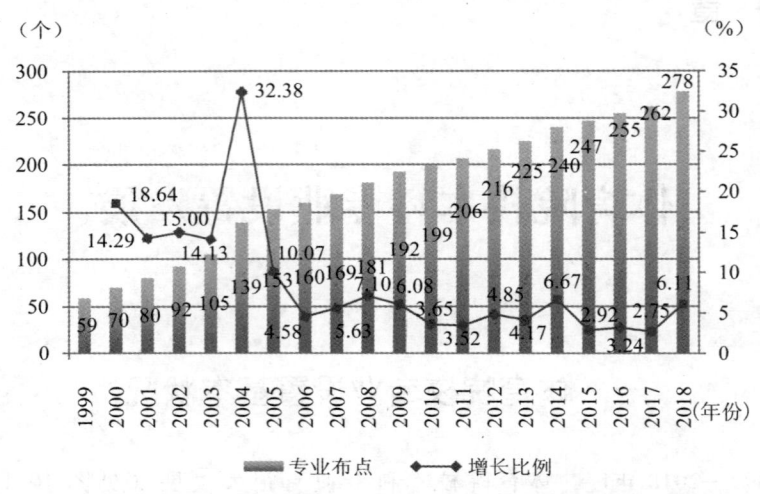

图 10.2　1999—2018 年度体育院校专业布点与专业布点增长趋势

见图 10.2 所示，1999—2018 年度，体育院校专业布点一直保持较快增长。这期间，体育院校本科专业布点年均增长 11.53 个，年增长率 8.50%。然而，不同年度增长速度则有起伏，2004 年度专业布点增幅高达 32.38%。从 2006 年度开始，专业布点增速开始逐渐平缓。

二　体育院校分门类的专业发展

（一）1999—2012 年度体育院校分门类的专业发展状况

1999—2012 年度，体育院校的专业布点只覆盖部分门类。各门类专业有所增加，各门类专业发展呈不平衡状态（见图 10.3—图 10.5）。

1. 哲学门类专业的发展

1999—2012 年度，体育院校未开设哲学门类专业。

2. 经济学门类专业的发展

1999—2000 年度，体育院校未开设经济学门类专业。2001 年度开始有 1 个专业布点，到 2012 年度增加到 6 个。

3. 法学门类专业的发展

1999—2012 年度体育院校未开设法学门类专业。

4. 教育学门类专业的发展

1999 年度，教育学门类专业布点 53 个；2012 年度增加到 108 个。在这期间，教育学门类专业布点增加了 55 个，但其占体育院校专业布点比重下降特别大。1999 年度，该门类专业布点占体育院校专业布点的 89.83%，2012 年度下降到 50.00%（见图 10.3）。

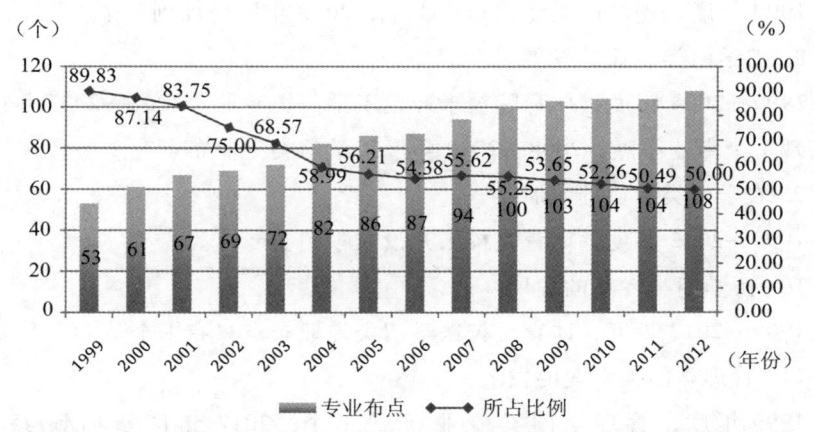

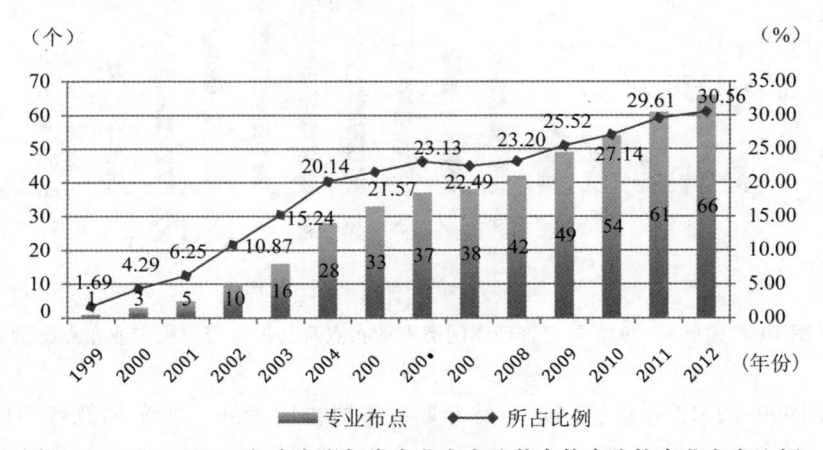

图 10.3 1999—2012 年度教育学门类专业布点及其占体育院校专业布点比例

5. 文学门类专业的发展

1999 年度，文学门类专业布点 1 个；2012 年度增加到 66 个。这期间，文学门类专业布点增加了 65 个，其占体育院校专业布点比重有很大提升。1999 年度，该门类专业布点占体育院校专业布点的 1.69%；2012 年度上升到 30.56%（见图 10.4）。

图 10.4 1999—2012 年度文学门类专业布点及其占体育院校专业布点比例

6. 历史学门类专业的发展

1999—2012 年度，体育院校未开设历史学门类专业。

7. 理学门类专业的发展

1999 年度，理学门类专业布点 1 个；2012 年度增加到 8 个。

8. 工学门类专业的发展

1999—2004 年度，体育院校未开设工学门类专业。2005—2007 年度开始出现 1 个专业布点；2008—2012 年度工学门类专业布点有 2 个。

9. 农学门类专业的发展

1999—2012 年度，体育院校未开设农学门类专业。

10. 医学门类专业的发展

1999—2012 年度，体育院校医学门类专业布点只有 1 个。

11. 管理学门类专业的发展

1999 年度，管理学门类专业布点 3 个；2012 年度增加到 25 个。1999—2012 年度，管理学门类专业布点增加了 22 个，其占体育院校专业布点比重有较大提升。1999 年度，该门类专业布点占体育院校专业布点的 5.08%；2012 年度上升到 11.57%，见图 10.5 所示。

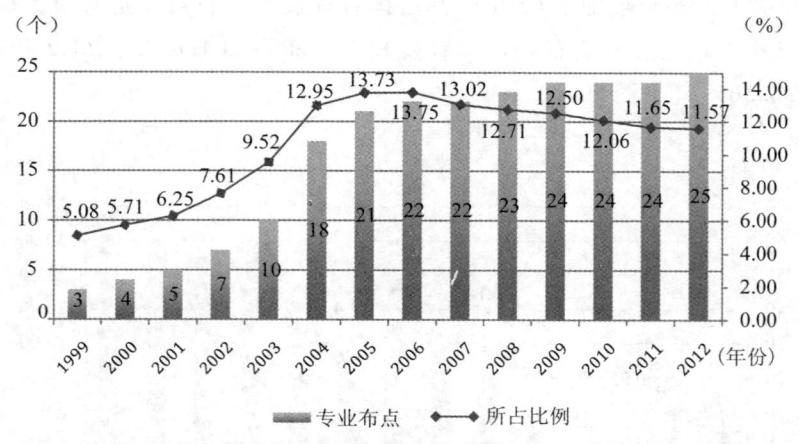

图 10.5　1999—2012 年度管理学门类专业布点及其占体育院校专业布点比例

1999—2012 年度，多数门类专业有不同程度发展。文学和教育学门类专业增加的布点占大部分，这两种门类专业增长布点占总增长布点的 76.34%。从门类的专业布点所占比重来看，下降最大的是教育学门类专业，但该门类专业布点仍占 50%。

（二）2013—2018 年度体育院校分门类的专业发展状况

2013—2018 年度，体育院校专业布点覆盖了目前部分门类。各门类专业都有所增加（见图 10.6—图 10.9）。

1. 哲学门类专业的发展

2013—2018 年度，体育院校未开设哲学门类专业。

2. 经济学门类专业的发展

2013—2017 年度，经济学门类专业布点 5 个；到 2018 年度增加到 6 个。

3. 法学门类专业的发展

2013—2014 年度，体育院校未开设法学门类专业。2015 年度开始有 1 个，到 2018 年度增加到 2 个。

4. 教育学门类专业的发展

2013 年度，教育门类专业布点 105 个；2018 年度增加到 115 个。这期间，教育学门类专业布点增加了 10 个，其占体育院校专业布点比重则下降较大。2013 年度，该门类专业布点占体育院校专业布点的 46.67%；2018 年度下降到 41.37%（见图 10.6）。

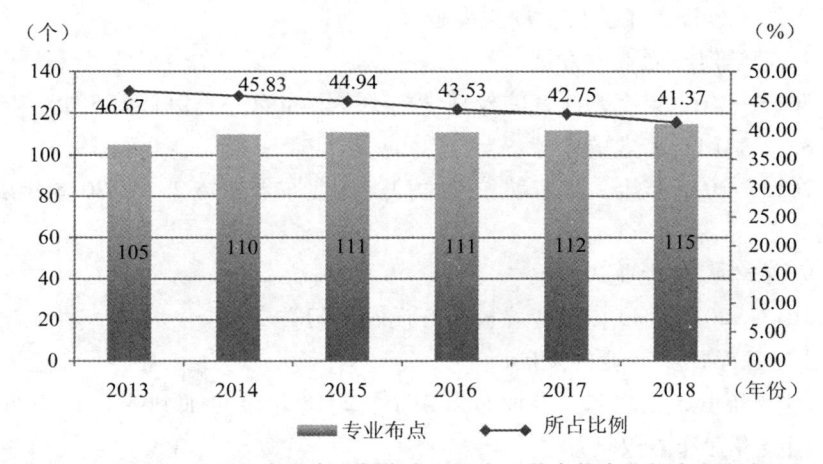

图 10.6 2013—2018 年度教育学门类专业布点及其占体育院校专业布点比例

5. 文学门类专业的发展

2013年度，文学门类专业布点29个；2018年度增加到37个。这期间，文学门类专业布点仅增加了8个，其占体育院校专业布点比重略有上升。2013年度，该门类专业布点占体育院校专业布点的12.89%；2018年度上升到13.31%（见图10.7）。

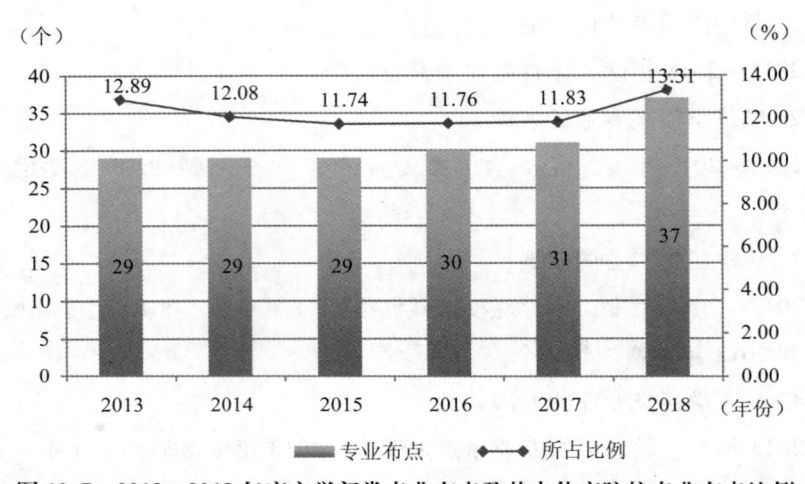

图10.7　2013—2018年度文学门类专业布点及其占体育院校专业布点比例

6. 历史学门类专业的发展

2013—2017年度，体育院校未开设历史学门类专业。到2018年度开始有1所学校设置了历史学门类专业。

7. 理学门类专业的发展

2013—2018年度，体育院校理学门类专业布点一直保持着8个。

8. 工学门类专业的发展

2013—2015年度，体育院校工学门类专业布点保持2个；2018年度增加到5个。

9. 农学门类专业的发展

2013—2018年度，体育院校未开设农学门类专业。

10. 医学门类专业的发展

2013年度，医学门类专业布点4个；2018年度增加到8个。这期间，医学门类专业布点仅增加4个。

11. 管理学门类专业的发展

2013年度，管理学门类专业布点28个；2018年度增加到38个。这期间，管理学门类专业布点增加了 10 个，其占体育院校专业布点比重有所上升。2013 年度，该门类专业布点占体育院校专业布点的 12.44%；2018 年度上升到 13.67%（见图 10.8）。

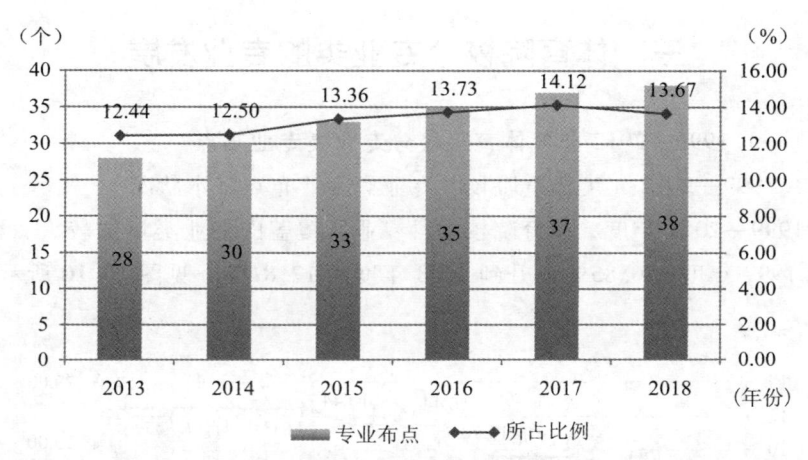

图 10.8 2013—2018 年度管理学门类专业布点及其占体育院校专业布点比例

12. 艺术学门类专业的发展

2013 年度，艺术学门类专业布点 44 个；2018 年度增加到 58 个。这期间，艺术学门类专业布点增加了 14 个，其占体育院校专业布点比重有所增加。2013 年度，该门类专业布点占体育院校专业布点的 19.56%；2018 年度上升到 20.86%（见图 10.9）。

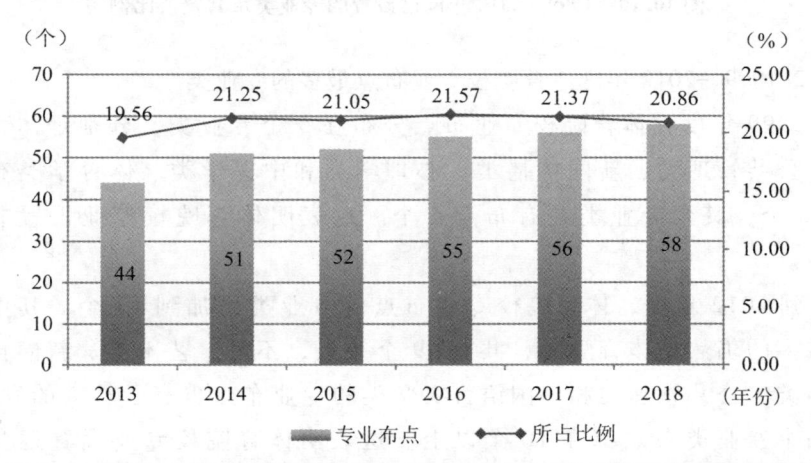

图 10.9 2013—2018 年度艺术学门类专业布点及其占体育院校专业布点比例

2013—2018 年度，各门类专业所占比重变化并不明显。这期间，体育院校专业布点主要集中在教育学、艺术学、管理学和文学四个门类。其中教育学门类的专业布点超过了 40%，体育院校特色较为明显。

三 体育院校分专业类的专业发展

（一）1999—2012 年度体育院校分专业类专业布点

1. 1999—2012 年度体育院校各专业类专业布点基本状况

1999—2012 年度，体育院校本科专业所覆盖的专业类增加较大，覆盖率从 1999 年度的 6.85% 上升到 2008 年度的 17.81%，见图 10.10 所示。

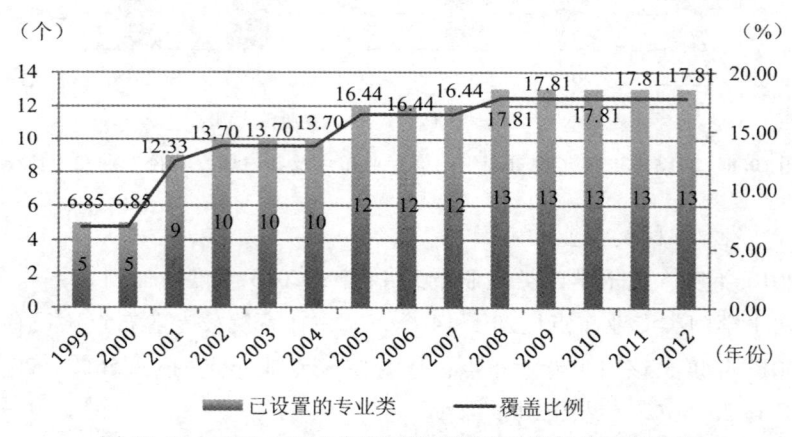

图 10.10　1999—2012 年度已设置的专业类及其覆盖比例

2. 1999—2012 年度体育院校专业布点最多的专业类

1999 年度，体育院校专业布点分布在 5 个专业类，分别是体育学类、公共管理类、新闻传播类、心理学类和中医学类。体育学类布点共 53 个，其余专业类共有布点 6 个。这表明体育院校专业设置非常集中。

到 2012 年度，体育院校专业布点的专业类增加到 13 个。其中布点最多的仍然是体育学类，共有 99 个布点，不过，艺术类、新闻传播类学类、公共管理类和外国语言文学类的专业布点也有了较大的发展，这四个专业类布点都在 10 个以上。这表明体育院校专业设置逐步多样化。

3. 1999—2012 年度占各类别高校总专业布点比重一半以上的专业类

1999—2012 年度，体育院校中，没有一个专业类专业布点占该专业类在各类别高校中的总布点比重达一半。专业类的专业布点占该专业类在各类别高校中的总布点比重最高的是体育学类，1999 年度该比例是 35.10%，到 2012 年度比例是 12.92%，布点比例呈下降趋势。

4. 1999—2012 年度体育院校专业布点增加的专业类

1999—2012 年度，专业布点增加的专业类共有 12 个，见表 10.1 所示。体育类专业布点增加最多，共增加专业布点 46 个。体育类专业在体育院校得到进一步发展。

表 10.1　　　1999—2012 年度专业布点增加的专业类　　　单位：个，%

专业类	1999 年度	2012 年度	增加专业布点	增加比例
体育学类	53	99	46	86.79
艺术类	0	39	39	—
新闻传播学类	1	15	14	1400.00
外国语言文学类	0	12	12	—
公共管理类	3	14	11	366.67
教育学类	0	9	9	—
工商管理类	0	9	9	—
心理学类	1	8	7	700.00
经济学类	0	6	6	—
管理科学与工程类	0	2	2	—
机械类	0	1	1	—
电气信息类	0	1	1	—

5. 1999—2012 年度体育院校专业布点增幅最大的专业类

见表 10.1 所示，综合增加专业布点和增加比例考虑，1999—2012 年度体育院校发展最快的专业类是艺术学类，其次是新闻传播学类。

(二) 2013—2018 年度体育院校分专业类专业布点

1. 2013—2018 年度体育院校各专业类专业布点基本状况

2013—2018 年度，体育院校本科专业所覆盖的专业类逐渐增多，覆盖率也有所提升，见图 10.11 所示。

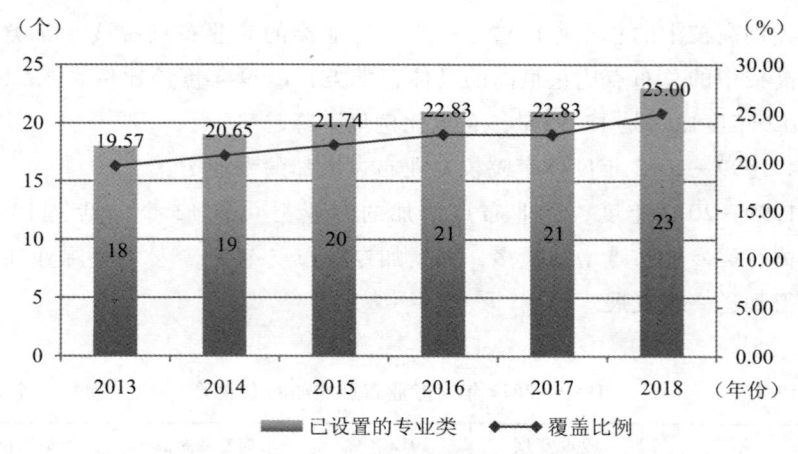

图 10.11 2013—2018 年度已设置的专业类及其覆盖比例

2. 2013—2018 年度体育院校专业布点最多的专业类

2013—2018 年度，体育院校专业布点最多的前 10 个专业类，分别是体育学类、戏剧与影视学类、音乐与舞蹈学类、工商管理类、新闻传播学类、外国语言文学类、教育学类、公共管理类、心理学类、医学技术类，见表 10.2 所示。体育学类专业布点仍占主体，其他专业类也有一定发展。

表 10.2　　2013—2018 年度专业布点最多的前 10 个专业类　　单位：个

专业类	2013 年度	2014 年度	2015 年度	2016 年度	2017 年度	2018 年度
体育学类	96	99	99	99	99	101
戏剧与影视学类	22	25	25	27	27	28
音乐与舞蹈学类	21	24	25	25	26	27
工商管理类	12	14	17	17	19	19
新闻传播学类	18	17	17	17	17	18
外国语言文学类	11	11	11	11	11	16
教育学类	9	11	12	12	13	14
公共管理类	11	11	11	12	12	12
心理学类	7	7	7	7	7	7
医学技术类	3	4	5	6	7	7

3. 2013—2018 年度占各类别高校总专业布点比重一半以上的专业类

2013—2018 年度，体育院校中，没有一个专业类专业布点占该专业类在各类别高校中的总布点比重达一半。专业类的专业布点占该专业类在各类别高校中的总布点比重最高的仍是体育学类，2018 年度比例是 10.65%。与 1999—2012 年度相比，布点比例进一步下降。

4. 2013—2018 年度体育院校专业布点增加最多的专业类

2013—2018 年度，体育院校布点增长的专业类共有 18 个，工商管理类增长了 7 个布点，是布点增长最多的专业类。这期间各专业类增加的专业布点都较少。

5. 2013—2018 年度体育院校专业布点增幅最大的专业类

2013—2018 年度，体育院校各专业类专业布点的增幅都较小。增幅最大的是计算机类和设计类，这两个专业类的增幅都是 200%。

四 体育院校专业布点的状况

（一）1999—2012 年度体育院校的专业布点

1. 体育院校设置的本科专业种数

1999—2012 年度，体育院校专业种数及其各年度所占比例都呈增加趋势，见图 10.12 所示。

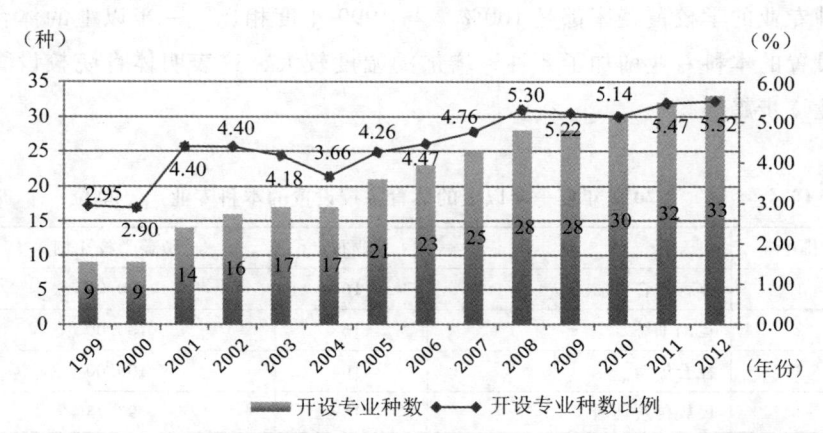

图 10.12 1999—2012 年度体育院校专业种数及其占各类别高校专业总种数的比例

1999 年度，体育院校设置的专业共 9 种，占当年度各类别高校专业总种数比重的 2.95%。到 2012 年度设置的专业种数达 33 种，占各类别高校专业总种数比重的 5.52%。这表明体育院校设置的专业逐渐多样化。

2. 体育院校较集中设置的本科专业

1999 年度,一半以上的体育院校设置的本科专业有 5 种,分别是体育教育、运动训练、社会体育、民族传统体育和运动人体科学,见表 10.3 所示。其中布点最多的是体育教育和运动训练专业,这两种专业的学校覆盖率都是 100.00%。

表 10.3　　　1999 年度一半以上的体育院校设置的本科专业　　　单位:个,%

排序	专业	专业布点	覆盖学校比例
1	体育教育	13	100.00
2	运动训练	13	100.00
3	社会体育	9	69.23
4	民族传统体育	10	76.92
5	运动人体科学	8	61.54

到 2012 年度,一半以上的体育院校设置的本科专业有 13 种,如表 10.4 所示。其中布点最多的是体育教育、运动训练和社会体育专业,这三种专业的学校覆盖率都是 100%。与 1999 年度相比,一半以上的体育院校设置的本科专业增加了 8 种,增加的幅度较大,这表明体育院校设置的专业逐步趋同。

表 10.4　　　2012 年度一半以上的体育院校设置的本科专业　　　单位:个,%

排序	专业	专业布点	覆盖学校比例
1	体育教育	16	100.00
2	运动训练	16	100.00
3	社会体育	16	100.00
4	民族传统体育	15	93.75
5	运动人体科学	15	93.75
6	新闻学	14	87.50
7	表演	13	81.25
8	公共事业管理	12	75.00

续表

排序	专业	专业布点	覆盖学校比例
9	英语	12	75.00
10	休闲体育	11	68.75
11	运动康复与健康	10	62.50
12	舞蹈学	9	56.25
13	应用心理学	8	50.00

3. 较集中在体育院校设置的本科专业

1999 年度，体育院校中，专业布点占各类别高校中该专业布点总数的 50% 以上的专业只有社会体育、民族传统体育、运动人体科学和运动训练专业，这四种专业所占的比例分别是 90%、83.33%、66.67%、59.09%。

到 2012 年度，专业布点占各类别高校中该专业布点总数的 50% 以上的专业则减少为四种，分别是休闲体育、运动康复与健康、运动人体科学和体育产业管理，它们所占的比例依次是 64.71%、55.56%、53.57%、50%。这与 1999 年度有较大的差异。

4. 增长的本科专业

（1）专业布点增长数量。1999—2012 年度，体育院校布点增加的本科专业有 32 种，新增专业布点 157 个。这期间，专业布点增加最多的前 10 种专业，分别是表演、新闻学、英语、休闲体育、运动康复与健康、舞蹈学、公共事业管理、应用心理学、运动人体科学和社会体育（见表 10.5）。

表 10.5　　1999—2012 年度专业布点增加最多的前 10 种专业　　单位：个，%

专业	1999 年度	2012 年度	增加专业布点	增加比例
表演	0	13	13	—
新闻学	1	14	13	1300.00
英语	0	12	12	—
休闲体育	0	11	11	—
运动康复与健康	0	10	10	—
舞蹈学	0	9	9	—
公共事业管理	3	12	9	300.00

续表

专业	1999 年度	2012 年度	增加专业布点	增加比例
应用心理学	1	8	7	700.00
运动人体科学	8	15	7	87.50
社会体育	9	16	7	77.78

（2）专业布点的增幅。1999—2012 年度，专业布点增幅 50% 以上的专业有 6 种；增长 100% 以上有 3 种。1999 年度体育院校共开设了 9 种专业，除中医学专业外，其他 8 种专业都有所增加（见表 10.6）。新闻学专业增加的比例最高，增长的比例达 1300.00%。

表 10.6　　　　　　1999—2012 年度专业布点增加状况　　　　单位：个,%

专业	1999 年度	2012 年度	增加专业布点	增加比例
新闻学	1	14	13	1300.00
应用心理学	1	8	7	700.00
公共事业管理	3	12	9	300.00
运动人体科学	8	15	7	87.50
社会体育	9	16	7	77.78
民族传统体育	10	15	5	50.00
体育教育	13	16	3	23.08
运动训练	13	16	3	23.08

（3）新设的本科专业。1999—2012 年度，体育院校共新设置的本科专业 24 种，占 2012 年度体育院校所设置专业种数的 72.73%。

5. 布点减少或撤销的本科专业

1999—2012 年度，体育院校没有布点减少或撤销的专业。

（二）2013—2018 年度体育院校的专业布点

1. 体育院校设置的本科专业种数

2013—2018 年度，体育院校专业种数和各年度专业种数占各类别高校专业总种数的比重也有所增加（见图 10.13）。

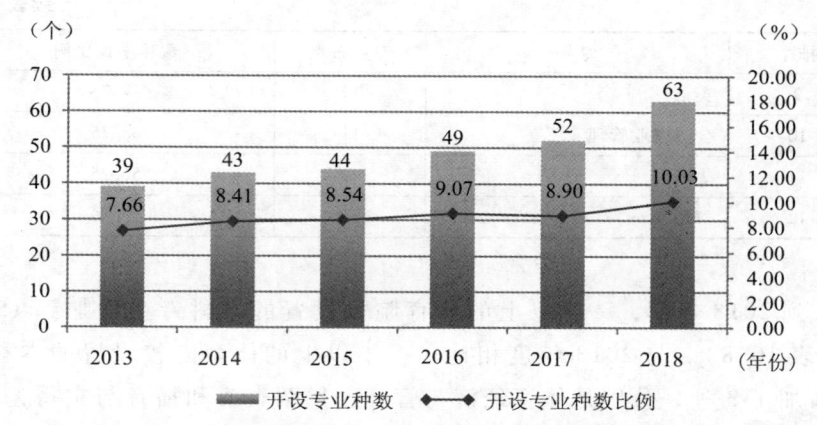

第十章 体育院校本科专业设置发展　　257

图 10.13　2013—2018 年度体育院校专业种数及其占各类别高校专业总种数的比例

2013 年度，体育院校设置的专业共 39 种，其占当年度各类别高校专业总种数比重的 7.66%。2018 年度，设置的专业共 63 种，其占当年度各类别高校专业总种数比重的 10.03%。这表明体育院校设置的专业逐渐多样化。

2. 体育院校较集中设置的本科专业

2013 年度，一半以上的体育院校设置的本科专业有 12 种（见表 10.7）。其中布点最多的是体育教育专业，该专业的学校覆盖率为 93.75%，只有 1 所学校没有开设该专业。这也表明，体育院校的"核心专业"设置明显。

表 10.7　　　2013 年度一半以上的体育院校设置的本科专业　　单位：个，%

排序	专业	专业布点	覆盖学校比例
1	体育教育	15	93.75
2	社会体育指导与管理	14	87.50
3	武术与民族传统体育	14	87.50
4	运动人体科学	14	87.50
5	新闻学	14	87.50
6	运动训练	13	81.25
7	运动康复	13	81.25
8	休闲体育	13	81.25

续表

排序	专业	专业布点	覆盖学校比例
9	英语	11	68.75
10	公共事业管理	11	68.75
11	表演	9	56.25
12	舞蹈学	8	50.00

到 2018 年度，一半以上的体育院校设置的本科专业增加到 15 种（见表 10.8）。与 2013 年度相比，一半以上的体育院校设置的本科专业增加了 3 种，分别是体育经济与管理、舞蹈表演和播音与主持艺术。体育教育、社会体育指导与管理和武术与民族传统体育布点及覆盖比例都没有发生变化，仍然保持着高水平。体育院校专业设置的特色鲜明。

表 10.8　　2018 年度一半以上的体育院校设置的本科专业　　单位：个，%

排序	专业	专业布点	覆盖学校比例
1	体育教育	15	93.75
2	运动康复	15	93.75
3	社会体育指导与管理	14	87.50
4	武术与民族传统体育	14	87.50
5	运动人体科学	14	87.50
6	新闻学	14	87.50
7	休闲体育	14	87.50
8	运动训练	13	81.25
9	体育经济与管理	12	75.00
10	舞蹈表演	12	75.00
11	英语	11	68.75
12	公共事业管理	11	68.75
13	表演	9	56.25
14	舞蹈学	8	50.00
15	播音与主持艺术	8	50.00

3. 较集中在体育院校设置的本科专业

2013年度，体育院校中，专业布点占各类别高校中该专业布点总数的50%以上的专业有2种，分别是运动人体科学和运动康复专业，体育院校的这两种专业布点占其在各类别高校中该专业布点总数的比重分别是51.85%、50.00%。

到2018年度，专业布点占各类别高校中该专业布点总数的50%以上的专业有3种，分别是体能训练、冰雪运动和运动人体科学专业。其中体能训练和冰雪运动专业只在体育院校设置。

4. 增长的本科专业

（1）专业布点增长数量。2013—2018年度，体育院校布点增加的本科专业有35种，共增加了54个布点。这期间各专业的布点增长最多的专业是体育经济与管理和舞蹈表演，这两种专业各增加了5个布点。其余专业增加的布点都比较少。

（2）专业布点的增幅。2013—2018年度，专业布点增幅50%以上的专业有6种；增长100%以上的有2种，这两种专业是康复治疗学和音乐表演。

（3）新设的本科专业。2013—2018年度，体育院校不断增设新专业，在这期间新设置的专业共24种，占2018年度体育院校本科专业总种数的39.10%。

5. 布点减少或撤销的本科专业

2013—2018年度，体育院校只有广告学专业减少了1个布点。

第十一章

艺术院校本科专业设置发展

一 艺术院校专业设置基本状况

1999—2018 年度,艺术院校本科专业有较大发展(见图 11.1 和图 11.2)。

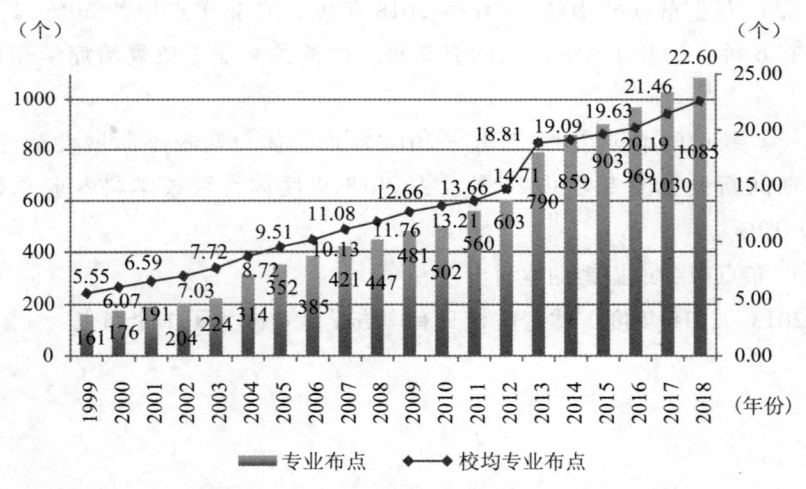

图 11.1 1999—2018 年度艺术院校专业布点与校均专业布点

见图 11.1 所示,1999 年度,艺术院校本科专业布点 161 个;2018 年度增加到 1085 个,是 1999 年度专业布点的 6.74 倍。2013 年度专业布点增加最多,共增加了 187 个。1999 年度,艺术院校校均本科专业 5.55 个;2018 年度增加到 22.60 个,校均专业设置规模增加 17.05 个。

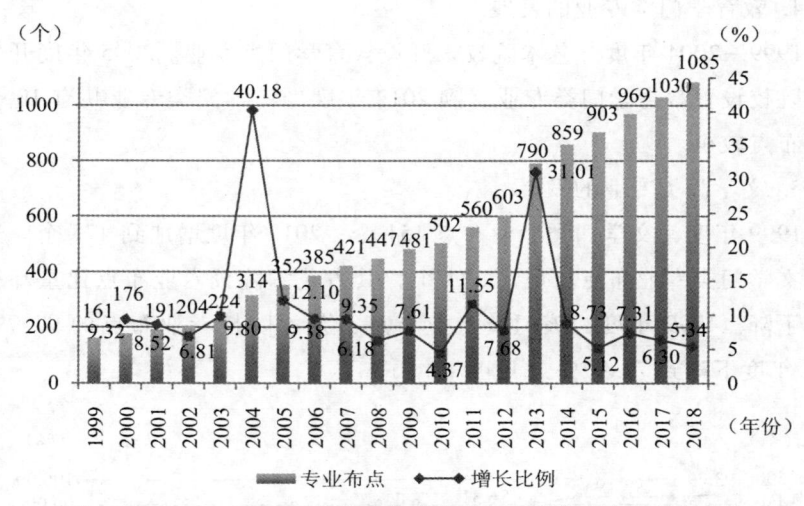

图 11.2　1999—2018 年度艺术院校专业布点与专业布点增长趋势

见图 11.2 所示，1999—2018 年度，艺术院校专业布点一直保持较快增长。这期间，艺术院校本科专业布点年均增长 48.63 个，年增长率 10.56%。然而，不同年度增长速度则有起伏，2004 年度专业布点增幅高达 40.18%，2013 年度增幅也高达 31.01%。从 2015 年度开始，专业布点增速开始逐渐平缓。

二　艺术院校分门类的专业发展

（一）1999—2012 年度艺术院校分门类的专业发展状况

1999—2012 年度，艺术院校的专业布点覆盖当时部分门类。各门类专业有一定变化（见图 11.3—图 11.5）。

1. 哲学门类专业的发展

1999—2012 年度，艺术院校未开设哲学门类专业。

2. 经济学门类专业的发展

1999—2005 年度，艺术院校未开设经济学门类专业。2006 年度有 1 所艺术院校设置了经济学门类专业；到 2012 年度经济学门类专业共有 4 个布点。

3. 法学门类专业的发展

1999—2012 年度，艺术院校未开设法学门类专业。

4. 教育学门类专业的发展

1999—2004 年度，艺术院校未开设教育学门类专业。2005 年度开始有艺术院校设置教育学门类专业，到 2012 年度经济学门类专业共有 10 个布点，布点较少。

5. 文学门类专业的发展

1999 年度，文学门类专业布点 151 个；2012 年度增加到 475 个。这期间，文学门类专业布点增加了 324 个，其占艺术院校专业布点比重却很大幅度下降。1999 年度，该门类专业布点占艺术院校专业布点的 93.79%；2012 年度下降到 78.77%（见图 11.3）。

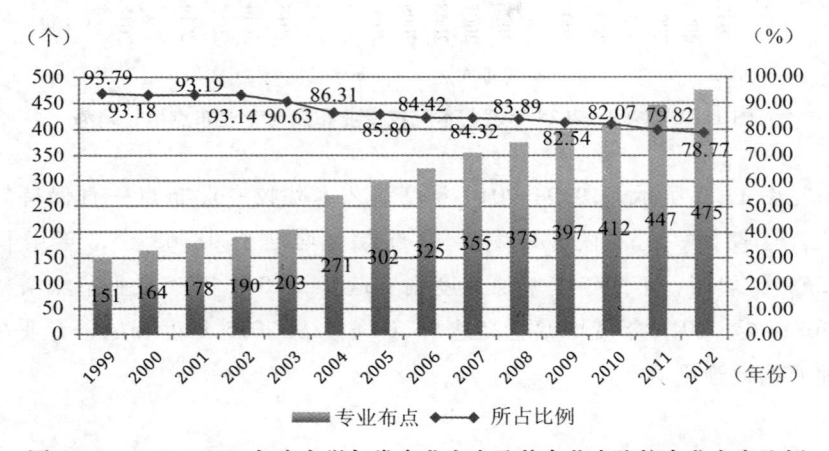

图 11.3　1999—2012 年度文学门类专业布点及其占艺术院校专业布点比例

6. 历史学门类专业的发展

1999—2003 年度，艺术院校未开设历史门类专业；2004—2012 年度，有 1 所艺术院校设置了历史门类专业。

7. 理学门类专业的发展

1999—2012 年度，艺术院校未开设理学门类专业。

8. 工学门类专业的发展

1999 年度，工学门类专业布点 9 个；2012 年度增加到 70 个。这期间，工学门类专业布点增加了 61 个，其占艺术院校专业布点比重有较大提升。1999 年度，该门类专业布点占艺术院校专业布点的 5.59%；2012 年度上升到 11.61%（见图 11.4）。

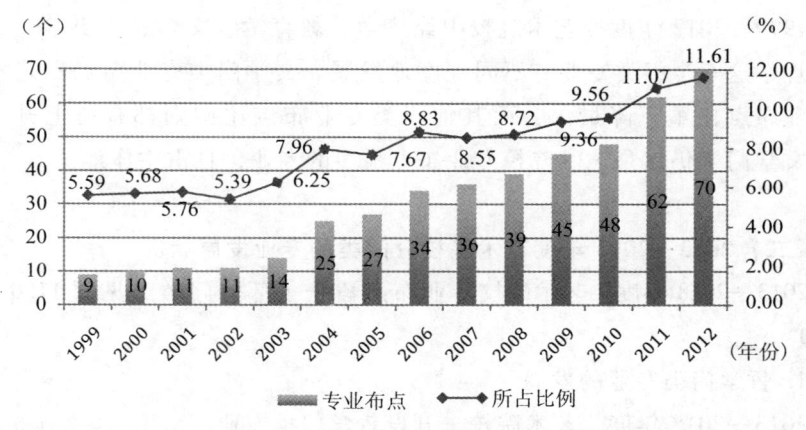

图 11.4　1999—2012 年度工学门类专业布点及其占艺术院校专业布点比例

9. 农学门类专业的发展

1999—2012 年度，艺术院校未开设农学门类专业。

10. 医学门类专业的发展

1999—2012 年度，艺术院校未开设医学门类专业。

11. 管理学门类专业的发展

1999 年度，管理学门类专业布点 1 个；2012 年度增加到 43 个。这期间，管理学门类专业布点增加了 42 个，其占艺术院校专业布点比重大幅提升。1999 年度，该门类专业布点占艺术院校专业布点的 0.62%；2012 年度上升到 7.13%（见图 11.5）。

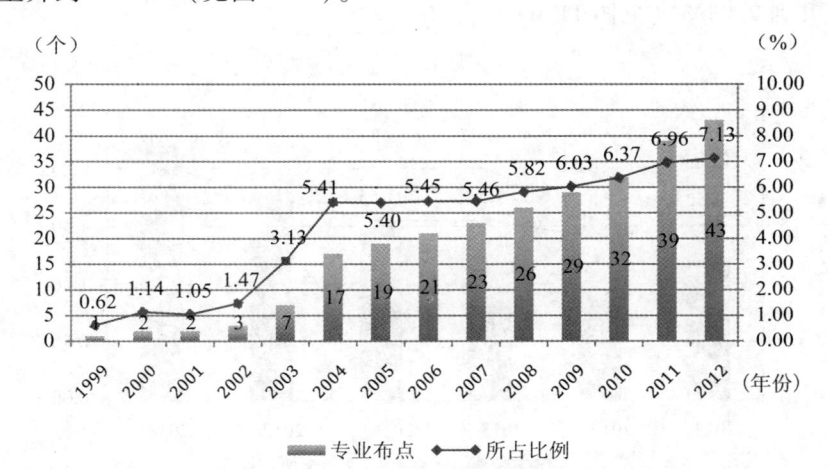

图 11.5　1999—2012 年度管理学门类专业布点及其占艺术院校专业布点比例

1999—2012年度，艺术院校中经济学、教育学、文学、历史学、工学和管理学这6个门类专业有不同程度地发展。文学门类专业布点占艺术院校专业布点比重下降最大，而其他门类专业布点比例则都有所上升。但是，文学门类仍然是艺术院校专业布点最多的专业，且占主体地位。

（二）2013—2018年度艺术院校分门类的专业发展状况

2013—2018年度，艺术院校专业布点覆盖了部分门类（见图11.6—图11.10）。

1. 哲学门类专业的发展

2013—2018年度，艺术院校未开设哲学门类专业。

2. 经济学门类专业的发展

2013—2017年度，艺术院校经济学门类专业一直保持着4个布点；2018年度增加到5个。

3. 法学门类专业的发展

2013年度，艺术院校未开设法学门类专业；2014—2018年度艺术院校法学门类专业一直保持着1个布点。

4. 教育学门类专业的发展

2013年度，教育学门类专业布点12个；2018年度增加到22个。这期间，教育学门类专业布点增加了10个，其占艺术院校专业布点比重略有增长。2013年度，该门类专业布点占艺术院校专业布点的1.52%；2018年度上升到2.03%（见图11.6）。

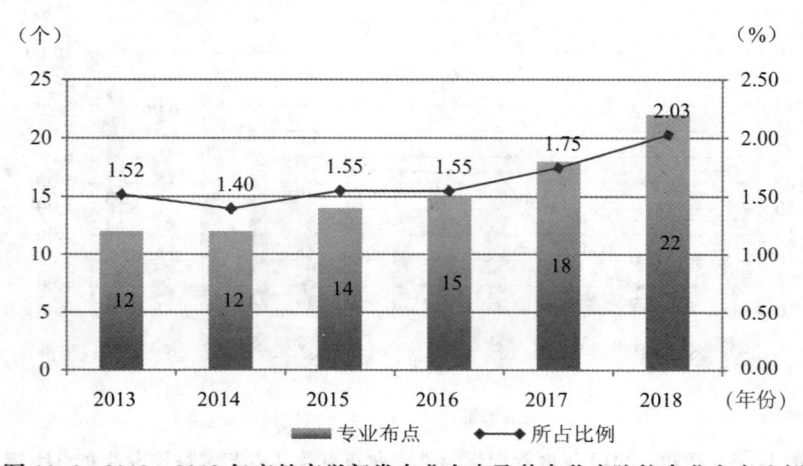

图11.6 2013—2018年度教育学门类专业布点及其占艺术院校专业布点比例

5. 文学门类专业的发展

2013 年度，文学门类专业布点 61 个；2018 年度增加到 82 个。这期间，文学门类专业布点增加了 21 个，其占艺术院校专业布点比重却略有下降。2013 年度，该门类专业布点占艺术院校专业布点的 7.72%；2018 年度下降到 7.56%（见图 11.7）。

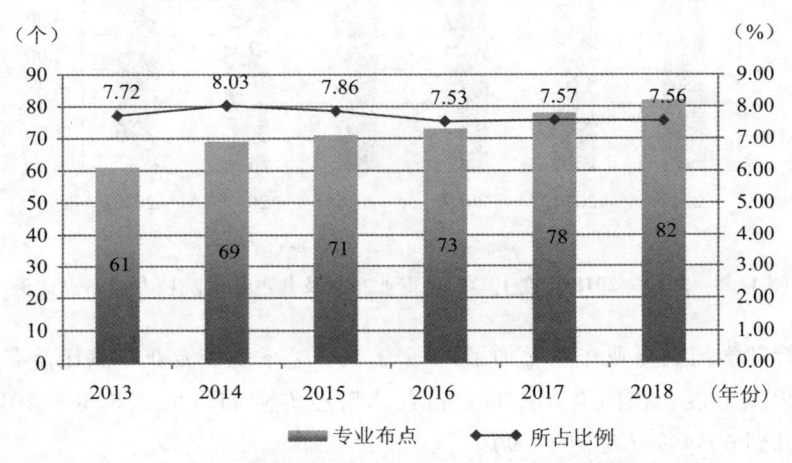

图 11.7　2013—2018 年度文学门类专业布点及其占艺术院校专业布点比例

6. 历史学门类专业的发展

2013—2018 年度，历史学门类专业布点一直保持着 2 个。

7. 理学门类专业的发展

2013—2018 年度，艺术院校未开设理学门类专业。

8. 工学门类专业的发展

2013 年度，工学门类专业布点 50 个；2018 年度增加到 78 个。这期间，工学门类专业布点增加了 28 个，其占艺术院校专业布点比重有所增长。2013 年度，该门类专业布点占艺术院校专业布点的 6.33%；2018 年度上升到 7.19%（见图 11.8 所示）。

9. 农学门类专业的发展

2013—2018 年度，艺术院校未开设农学门类专业。

10. 医学门类专业的发展

2013—2018 年度，艺术院校未开设医学门类专业。

11. 管理学门类专业的发展

2013 年度，管理学门类专业布点 46 个；2018 年度增加到 71 个。这期

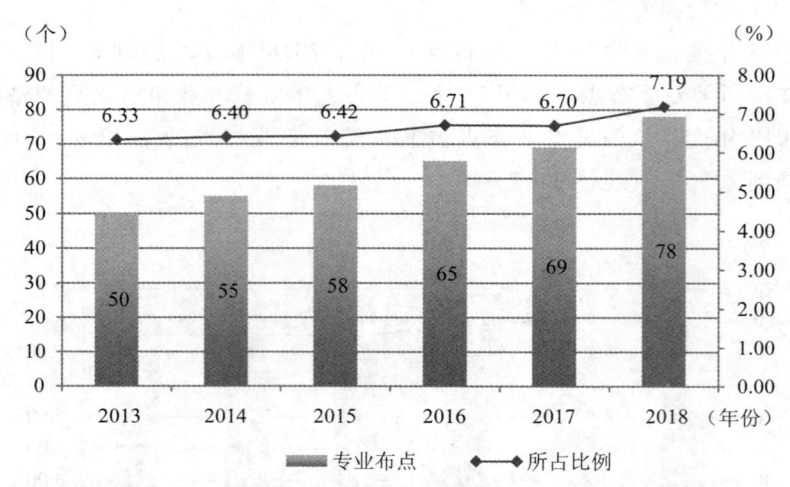

图 11.8　2013—2018 年度工学门类专业布点及其占艺术院校专业布点比例

间，管理学门类专业布点增加了 25 个，其占艺术院校专业布点比重有所增长。2013 年度，该门类专业布点占艺术院校专业布点的 5.82%；2018 年度上升到 6.54%（见图 11.9）。

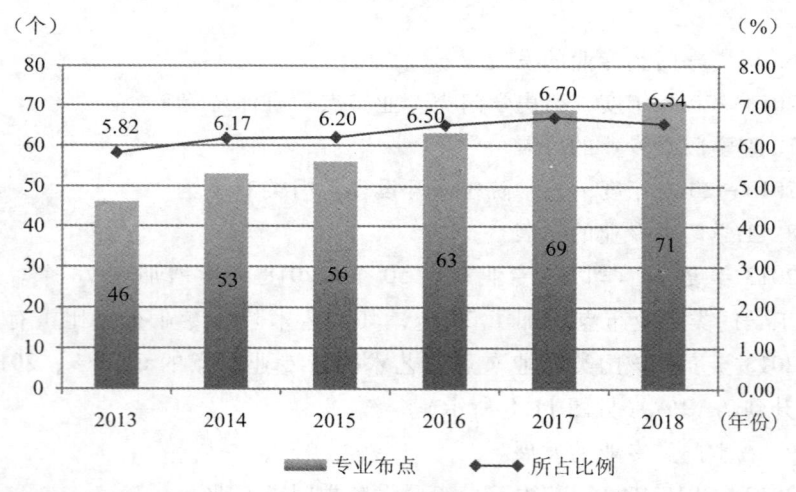

图 11.9　2013—2018 年度管理学门类专业布点及其占艺术院校专业布点比例

12. 艺术学门类专业的发展

2013 年度，艺术学门类专业布点 615 个；2018 年度增加到 824 个。这期间，艺术学门类专业布点增加了 209 个，其占艺术院校专业布点比重却有所下降。2013年度，该门类专业布点占艺术院校专业布点的77.85%；2018年度下降到75.94%（见图11.10）。

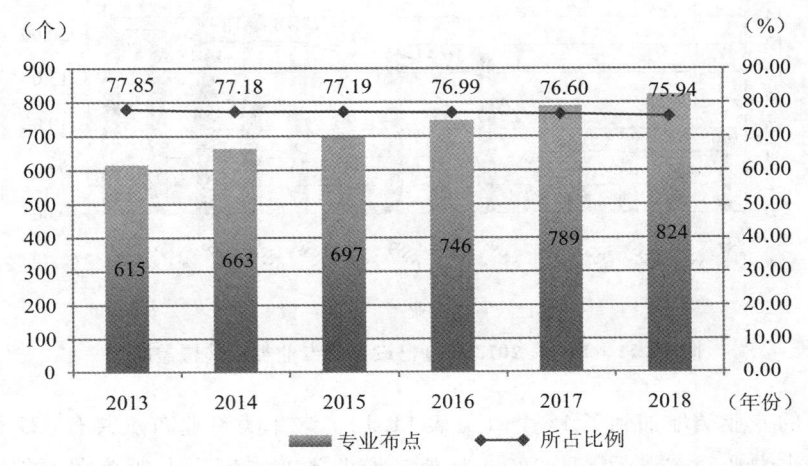

图11.10 2013—2018年度艺术学门类专业布点及其占艺术院校专业布点比例

年份	专业布点	所占比例
2013	615	77.85
2014	663	77.18
2015	697	77.19
2016	746	76.99
2017	789	76.60
2018	824	75.94

2013—2018年度，各门类专业所占比重变化很不明显。艺术院校专业布点主要集中在艺术学、工学和文学门类。2013—2018年度，艺术学成了独立门类，该门类专业布点一直保持在75%以上。艺术院校专业设置的特色非常明显。

三 艺术院校分专业类的专业发展

（一）1999—2012年度艺术院校分专业类专业布点

1. 1999—2012年度艺术院校各专业类专业布点基本状况

1999—2012年度，艺术院校设置的本科专业覆盖的专业类及其所覆盖比例呈上升趋势（见图11.11）。1999—2002年度，艺术院校专业集中在5个专业类；从2003年度开始逐步增加，2008—2012年度艺术院校专业分布在15个专业类，其专业类的覆盖率达到了20.55%。

2. 1999—2012年度艺术院校专业布点最多的专业类

1999年度，艺术院校专业布点只分布在5个专业类，分别是艺术类、机械类、新闻传播学类、轻工纺织食品类和公共管理类。其中艺术类共有149个布点，占专业总布点的92.55%。到2012年度，艺术院校专业布点

(个)　　　　　　　　　　　　　　　　　　　　　　　　(%)

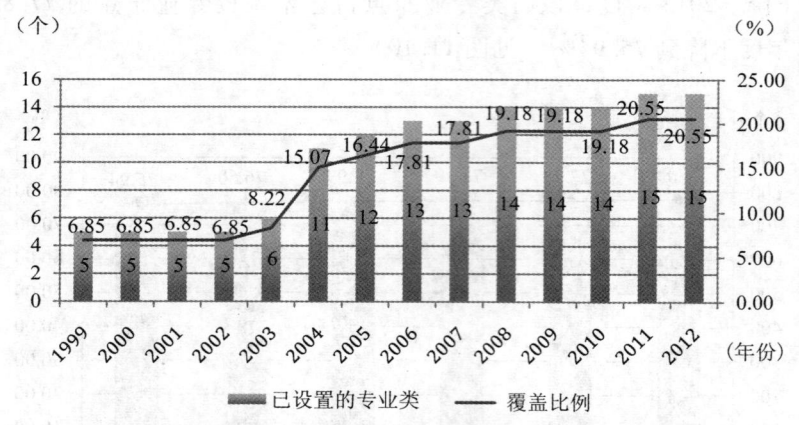

图 11.11　1999—2012 年度已设置的专业类及其覆盖比例

分布的专业类增加到了 15 个（见表 11.1）。艺术类专业布点共有 421 个布点，占专业总布点的 69.82%，其他各专业类布点所占专业总布点都不足 10%。这表明艺术院校设置的专业特色仍然较明显，同时也逐步多样化。

表 11.1　　　　　2012 年度有专业布点的专业类　　　　单位：个,%

专业类	专业布点	占专业总布点比例
艺术类	421	69.82
新闻传播学类	39	6.47
公共管理类	32	5.31
电气信息类	31	5.14
机械类	16	2.65
土建类	13	2.16
轻工纺织食品类	10	1.66
工商管理类	10	1.66
教育学类	9	1.49
外国语言文学类	9	1.49
中国语言文学类	6	1.00
经济学类	4	0.66
职业技术教育类	1	0.17
历史学类	1	0.17
管理科学与工程类	1	0.17

3. 1999—2012 年度占各类别高校总专业布点比重一半以上的专业类

1999—2012 年度，艺术院校中，没有一个专业类专业布点占该专业类在各类别高校中的总布点比重达一半。专业类的专业布点占该专业类在各类别高校中的总布点比重最高的是艺术类，1999 年度该比例是 31.97%，到 2012 年度比例是 12.48%，布点比例呈下降趋势。

4. 1999—2012 年度艺术院校专业布点增加最多的专业类

1999—2012 年度，艺术院校专业布点增加的专业类共有 15 个，见表 11.2 所示。1999 年度艺术类有 149 个布点，到 2012 年度有 421 个布点，共增加 272 个布点，增加的比例是 182.55%。该专业类增加的布点占艺术院校增加的专业布点总数的 61.54%。这表明艺术院校中艺术类专业仍是占主体，多样化发展趋势逐渐明显。

表 11.2　　　　1999—2012 年度专业布点增加的专业类　　　单位：个，%

专业类	1999 年度	2012 年度	增加专业布点	增加比例
艺术类	149	421	272	182.55
新闻传播学类	2	39	37	1850.00
公共管理类	1	32	31	3100.00
电气信息类	0	31	31	—
土建类	0	13	13	—
工商管理类	0	10	10	—
轻工纺织食品类	1	10	9	900.00
教育学类	0	9	9	—
外国语言文学类	0	9	9	—
机械类	8	16	8	100.00
中国语言文学类	0	6	6	—
经济学类	0	4	4	—
职业技术教育类	0	1	1	—
历史学类	0	1	1	—
管理科学与工程类	0	1	1	—

5. 1999—2012 年度艺术院校专业布点增幅最大的专业类

见表 11.2 所示，1999—2012 年度，所有覆盖艺术院校的专业类，其专业布点都有所增加，各专业类增幅较不平衡。

（二）2013—2018 年度艺术院校分专业类专业布点

1. 2013—2018 年度艺术院校各专业类专业布点基本状况

2013—2018 年度，艺术院校本科专业所覆盖的专业类的逐渐增多，覆盖率也有所提升（见图 11.12）。

图 11.12　2013—2018 年度已设置的专业类及其覆盖比例

年份	已设置的专业类（个）	覆盖比例（%）
2013	24	26.09
2014	25	27.17
2015	25	27.17
2016	28	30.43
2017	29	31.52
2018	30	32.61

2. 2013—2018 年度艺术院校专业布点最多的专业类

2013—2018 年度，艺术院校专业布点最多的前 10 个专业类，分别是戏剧与影视学类、设计学类、美术学类、音乐与舞蹈学类、新闻传播学类、工商管理类、建筑类、公共管理类、外国语言文学类和教育学类（见表 11.3）。艺术院校专业特色明显，最多的前 4 个专业类都是艺术门类专业，且都超过 100 个专业布点，远高于排名第五的新闻与传播学类的 41 个专业布点。

表 11.3　2013 年度专业布点最多的前 10 个专业类　　　　单位：个

排序	专业类	布点
1	戏剧与影视学类	208
2	设计学类	182
3	美术学类	112
4	音乐与舞蹈学类	109

续表

排序	专业类	布点数
1	戏剧与影视学类	208
5	新闻传播学类	41
6	工商管理类	26
7	建筑类	16
8	公共管理类	15
9	外国语言文学类	14
10	教育学类	11

2018年度，艺术院校专业布点最多的前10个专业类，分别是戏剧与影视学类、设计学类、美术学类、音乐与舞蹈学类、新闻传播学类、工商管理类、艺术学理论类、建筑类、计算机类和教育学类（见表11.4）。

与2013年度相比，艺术学理论和计算机类布点增加较多，上升到了布点最多的前10个专业类。这期间，布点最多的前4个专业类是戏剧与影视学类、设计学类、美术学类和音乐与舞蹈学类，这些专业布点均超过100个，其中戏剧与影视学类和设计学类的专业布点均超过200个。这表明艺术院校专业设置中仍以"艺术"类专业为主，适度多样化发展。

表11.4　　　　2018年度专业布点最多的前10个专业类　　　单位：个

排序	专业类	布点
1	戏剧与影视学类	264
2	设计学类	246
3	美术学类	150
4	音乐与舞蹈学类	140
5	新闻传播学类	56
6	工商管理类	42
7	艺术学理论类	24
8	建筑类	22
9	计算机类	22
10	教育学类	20

3. 2013—2018 年度占各类别高校总专业布点比重一半以上的专业类

2013—2018 年度,艺术院校中,专业类专业布点占该专业类在各类别高校中的总布点比重达一半的只有艺术学理论类 1 种。这表明艺术院校设置的专业独特性不明显。

4. 2013—2018 年度艺术院校专业布点增加最多的专业类

2013—2018 年度,艺术院校中有 23 个专业类的专业布点有所增加。专业布点增加最多的前 11 个专业类①(见表 11.5)。这期间,专业布点增加最多的前 5 个专业类依次是,设计学类、戏剧与影视学类、美术学类、音乐与舞蹈学类和艺术学理论专业。这表明艺术院校专业发展仍以"艺术学"类专业为主体,但向多样化发展趋势逐渐变得更加明显。

表 11.5　　2013—2018 年度专业布点增加最多的前 11 个专业类　　单位:个,%

专业类	2013 年度	2018 年度	增加专业布点	增加比例
设计学类	182	246	64	35.16
戏剧与影视学类	208	264	56	26.92
美术学类	112	150	38	33.93
音乐与舞蹈学类	109	140	31	28.44
艺术学理论类	4	24	20	500.00
工商管理类	26	42	16	61.54
新闻传播学类	41	56	15	36.59
计算机类	10	22	12	120.00
教育学类	11	20	9	81.82
建筑类	16	22	6	37.50
旅游管理类	1	7	6	600.00

5. 2013—2018 年度艺术院校专业布点增幅最大的专业类

2013—2018 年度,多数专业类的专业布点都有所增长,其中增长比例最大的前 10 个专业类依次是:旅游管理类、艺术学理论类、计算机类、体

---

① 排在第 10 位的有两个专业类。

育学类、教育学类、电子商务类、工商管理类、电子信息类、建筑类和新闻传播学类（见表11.6）。

表11.6　2013—2018年度专业布点增幅最大的前10个专业类　单位：个,%

专业类	2013年度	2018年度	增加专业布点	增加比例
旅游管理类	1	7	6	600.00
艺术学理论类	3	24	20	500.00
计算机类	6	22	12	120.00
体育学类	2	4	1	100.00
教育学类	3	20	9	81.82
电子商务类	60	5	2	66.67
工商管理类	2	42	16	61.54
电子信息类	2	9	3	50.00
建筑类	31	22	6	37.50
新闻传播学类	9	56	15	36.59

四　艺术院校专业布点的状况

（一）1999—2012年度艺术院校的专业布点

1. 艺术院校设置的本科专业种数

1999年度，艺术院校设置的专业共23种，占当年度各类别高校专业总种数比重的7.54%。到2012年度，设置的专业种数达76种，占当年度各类别高校专业总种数比重的12.71%（见图11.13）。这表明艺术院校设置的专业越来越丰富。

2. 艺术院校较集中设置的本科专业

1999年度，一半以上的艺术院校设置的本科专业3种，分别是作曲与作曲技术理论、艺术设计和雕塑专业，其学校覆盖率分别是55.17%、55.17%、51.72%。到2012年度，一半以上的艺术院校设置的本科专业增加到了10种，分别是艺术设计、动画、表演、戏剧影视美术设计、绘画、摄影、广播电视编导、雕塑、音乐学和音乐表演。这表明艺术院校的专业特色较明显。

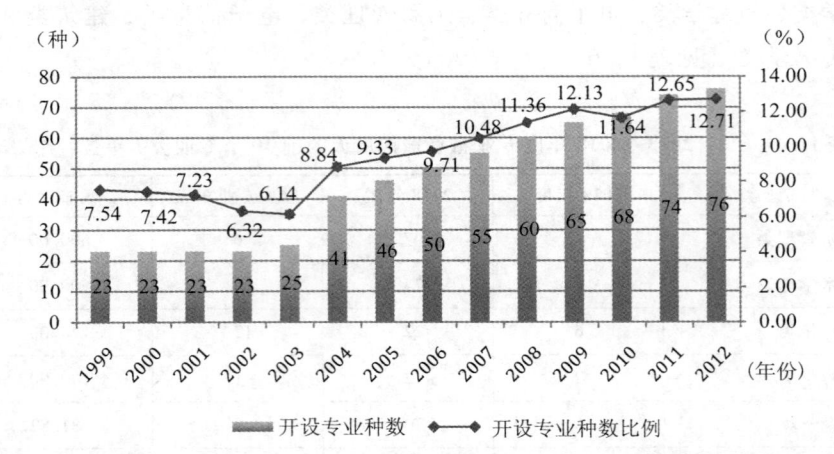

图 11.13　1999—2012 年度艺术院校专业种数及其占各类别高校专业总种数的比例

3. 较集中在艺术院校设置的本科专业

1999 年度，艺术院校中，专业布点占各类别高校中该专业布点总数的 50% 以上的专业共 13 种。其中，占 80% 以上的专业有 5 种，只在艺术院校设置的专业有 2 种。

到 2012 年度，专业布点占各类别高校中该专业布点总数的 50% 以上的专业 9 种。其中，占 80% 以上的专业有 3 种，只在艺术院校设置的专业有 2 种。这表明艺术院校专业设置特色逐渐变得不那么明显。

4. 增长的本科专业

（1）专业布点增长数量。1999—2012 年度，艺术院校布点增加的本科专业有 76 种，新增专业布点 442 个。这期间，专业布点增加最多的前 10 种专业，分别是动画、摄影、广播电视编导、戏剧影视美术设计、公共事业管理、表演、播音与主持艺术、数字媒体艺术、广告学和录音艺术（见表 11.7）。

表 11.7　1999—2012 年度专业布点增加最多的前 10 种专业　单位：个，%

专业	1999 年度	2012 年度	增加专业布点	增加比例
动画	2	29	27	1350.00
摄影	3	24	21	700.00
广播电视编导	3	23	20	666.67

续表

专业	1999 年度	2012 年度	增加专业布点	增加比例
戏剧影视美术设计	6	26	20	333.33
公共事业管理	1	19	18	1800.00
表演	9	27	18	200.00
播音与主持艺术	2	19	17	850.00
数字媒体艺术	0	16	16	—
广告学	2	17	15	750.00
录音艺术	4	18	14	350.00

（2）专业布点的增幅。1999—2012 年度，专业布点增幅 50% 以上的专业有 28 种；增长 100% 以上有 26 种。这期间专业增幅最大的前 10 种专业，分别是公共事业管理、动画、播音与主持艺术、广告学、摄影、服装设计与工程、广播电视编导、舞蹈编导、舞蹈学和艺术设计学（见表 11.8）。其中公共事业管理专业增加的比例最高，增长的比例达 1800.00%。

表 11.8　　1999—2012 年度专业布点增幅最大的前 10 种专业　　单位：个,%

专业	1999 年度	2012 年度	增加专业布点	增加比例
公共事业管理	1	19	18	1800.00
动画	2	29	27	1350.00
播音与主持艺术	2	19	17	850.00
广告学	2	17	15	750.00
摄影	3	24	21	700.00
服装设计与工程	1	8	7	700.00
广播电视编导	3	23	20	666.67
舞蹈编导	2	15	13	650.00
舞蹈学	2	13	11	550.00
艺术设计学	2	12	10	500.00

（3）新设的本科专业。1999—2012 年度，艺术院校共新设置的本科专业 53 种，占 2012 年度艺术院校所设置专业种数的 69.74%。

5. 布点减少或撤销的本科专业

1999—2012 年度，艺术院校没有布点减少或撤销的专业。

（二）2013—2018 年度艺术院校的专业布点

1. 艺术院校设置的本科专业种数

2013 年度，艺术院校设置的专业共 80 种，占当年度各类别高校专业总种数比重的 15.72%。到 2018 年度，设置的专业种数增加到 110 种，占当年度各类别高校专业总种数的 17.52%（见图 11.14）。这表明艺术院校设置的专业呈多样化趋势。

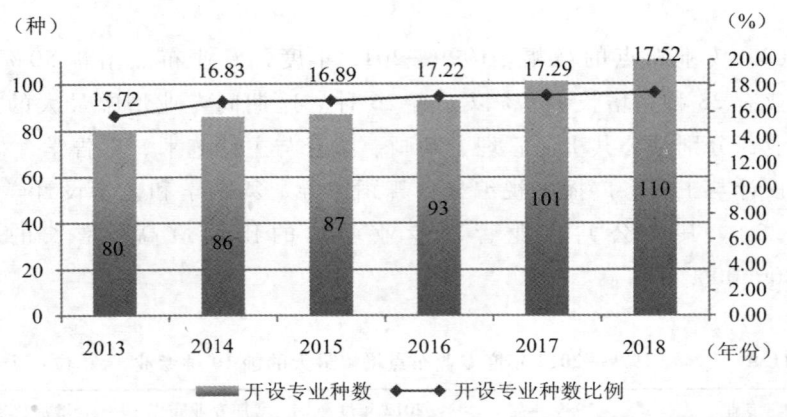

图 11.14　2013—2018 年度艺术院校专业种数及其占各类别高校专业总种数的比例

2. 艺术院校较集中设置的本科专业

2013 年度，一半以上的艺术院校设置的本科专业有 17 种，到 2018 年度有 20 种（见表 11.9 和表 11.10）。在这一半以上的艺术院校都设置的专业中，除 2018 年度的"文化产业管理"专业外，其他专业都是艺术学门类专业，这表明艺术院校专业设置"专业性"强。

表 11.9　　　2013 年度一半以上的艺术院校设置的本科专业　　　单位：个,%

排序	专业	专业布点	覆盖学校比例
1	动画	30	71.43
2	视觉传达设计	29	69.05
3	环境设计	28	66.67

续表

排序	专业	专业布点	覆盖学校比例
4	戏剧影视美术设计	27	64.29
5	服装与服饰设计	27	64.29
6	数字媒体艺术	25	59.52
7	表演	25	59.52
8	产品设计	25	59.52
9	广播电视编导	24	57.14
10	影视摄影与制作	24	57.14
11	绘画	24	57.14
12	摄影	24	57.14
13	音乐学	23	54.76
14	音乐表演	22	52.38
15	雕塑	22	52.38
16	播音与主持艺术	21	50.00
17	美术学	21	50.00

表11.10　　2018年度一半以上的艺术院校设置的本科专业　　单位：个，%

排序	专业	专业布点	覆盖学校比例
1	动画	36	75.00
2	数字媒体艺术	35	72.92
3	视觉传达设计	34	70.83
4	环境设计	33	68.75
5	戏剧影视美术设计	33	68.75
6	表演	32	66.67
7	文化产业管理	32	66.67
8	服装与服饰设计	30	62.50
9	广播电视编导	29	60.42
10	影视摄影与制作	29	60.42
11	产品设计	28	58.33
12	音乐表演	28	58.33
13	绘画	27	56.25
14	摄影	27	56.25

续表

排序	专业	专业布点	覆盖学校比例
15	音乐学	26	54.17
16	播音与主持艺术	26	54.17
17	戏剧影视文学	26	54.17
18	雕塑	25	52.08
19	艺术与科技	25	52.08
20	舞蹈表演	24	50.00

3. 较集中在艺术院校设置的本科专业

2013年度，艺术院校专业布点占各类别高校中该专业布点总数的50%以上的专业共8种。其中，艺术院校布点占80%以上的专业有8种，只有艺术院校设置的专业无。

到2018年度，专业布点占各类别高校中该专业布点总数的50%以上的专业17种。其中，艺术院校布点占80%以上的专业有7种，只有艺术院校设置的专业有6种。这表明艺术院校专业设置特色逐渐变得不那么明显。

4. 增长的本科专业

（1）专业布点增长数量。2013—2018年度，艺术院校布点增加的本科专业有82种，共增加了298个布点。这期间，专业布点增加最多的前11种专业①，分别是艺术史论、文化产业管理、书法学、工艺美术、数字媒体艺术、艺术与科技、公共艺术、艺术教育、艺术管理、舞蹈表演和表演（见表11.11）。艺术史论专业布点增加最多，共增加13个。

表11.11　　2013—2018年度专业布点增加最多的前11种专业　　单位：个，%

专业	2013年度	2018年度	增加专业布点	增加比例
艺术史论	4	17	13	325.00
文化产业管理	20	32	12	60.00
书法学	10	20	10	100.00

① 排在第8位的有四种专业。

续表

专业	2013 年度	2018 年度	增加专业布点	增加比例
工艺美术	9	19	10	111.11
数字媒体艺术	25	35	10	40.00
艺术与科技	15	25	10	66.67
公共艺术	11	19	8	72.73
艺术教育	8	15	7	87.50
艺术管理	0	7	7	—
舞蹈表演	17	24	7	41.18
表演	25	32	7	28.00

（2）专业布点的增幅。2013—2018 年度，专业布点增幅 50% 以上的专业有 21 种；增长 100% 以上有 11 种。这期间专业增幅最大的前 11 种专业①，分别是电影学、艺术史论、软件工程、物联网工程、新闻学、数字媒体技术、工艺美术、书法学、传播学、学前教育和网络工程，见表 11.12 所示。其中电影学专业增加的比例最高，增加的比例是 400.00%。

表 11.12　　2013—2018 年度专业布点增幅最大的前 11 种专业　　单位：个，%

专业	2013 年度	2018 年度	增加专业布点	增加比例
电影学	1	5	4	400.00
艺术史论	4	17	13	325.00
软件工程	1	3	2	200.00
物联网工程	1	3	2	200.00
新闻学	2	5	3	150.00
数字媒体技术	4	9	5	125.00
工艺美术	9	19	10	111.11
书法学	10	20	10	100.00
传播学	3	6	3	100.00
学前教育	2	4	2	100.00
网络工程	1	2	1	100.00

---

① 排在第 10 位的有四种专业。

（3）新设的本科专业。2013—2018 年度，艺术院校不断增设新专业，在这期间新设置的专业共 30 种，占 2018 年度艺术院校本科专业总种数的 27.27%。

5. 布点减少或撤销的本科专业

2013—2018 年度，编辑出版学和公共事业管理专业分别减少了 2 个和 1 个专业布点。

第十二章

民族院校本科专业设置发展

一 民族院校专业设置基本状况

1999—2018 年度，民族院校本科专业有较大发展（见图 12.1 和图 12.2）。

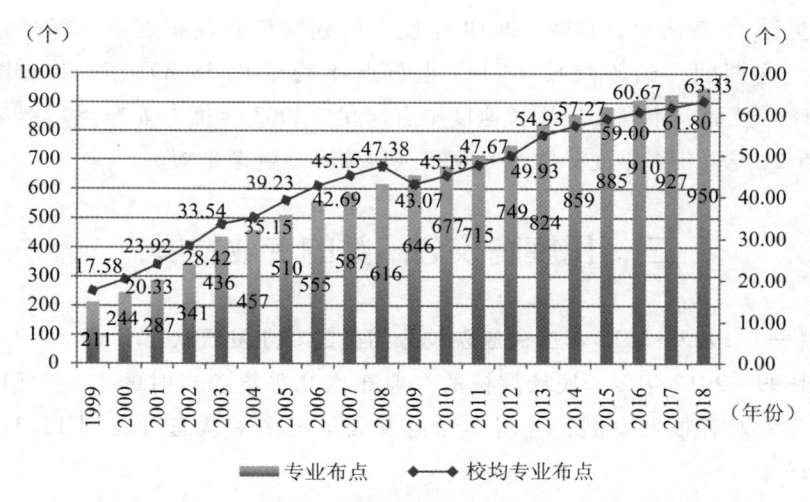

图 12.1　1999—2018 年度民族院校专业布点与校均专业布点

见图 12.1 所示，1999 年度，民族院校本科专业布点 211 个；2018 年度增加到 950 个，是 1999 年度专业布点的 4.50 倍。2003 年度专业布点增加最多，共增加了 95 个。1999 年度，民族院校校均本科专业 17.58 个；2018 年度增加到 63.33 个，校均专业设置规模增加 45.75 个。

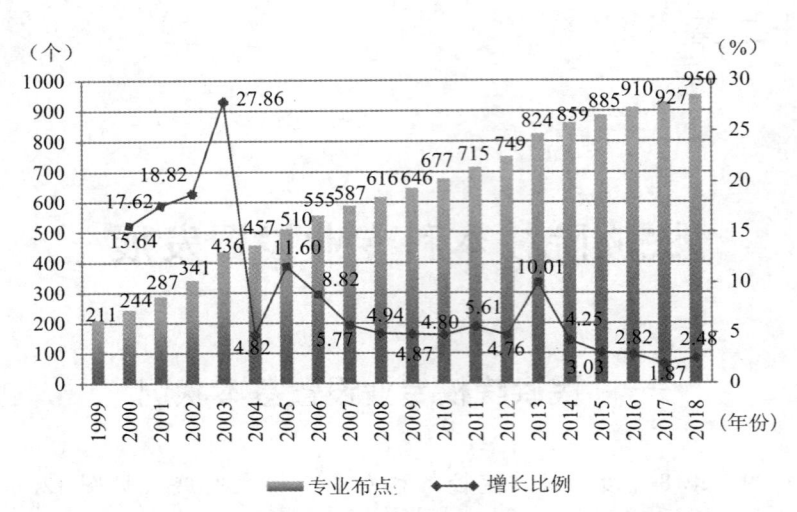

图 12.2　1999—2018 年度民族院校专业布点与专业布点增长趋势

见图 12.2 所示,1999—2018 年度,民族院校专业布点一直保持较快增长。这期间,民族院校本科专业布点年均增长 38.89 个,年增长率 8.24%。然而,不同年度增长速度则有起伏,2003 年度专业布点增幅高达 27.86%。从 2014 年度开始,专业布点增速开始逐渐平缓。

二　民族院校分门类的专业发展

(一) 1999—2012 年度民族院校分门类的专业发展状况

1999—2012 年度,民族院校的专业布点几乎覆盖当时的十一大门类。各门类专业有很大发展,各门类专业发展呈不平衡状态(见图 12.3—图 12.11)。

1. 哲学门类专业的发展

1999—2006 年度,民族院校哲学门类专业布点一直保持着 3 个;2007—2012 年度增加到 4 个布点。

2. 经济学门类专业的发展

1999 年度,经济学门类专业布点 11 个;2012 年度增加到 36 个。这期间,经济学门类专业布点增加了 25 个,但其占民族院校专业布点比重略有下降。1999 年度,该门类专业布点占民族院校专业布点的 5.21%,2012 年度下降到 4.81%(见图 12.3)。

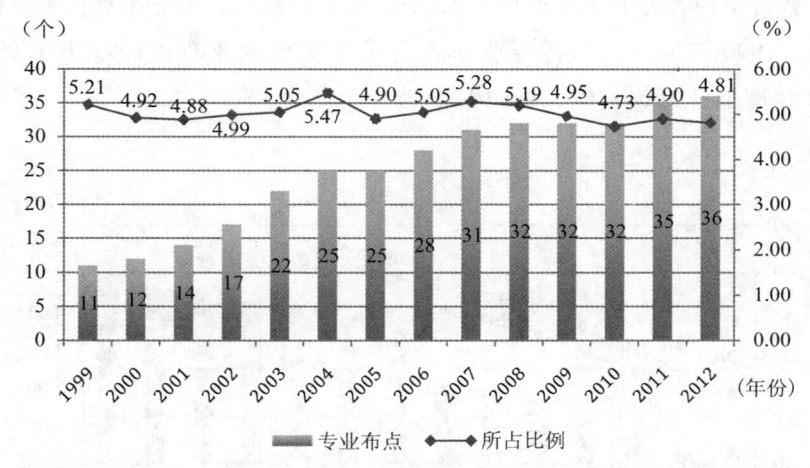

图 12.3 1999—2012 年度经济学门类专业布点及其占民族院校专业布点比例

3. 法学门类专业的发展

1999 年度，法学门类专业布点 16 个；2012 年度增加到 48 个。这期间，法学门类专业布点增加了 32 个，其占民族院校专业布点比重却有所下降。1999 年度，该门类专业布点占民族院校专业布点的 7.58%。2012 年度下降到 6.41%，见图 12.4 所示。

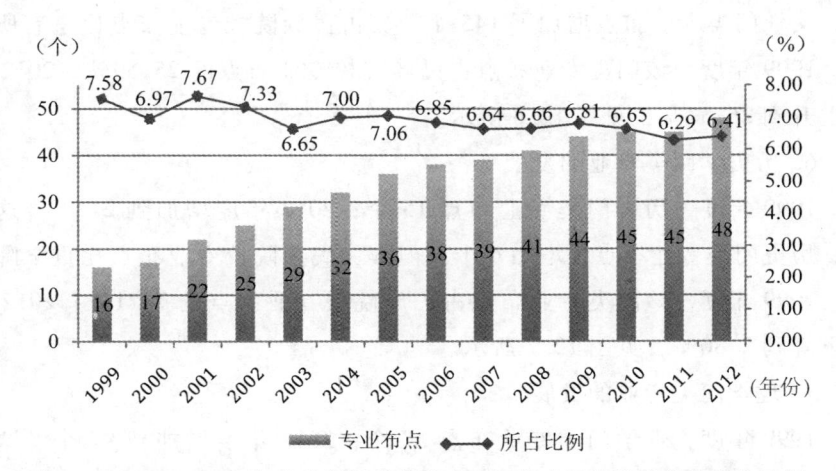

图 12.4 1999—2012 年度法学门类专业布点及其占民族院校专业布点比例

4. 教育学门类专业的发展

1999 年度，教育学门类专业布点 4 个；2012 年度增加到 46 个。这期间，教育学门类专业布点增加了 42 个，其占民族院校专业布点比重有较大提升。1999 年度，该门类专业布点占民族院校专业布点的仅为 1.90%；2012 年度上升到 6.14%，见图 12.5 所示。

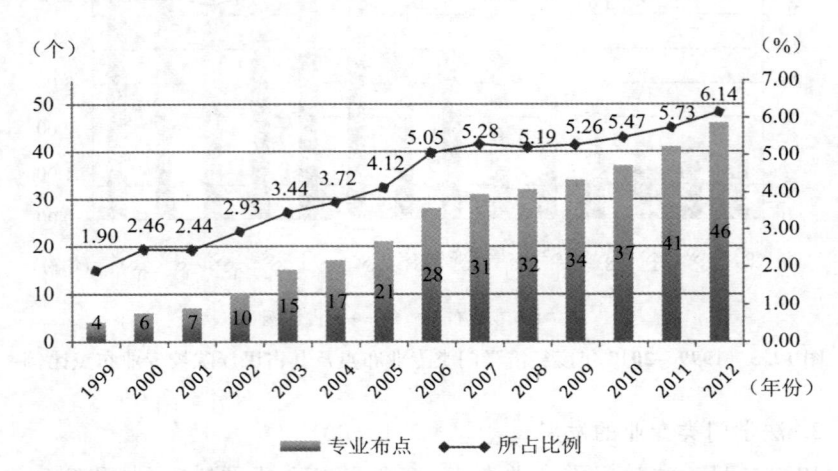

图 12.5　1999—2012 年度教育学门类专业布点及其占民族院校专业布点比例

5. 文学门类专业的发展

1999 年度，文学门类专业布点 54 个；2012 年度增加到 199 个。这期间，文学门类专业布点增加了 145 个，其占民族院校专业布点比重有所提升。1999 年度，该门类专业布点占民族院校专业布点的 25.59%；2012 年度上升到 26.57%，见图 12.6 所示。

6. 历史学门类专业的发展

1999 年度，历史门类专业布点 15 个；2012 年度增加到 21 个。这期间，历史门类专业布点仅增加 6 个，但其占民族院校专业布点比重下降较大。1999 年度，该门类专业布点占民族院校专业布点的 7.11%；2012 年度下降到 2.80%，见图 12.7 所示。

7. 理学门类专业的发展

1999 年度，理学门类专业布点 37 个；2012 年度增加到 97 个。这期间，理学门类专业布点增加了 60 个，其占民族院校专业布点比重却有较大幅度下降。1999 年度，该门类专业布点占民族院校专业布点的 17.54%；2012 年度下降到 12.95%，见图 12.8 所示。

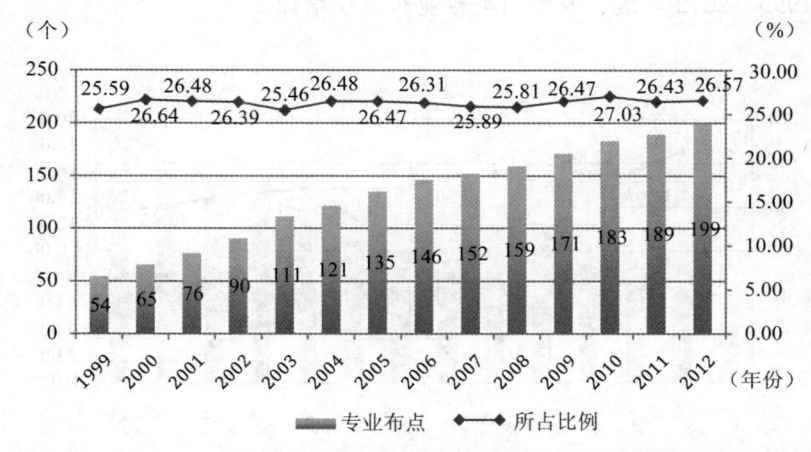

图 12.6　1999—2012 年度校文学门类专业布点及其占民族院校专业布点比例

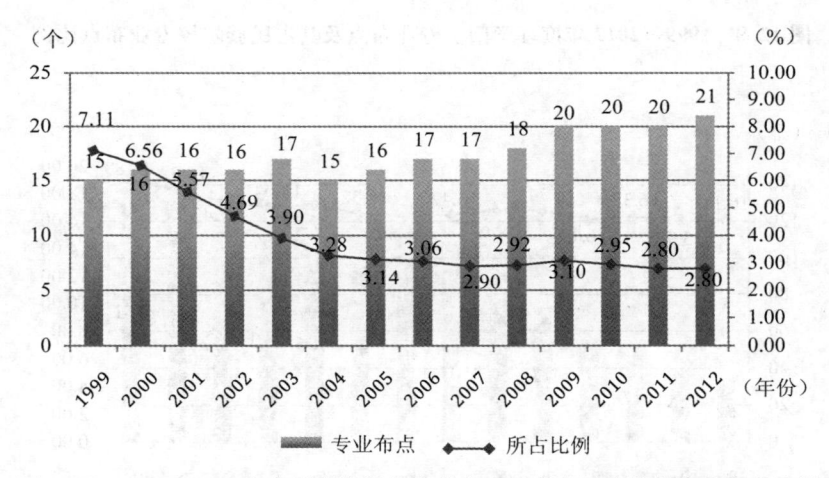

图 12.7　1999—2012 年度历史学门类专业布点及其占民族院校专业布点比例

8. 工学门类专业的发展

1999 年度，工学门类专业布点 34 个；2012 年度增加到 141 个。这期间，工学门类专业布点增加了 107 个，其占民族院校专业布点比重有所上升。1999 年度，该门类专业布点占民族院校专业布点的 16.11%；2012 年度上升到 18.83%，见图 12.9 所示。

9. 农学门类专业的发展

1999—2000 年度，农学门类专业布点只有 6 个；到 2012 年度增加到 9

个。1999—2012 年度，农学门类专业布点仅增加 3 个。

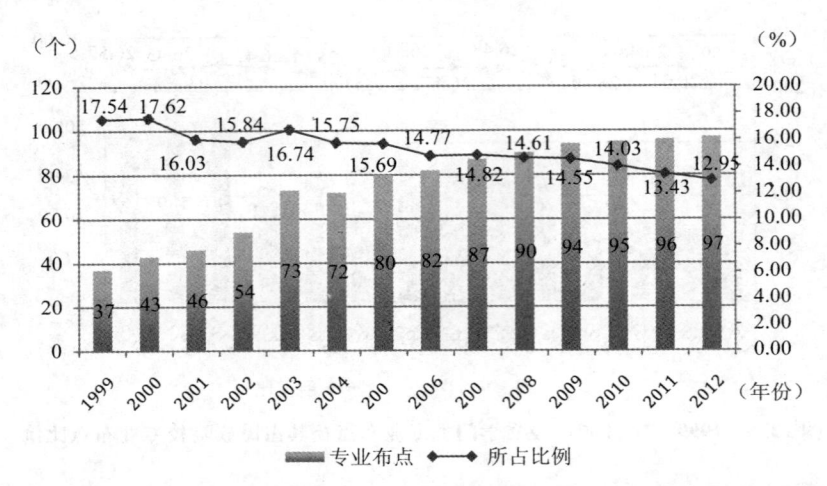

图 12.8　1999—2012 年度理学门类专业布点及其占民族院校专业布点比例

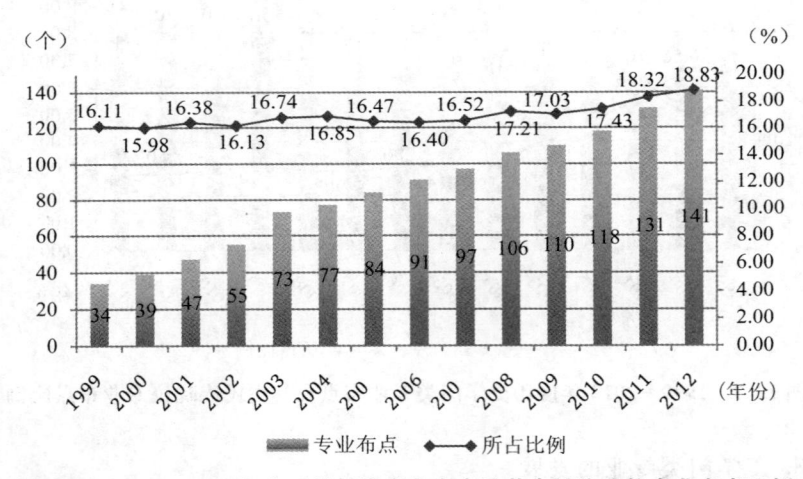

图 12.9　1999—2012 年度工学门类专业布点及其占民族院校专业布点比例

10. 医学门类专业的发展

1999 年度，医学门类专业布点 4 个；2012 年度增加到 21 个。这期间，医学门类专业布点增加了 17 个，其占民族院校专业布点比重有所增加。1999 年度，该门类专业布点占民族院校专业布点的 1.90%；2012 年度上升到 2.80%，见图 12.10 所示。

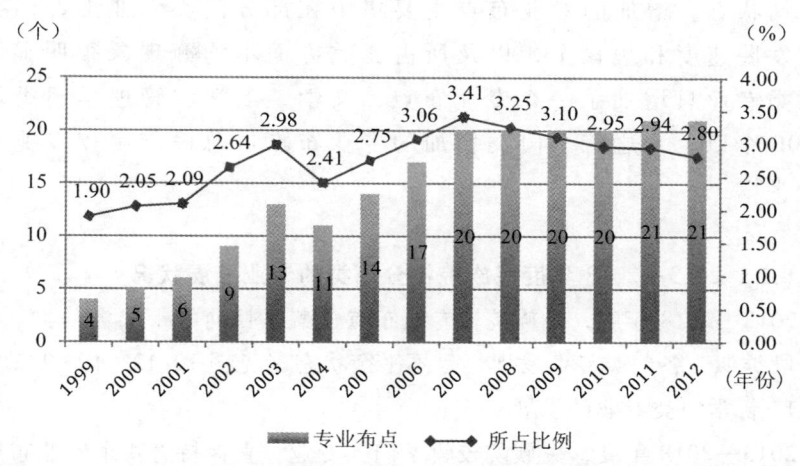

图 12.10　1999—2012 年度医学门类专业布点及其占民族院校专业布点比例

11. 管理学门类专业的发展

1999 年度，管理学门类专业布点 27 个；2012 年度增加到 127 个。这期间，管理学门类专业布点增加了 100 布点，其占民族院校专业布点比重有较大提升。1999 年度，该门类专业布点占民族院校专业布点的 12.80%；2012 年度上升到 16.96%，见图 12.11 所示。

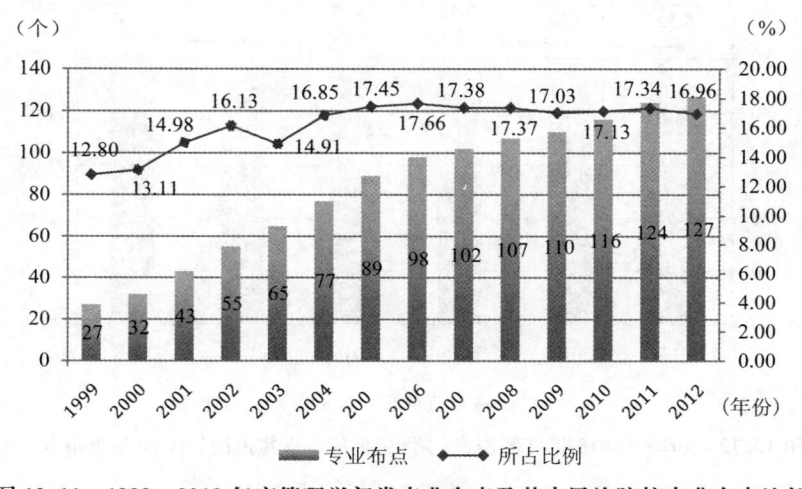

图 12.11　1999—2012 年度管理学门类专业布点及其占民族院校专业布点比例

1999—2012 年度，民族院校各门类专业都得到一定发展，但呈不平衡状态。增加的专业布点主要集中在部分门类专业上，门类专业在发展速度和规模上，以及所占比重方面不均衡现象很明显。哲学门类专业只增加了一个专业布点，文学、工学和管理学门类增加了100个以上，这三个门类增加的专业布点占总民族院校专业布点的一半以上。

（二）2013—2018年度民族院校分门类的专业发展状况

2013—2018年度，民族院校专业布点覆盖了目前的十二大门类。与前一阶段类似，各门类专业发展仍呈不平衡状态（见图12.12—图12.21）。

1. 哲学门类专业的发展

2013—2018年度，民族院校哲学门类专业一直保持着4个专业布点。

2. 经济学门类专业的发展

2013年度，经济学门类专业布点43个；2018年度增加到51个。这期间，经济学门类专业布点仅增加了8个，其占民族院校专业布点比重略有上升。2013年度，该门类专业布点占民族院校专业布点的5.22%；2018年度上升到5.37%，见图12.12所示。

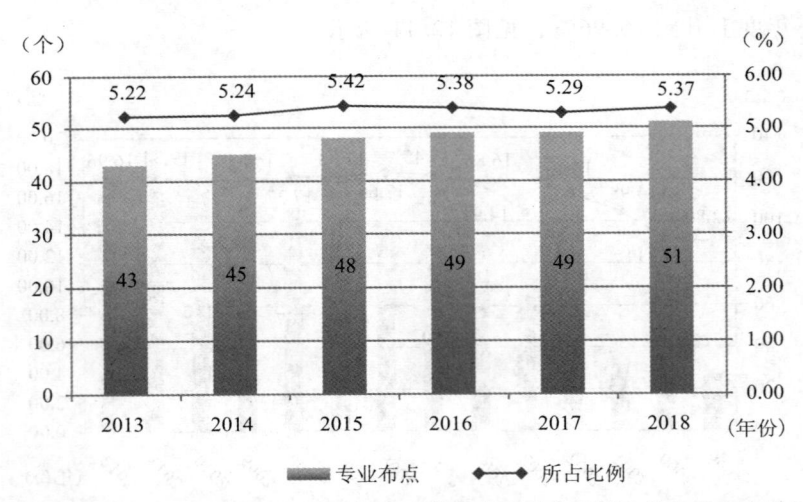

图12.12　2013—2018年度经济学门类专业布点及其占民族院校专业布点比例

3. 法学门类专业的发展

2013年度，法学门类专业布点62个；2018年度增加到66个。这期间，法学门类专业布点仅增加了4个，其占民族院校专业布点比重略有下降。2013 年度，该门类专业布点占民族院校专业布点的 7.52%；2018 年度下降到 6.95%，见图 12.13 所示。

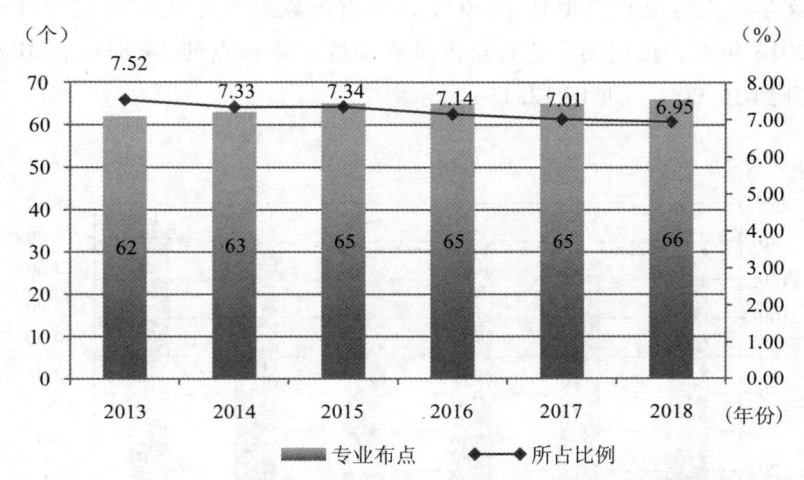

图 12.13　2013—2018 年度法学门类专业布点及其占民族院校专业布点比例

4. 教育学门类专业的发展

2013 年度，教育学门类专业布点 43 个；到 2018 年度增加到 51 个。这期间，教育学门类专业布点仅增加了 8 个，其占民族院校专业布点比重略有上升。2013 年度，该门类专业布点占民族院校专业布点的 5.22%；2018 年度上升到 5.37%，见图 12.14 所示。

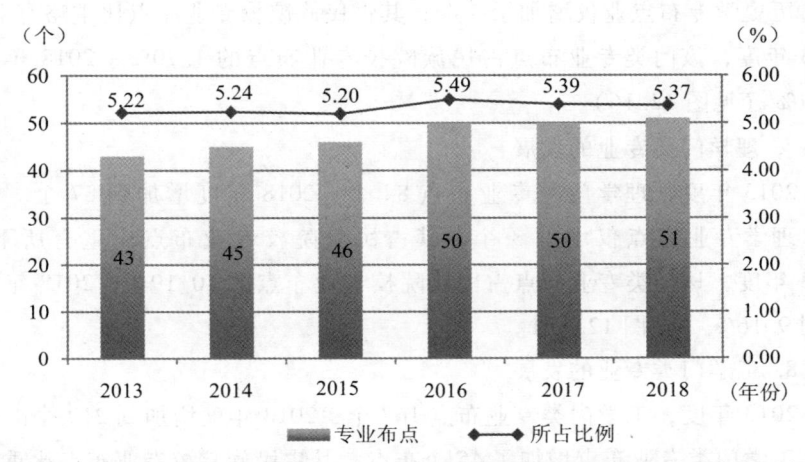

图 12.14　2013—2018 年度教育学门类专业布点及其占民族院校专业布点比例

5. 文学门类专业的发展

2013 年度，文学门类专业布点 122 个；2018 年度增加到 152 个。这期间，文学门类专业布点增加了 30 个，其占民族院校专业布点比重有所增长。2013 年度，该门类专业布点占民族院校专业布点的 14.81%；2018 年度上升到 16.00%（见图 12.15）。

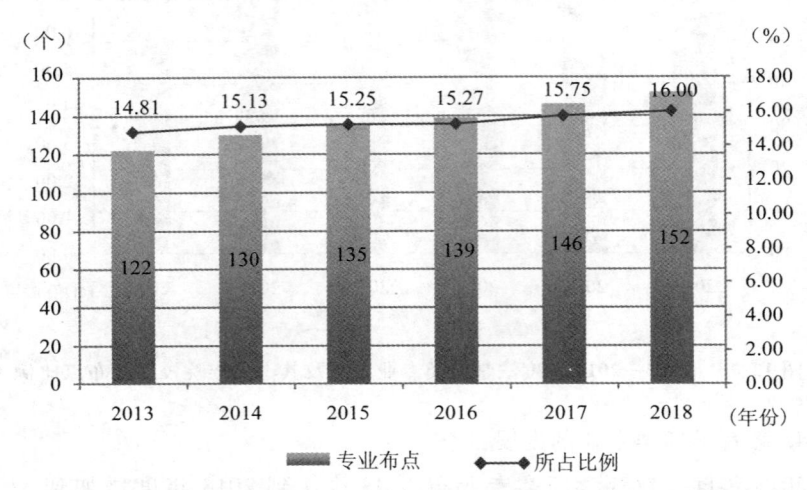

图 12.15　2013—2018 年度文学门类专业布点及其占民族院校专业布点比例

6. 历史学门类专业的发展

2013 年度，历史学门类专业布点 14 个；2018 年度增加到 17 个。这期间，历史学专布点业仅增加了 3 个，其占民族院校专业布点比重略有上升。2013 年度，该门类专业布点占民族院校专业布点的 1.70%；2018 年度是 1.79%（见图 12.16）。

7. 理学门类专业的发展

2013 年度，理学门类专业布点 84 个；2018 年度增加到 87 个。这期间，理学专业布点仅增加 3 个，其占民族院校专业布点比重有所下降。2013 年度，该门类专业布点占民族院校专业布点的 10.19%；2018 年度下降到 9.16%（见图 12.17）。

8. 工学门类专业的发展

2013 年度，工学门类专业布点 167 个；2018 年度增加到 212 个。这期间，工学门类专业布点增加了 45 个布点，其占民族院校专业布点比重有所增长。2013 年度，该门类专业布点占民族院校专业布点的 20.27%；2018

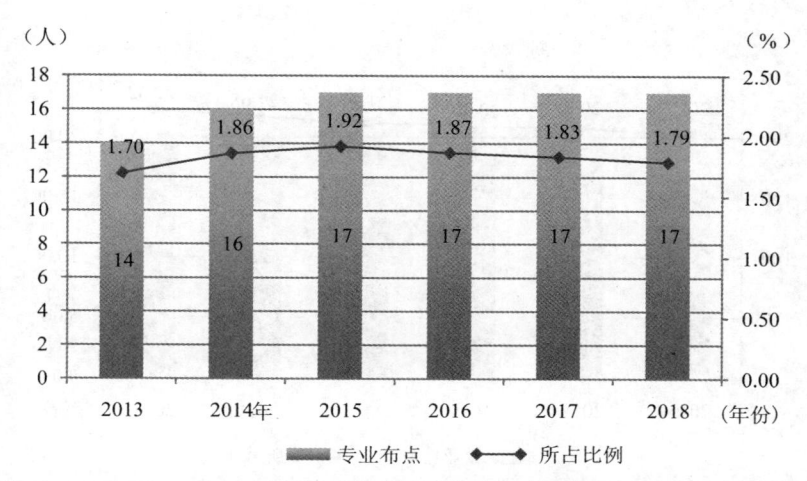

图 12.16　2013—2018 年度历史学门类专业布点及其占民族院校专业布点比例

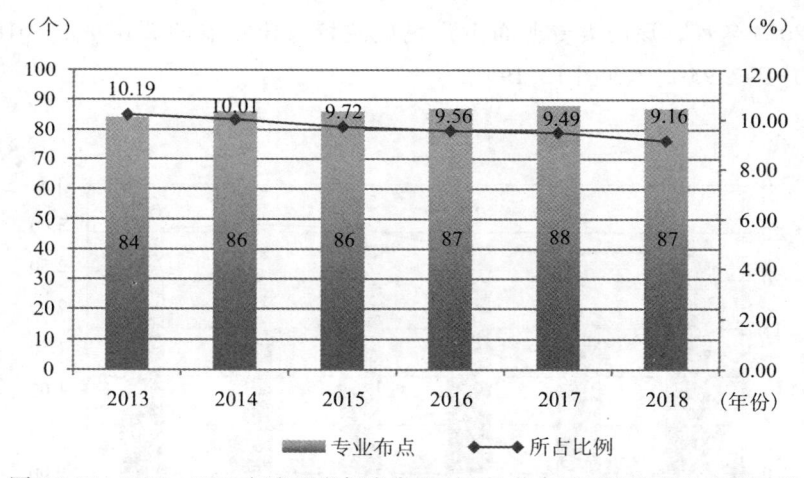

图 12.17　2013—2018 年度理学门类专业布点及其占民族院校专业布点比例

年度上升到 22.32%（见图 12.18）。

9. 农学门类专业的发展

2013—2014 年度，农学门类专业布点 9 个；2015—2018 年度 10 个，这期间该门类专业只增加了 1 个。

10. 医学门类专业的发展

2013 年度，医学门类专业布点 22 个；2018 年度增加到 28 个。这期间，医学门类专业布点仅增加了 6 个，其占民族院校专业布点比重略有增

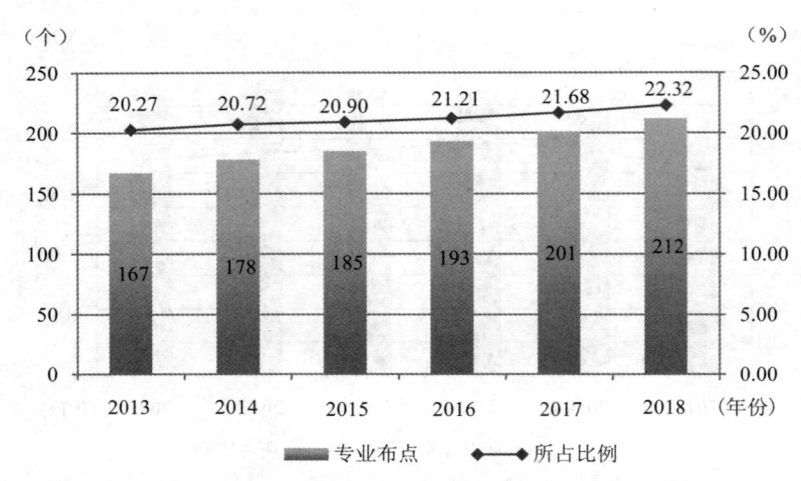

图 12.18　2013—2018 年度工学门类专业布点及其占民族院校专业布点比例

长。2013 年度，该门类专业布点占民族院校专业布点的 2.67%；2018 年度上升到 2.95%（见图 12.19）。

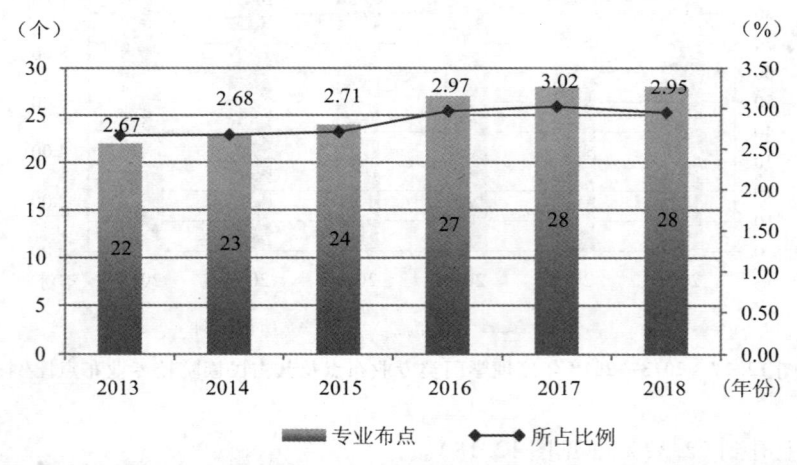

图 12.19　2013—2018 年度医学门类专业布点及其占民族院校专业布点比例

11. 管理学门类专业的发展

2013 年度，管理学门类专业 134 个；2018 年度增加到 145 个。这期间，管理学门类专业布点增加了 11 个，其占民族院校专业布点比重有所下降。2013 年度，该门类专业布点占民族院校专业布点的 16.26%；2018 年度下降到 15.26%（见图 12.20）。

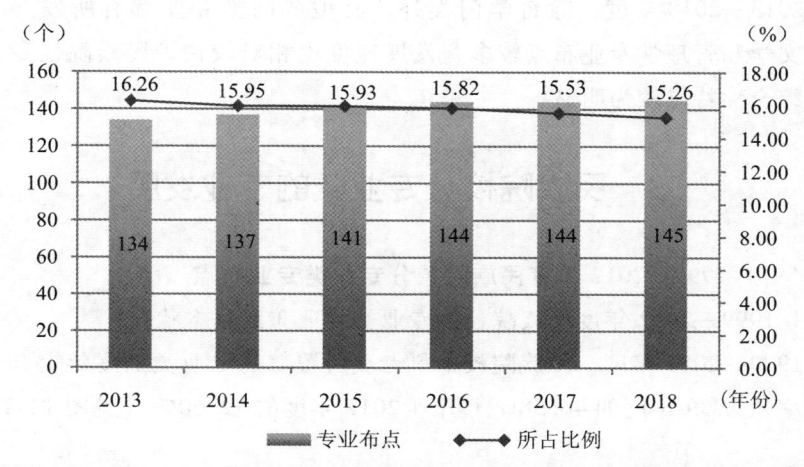

图 12.20 2013—2018 年度管理学门类专业布点及其占民族院校专业布点比例

12. 艺术学门类专业的发展

2013 年度，艺术学门类专业 120 个；2018 年度增加到 127 个。这期间，艺术学门类专业布点仅增加 7 个，其占民族院校专业布点比重有所下降。2013 年度，该门类专业布点占民族院校专业布点的 14.56%；2018 年度下降到 13.37%（见图 12.21）。

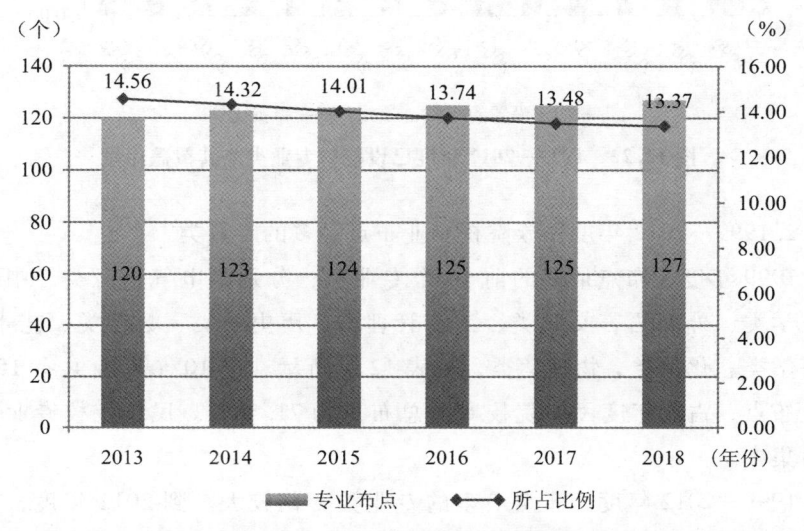

图 12.21 2013—2018 年度艺术学门类专业布点及其占民族院校专业布点比例

2013—2018 年度，除哲学门类外，其他各门类专业都有所发展。工学、文学和管理学专业布点较多，发展速度也相对较快。民族院校专业发展的综合性特点较为明显。

三 民族院校分专业类的专业发展

（一）1999—2012 年度民族院校分专业类专业布点

1. 1999—2012 年度民族院校各专业类专业布点基本状况

1999—2012 年度，民族院校本科专业所覆盖的专业类的逐年上升，其覆盖率从 1999 年度的 46.58% 上升到 2012 年度的 72.60%（见图 12.22）。

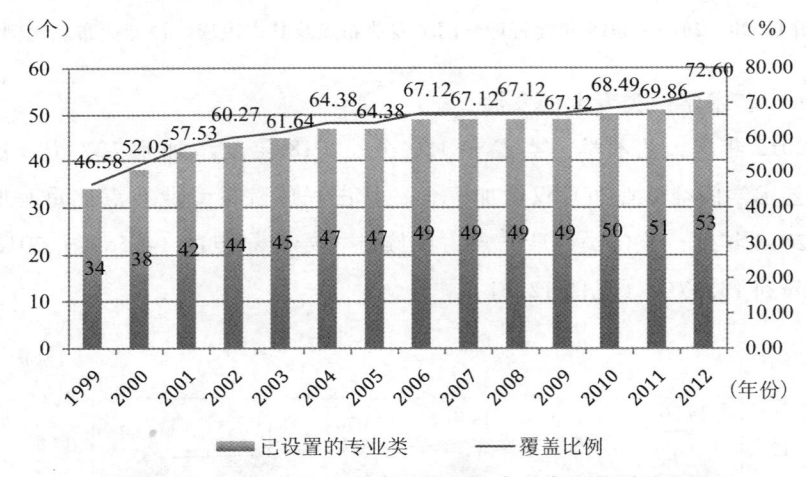

图 12.22 1999—2012 年度已设置的专业类及其覆盖比例

2. 1999—2012 年度民族院校专业布点最多的专业类

1999 年度，布点最多的前 10 个专业类，分别是电气信息类、中国语言文学类、外国语言文学类、工商管理类、历史学类、数学类、艺术类、经济学类、化学类、物理学类，见表 12.1 所示。这 10 个专业共有 151 个专业布点，占当年度民族院校专业总布点的 71.56%。民族院校专业布点相对集中。

1999—2012 年度，布点最多的专业类变化较大。到 2012 年度，民族院校的农业工程类、林业工程类、新闻传播学类和体育学类专业有了很大的发展，这 4 个专业类的布点都上升到布点最多的前 10 个专业类，见表

12.2 所示。这与 1999 年度有很大的差异，特别是农业工程类和林业工程类专业发展迅速。

表 12.1   1999 年度专业布点最多的前 10 个专业类   单位：个

排序	专业类	专业布点
1	电气信息类	22
2	中国语言文学类	20
3	外国语言文学类	19
4	工商管理类	19
5	历史学类	15
6	数学类	13
7	艺术类	12
8	经济学类	11
9	化学类	10
10	物理学类	10

表 12.2   2012 年度专业布点最多的前 10 个专业类   单位：个

排序	专业类	专业布点
1	艺术类	81
2	农业工程类	76
3	电气信息类	68
4	外国语言文学类	52
5	经济学类	36
6	林业工程类	36
7	中国语言文学类	34
8	新闻传播学类	32
9	数学类	25
10	体育学类	22

3. 1999—2012 年度占各类别高校总专业布点比重一半以上的专业类

1999—2012 年度，民族院校中，没有一个专业类专业布点占该专业类在各类别高校中的总布点比重达一半。专业类的专业布点占该专业类在各类别高校中的总布点比重最高的是马克思主义理论类。1999 年度马克思主义理论类专业布点仅占该专业类在各类别高校中的总布点比重的 12.50%；2012 年度下降到 11.11%。

4. 1999—2012 年度民族院校专业布点增加最多的专业类

1999—2012 年度，专业布点增加最多的前 10 个专业类，分别是农业工程类、艺术类、电气信息类、林业工程类、外国语言文学类、新闻传播学类、经济学类、体育学类、教育学类、社会学类，见表 12.3 所示。其中专业布点增加最多的是农业工程类，增加专业布点 76 个。

表 12.3　　1999—2012 年度专业布点增加最多的前 10 个专业类　　单位：个,%

专业类	1999 年度	2012 年度	增加专业布点	增加比例
农业工程类	0	76	76	—
艺术类	12	81	69	575.00
电气信息类	22	68	46	209.09
林业工程类	0	36	36	—
外国语言文学类	19	52	33	173.68
新闻传播学类	3	32	29	966.67
经济学类	11	36	25	227.27
体育学类	3	22	19	633.33
教育学类	1	19	18	1800.00
社会学类	1	18	17	1700.00

5. 1999—2012 年度民族院校专业布点增幅最大的专业类

1999—2012 年度，多数专业类的专业布点都有所增长，其中增长比例最大的前 10 个专业类，依次是教育学类、社会学类、生物工程类、新闻传播学类、体育学类、统计学类、艺术类、生物科学类、机械类和经济学类，见表 12.4 所示。

表 12.4　　1999—2012 年度专业布点增幅最大的前 10 个专业类　　单位：个,%

专业类	1999 年度	2012 年度	增加专业布点	增加比例
教育学类	1	19	18	1800.00
社会学类	1	18	17	1700.00

续表

专业类	1999 年度	2012 年度	增加专业布点	增加比例
生物工程类	1	13	12	1200.00
新闻传播学类	3	32	29	966.67
体育学类	3	22	19	633.33
统计学类	1	7	6	600.00
艺术类	12	81	69	575.00
生物科学类	3	12	9	300.00
机械类	2	7	5	250.00
经济学类	11	36	25	227.27

（二）2013—2018 年度民族院校分专业类专业布点

1. 2013—2018 年度民族院校各专业类专业布点基本状况

2013—2017 年度民族院校专业覆盖了 65 个专业类；2018 年度增加到 66 个专业类。这期间已设置的专业类覆盖比例都在 70% 以上，见图 12.23 所示。这表明民族院校专业发展呈多样化。

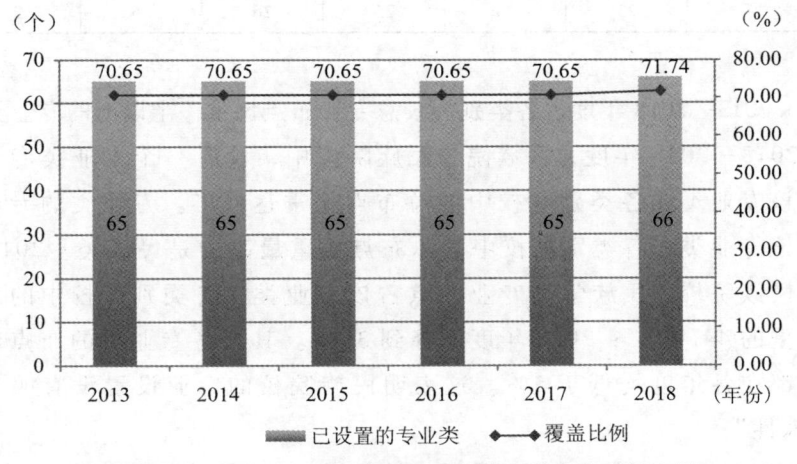

图 12.23　2013—2018 年度已设置的专业类及其覆盖比例

2. 2013—2018 年度民族院校专业布点最多的专业类

2013—2018 年度，专业布点最多的前 10 个专业类，分别是外国语言文学类、工商管理类、计算机类、设计学类、音乐与舞蹈学类、中国语言文学类、新闻传播学类、公共管理类、电子信息类和体育学类，见表 12.5 所示。

表 12.5　　2013—2018 年度专业布点最多的前 10 个专业类　　单位：个

专业类	2013 年度	2014 年度	2015 年度	2016 年度	2017 年度	2018 年度
外国语言文学类	55	59	60	63	69	73
工商管理类	64	64	65	64	64	65
计算机类	35	40	41	43	45	52
设计学类	43	43	43	43	43	43
音乐与舞蹈学类	39	39	39	39	40	42
中国语言文学类	34	37	38	38	39	40
新闻传播学类	33	34	37	38	38	39
公共管理类	30	30	31	33	33	33
电子信息类	28	28	28	30	30	30
体育学类	23	24	25	26	26	27

3. 2013—2018 年度占各类别高校总专业布点比重一半以上的专业类

2013—2018 年度，民族院校民族院校中，没有一个专业类专业布点占该专业类在各类别高校中的总布点比重达一半。专业类的专业布点占该专业类在各类别高校中的总布点比重最高的是民族类。2013 年度，民族院校的民族学类专业布点占该专业类在各类别高校中的总布点比重的 44.44%；2018 年度下降到 36%。其余各专业类的布点所占比重都在各年度均低于 5%。这表明民族院校的专业设置没有明显的"特殊性"。

4. 2013—2018 年度民族院校专业布点增加最多的专业类

2013—2018 年度，专业布点增加最多的前 10 个专业类，分别是外国语言文学类、计算机类、新闻传播学类、中国语言文学类、金融学类、环境科学与工程类、体育学类、教育学类、建筑类和土木类，见表 12.6 所示。布点增加最多的是外国语言文学类专业，其次是计算机类专业，这两类增加的专业布点都在 10 个以上。这期间民族院校各专业类布点增长较为平缓。

表 12.6　　2013—2018 年度专业布点增加最多的前 10 个专业类　　单位：个，%

专业类	2013 年度	2018 年度	增加专业布点	增加比例
外国语言文学类	55	73	18	32.73
计算机类	35	52	17	48.57
新闻传播学类	33	39	6	18.18
中国语言文学类	34	40	6	17.65
金融学类	15	21	6	40.00
环境科学与工程类	15	20	5	33.33
体育学类	23	27	4	17.39
教育学类	20	24	4	20.00
建筑类	7	11	4	57.14
土木类	7	11	4	57.14

5. 2013—2018 年度民族院校专业布点增幅最大的专业类

2013—2018 年度，专业布点增幅最大的 12 个专业类①，分别是医学技术类、公安学类、中药学类、建筑类、土木类、水利类、计算机类、金融学类、环境科学与工程类、生物工程类、图书情报与档案管理类和动物医学类，见表 12.7 所示。各专业类专业布点的增幅都较小，增幅大的专业类其专业布点总数都比较少。

表 12.7　　2013—2018 年度专业布点增幅最大的前 12 个专业类　　单位：个，%

专业类	2013 年度	2015 年度	增加专业布点	增加比例
医学技术类	2	5	3	150.00
公安学类	1	2	1	100.00
中药学类	3	5	2	66.67
建筑类	7	11	4	57.14

---

① 排在第 9 位的有四个专业类。

续表

专业类	2013 年度	2015 年度	增加专业布点	增加比例
土木类	7	11	4	57.14
水利类	2	3	1	50.00
计算机类	35	52	17	48.57
金融学类	15	21	6	40.00
环境科学与工程类	15	20	5	33.33
生物工程类	6	8	2	33.33
图书情报与档案管理类	3	4	1	33.33
动物医学类	3	4	1	33.33

四 民族院校专业布点的状况

（一）1999—2012 年度民族院校的专业布点

1. 民族院校设置的本科专业种数

1999—2012 年度，民族院校设置的专业种数逐年增加，专业种数及其占各类别高校专业总种数的比例则有起伏，见图 12.24 所示。

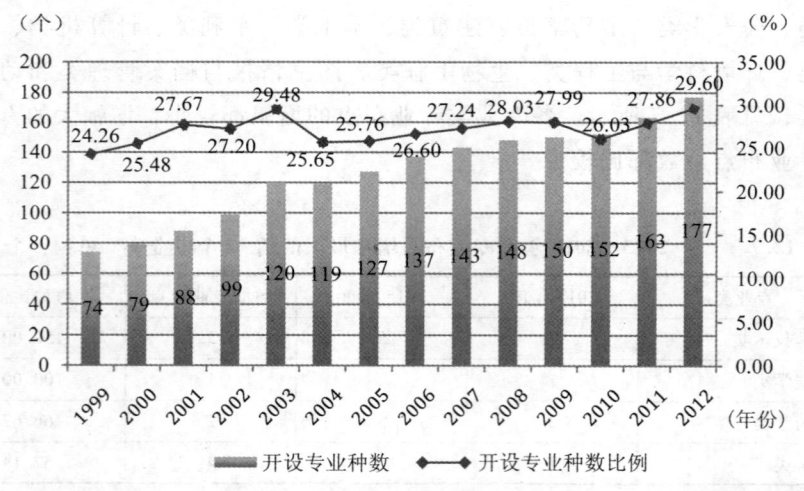

图 12.24 1999—2012 年度民族院校专业种数及其占各类别高校专业总种数的比例

1999年度，民族院校设置的专业74种，占当年度各类别高校专业总种数比重的24.26%。到2012年度，设置的专业种数增加到177种，占当年度各类别高校专业总种数比重的29.60%。这表明民族院校设置的专业越来越全面，有更强的综合性。

2. 民族院校较集中设置的本科专业

1999年度，一半以上的民族院校设置的本科专业有10种，分别是汉语言文学、英语、法学、历史学、数学与应用数学、计算机科学与技术、中国少数民族语言文学、物理学、会计学和电子信息工程，见表12.8所示。其中布点最多的是汉语言文学专业，该年度只有一所民族院校没有开设该专业。

表12.8　　1999年度一半以上的民族院校设置的本科专业　　单位：个，%

排序	专业	专业布点	覆盖学校比例
1	汉语言文学	11	91.67
2	英语	10	83.33
3	法学	9	75.00
4	历史学	9	75.00
5	数学与应用数学	9	75.00
6	计算机科学与技术	9	75.00
7	中国少数民族语言文学	7	58.33
8	物理学	7	58.33
9	会计学	7	58.33
10	电子信息工程	6	50.00

到2012年度，一半以上的民族院校设置的本科专业增加到39种，见表12.9所示。这期间，所有民族院校都开设了计算机科学与技术专业。汉语言文学、英语、法学、艺术设计和旅游管理等5种专业，只有一所民族院校没有开设。这表明民族院校本科专业设置呈趋同化。

表 12.9　　2012 年度一半以上的民族院校设置的本科专业　　单位：个,%

排序	专业	专业布点	覆盖学校比例	排序	专业	专业布点	覆盖学校比例
1	计算机科学与技术	15	100.00	21	美术学	10	66.67
2	汉语言文学	14	93.33	22	通信工程	10	66.67
3	英语	14	93.33	23	社会工作	10	66.67
4	法学	14	93.33	24	历史学	9	60.00
5	艺术设计	14	93.33	25	中国少数民族语言文学	9	60.00
6	旅游管理	14	93.33	26	经济学	9	60.00
7	数学与应用数学	13	86.67	27	信息管理与信息系统	9	60.00
8	行政管理	13	86.67	28	广播电视新闻学	9	60.00
9	会计学	12	80.00	29	物理学	8	53.33
10	信息与计算科学	12	80.00	30	电子信息工程	8	53.33
11	财务管理	12	80.00	31	民族学	8	53.33
12	音乐学	12	80.00	32	应用化学	8	53.33
13	体育教育	11	73.33	33	金融学	8	53.33
14	工商管理	11	73.33	34	生物技术	8	53.33
15	国际经济与贸易	11	73.33	35	广告学	8	53.33
16	日语	11	73.33	36	舞蹈学	8	53.33
17	公共事业管理	11	73.33	37	社会体育	8	53.33
18	新闻学	10	66.67	38	自动化	8	53.33
19	市场营销	10	66.67	39	网络工程	8	53.33
20	人力资源管理	10	66.67				

3. 较集中在民族院校设置的本科专业

1999 年度，民族院校中，专业布点占各类别高校中该专业布点总数的 50% 以上的专业只有民族学和老挝语两种专业。

到 2012 年度，民族院校专业布点占各类别高校中该专业布点总数的 50% 以上的专业增加到 4 种，分别是柬埔寨语、老挝语、马来语和韩国语。这表明，民族院校专业设置的"特殊性"不明显。

4. 增长的本科专业

（1）专业布点增长数量。1999—2012 年度，民族院校布点增加的本科专业有 164 种，共增加了 538 个布点。这期间，专业布点增加最多的前 12

种专业[1],分别是音乐学、旅游管理、社会工作、日语、艺术设计、财务管理、行政管理、公共事业管理、国际经济与贸易、广播电视新闻学和美术学、通信工程,见表 12.10 所示。音乐学和旅游管理两种专业布点增加最多,各增加 11 个。

表 12.10　　　1999—2012 年度专业布点增加最多的前 12 种专业　　单位:个,%

专业	1999 年度	2012 年度	增加专业布点	增加比例
音乐学	1	12	11	1100.00
旅游管理	3	14	11	366.67
社会工作	0	10	10	—
日语	1	11	10	1000.00
艺术设计	4	14	10	250.00
财务管理	2	12	10	500.00
行政管理	3	13	10	333.33
公共事业管理	1	11	10	1000.00
国际经济与贸易	2	11	9	450.00
广播电视新闻学	0	9	9	—
美术学	1	10	9	900.00
通信工程	1	10	9	900.00

(2)专业布点的增幅。1999—2012 年度,专业布点增幅 50% 以上的专业有 52 种;增长 100% 以上的有 45 种。这期间专业增幅最大的前 10 种专业,分别是音乐学、日语、公共事业管理、美术学、通信工程、广告学、舞蹈学、社会学、对外汉语和统计学,见表 12.11 所示。其中音乐学、日语和公共事业管理专业的增加比例都超过 1000.00%。

表 12.11　　　1999—2012 年度专业布点增幅最大的前 10 种专业　　单位:个,%

专业	2013 年度	2018 年度	增加专业布点	增加比例
音乐学	1	12	11	1100.00
日语	1	11	10	1000.00

---

[1]　排在第 9 位的有四种专业。

续表

专业	2013 年度	2018 年度	增加专业布点	增加比例
公共事业管理	1	11	10	1000.00
美术学	1	10	9	900.00
通信工程	1	10	9	900.00
广告学	1	8	7	700.00
舞蹈学	1	8	7	700.00
社会学	1	7	6	600.00
对外汉语	1	7	6	600.00
统计学	1	7	6	600.00

（3）新设的本科专业。1999—2012 年度，民族院校不断增设新专业，在这期间新设置的专业共 103 种，占 2012 年度民族院校本科专业总种数的 58.19%。

5. 布点减少或撤销的本科专业

1999—2012 年度，民族院校没有布点减少的专业。

（二）2013—2018 年度民族院校的专业布点

1. 民族院校设置的本科专业种数

2013—2018 年度，民族院校设置的专业种数逐年增加，各年度专业种数占各类别高校专业总种数的比重也有所增加，见图 12.25 所示。

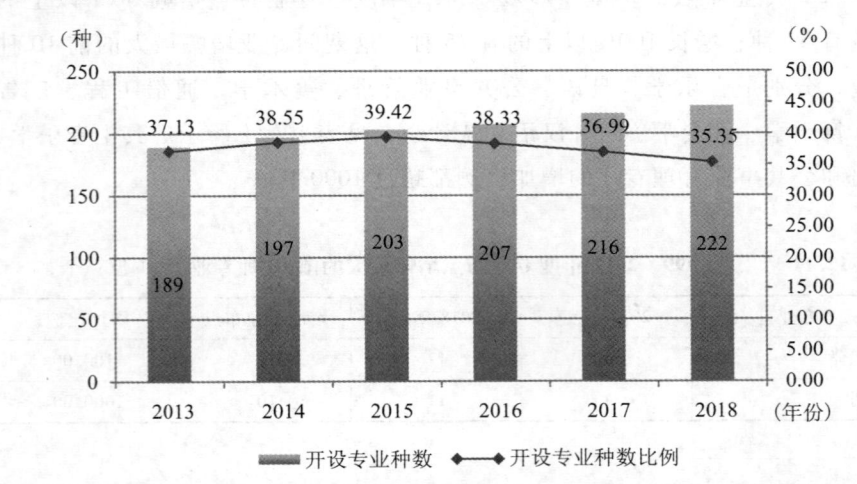

图 12.25 2013—2018 年度民族院校专业种数及其占各类别高校专业总种数的比例

2013年度，民族院校设置的专业共189种，占当年度各类别高校专业总种数比重的37.13%。2018年度，民族院校设置的专业共222种，占当年度各类别高校专业总种数比重的35.35%。与1999—2012年度相比，民族院校设置的专业设置多样化趋势明显。

2. 民族院校较集中设置的本科专业

2013年度，一半以上的民族院校设置的本科专业有42种，见表12.12所示。所有民族院校都开设了法学和计算机科学与技术专业。只有1所民族院校没有开设的专业共有4种，分别是汉语言文学、英语、旅游管理和视觉传达设计专业。民族院校专业趋同化现象明显。

表12.12　　2013年度一半以上的民族院校设置的本科专业　　单位：个，%

排序	专业	专业布点	覆盖学校比例	排序	专业	专业布点	覆盖学校比例
1	法学	15	100.00	22	历史学	10	66.67
2	计算机科学与技术	15	100.00	23	通信工程	10	66.67
3	汉语言文学	14	93.33	24	信息管理与信息系统	10	66.67
4	英语	14	93.33	25	市场营销	10	66.67
5	旅游管理	14	93.33	26	美术学	10	66.67
6	视觉传达设计	14	93.33	27	经济学	10	60.00
7	行政管理	13	86.67	28	社会体育指导与管理	10	60.00
8	环境设计	13	86.67	29	中国少数民族语言文学	9	60.00
9	体育教育	12	80.00	30	应用化学	9	60.00
10	数学与应用数学	12	80.00	31	金融学	9	53.33
11	会计学	12	80.00	32	社会学	9	53.33
12	财务管理	12	80.00	33	民族学	8	53.33
13	人力资源管理	12	80.00	34	广播电视学	8	53.33
14	音乐学	12	80.00	35	广告学	8	53.33
15	国际经济与贸易	11	73.33	36	生物技术	8	53.33
16	日语	11	73.33	37	电子信息工程	8	53.33
17	信息与计算科学	11	73.33	38	自动化	8	53.33
18	工商管理	11	73.33	39	网络工程	8	53.33
19	公共事业管理	11	73.33	40	化学工程与工艺	8	53.33
20	社会工作	10	66.67	41	制药工程	8	53.33
21	新闻学	10	66.67	42	舞蹈学	8	53.33

到 2018 年度，一半以上的民族院校设置的本科专业增加到了 53 种，见表 12.13 所示。所有民族院校都开设的专业共有 4 种，分别是法学、计算机科学与技术、汉语言文学和英语专业；旅游管理和视觉传达设计专业则只有 1 所民族院校没有开设。这表明，民族院校专业设置趋同化现象特别明显。

表 12.13　　2018 年度一半以上的民族院校设置的本科专业　　单位：个, %

排序	专业	专业布点	覆盖学校比例	排序	专业	专业布点	覆盖学校比例
1	法学	15	100.00	28	汉语国际教育	10	66.67
2	计算机科学与技术	15	100.00	29	市场营销	9	60.00
3	汉语言文学	15	100.00	30	社会体育指导与管理	9	60.00
4	英语	15	100.00	31	中国少数民族语言文学	9	60.00
5	旅游管理	14	93.33	32	应用化学	9	60.00
6	视觉传达设计	14	93.33	33	金融学	9	60.00
7	行政管理	13	86.67	34	民族学	9	60.00
8	环境设计	13	86.67	35	自动化	9	60.00
9	会计学	13	86.67	36	制药工程	9	60.00
10	音乐学	13	86.67	37	舞蹈学	9	60.00
11	体育教育	12	80.00	38	思想政治教育	9	60.00
12	数学与应用数学	12	80.00	39	软件工程	9	60.00
13	财务管理	12	80.00	40	环境工程	9	60.00
14	人力资源管理	12	80.00	41	社会学	8	53.33
15	新闻学	12	80.00	42	广播电视学	8	53.33
16	国际经济与贸易	11	73.33	43	广告学	8	53.33
17	日语	11	73.33	44	生物技术	8	53.33
18	信息与计算科学	11	73.33	45	电子信息工程	8	53.33
19	工商管理	11	73.33	46	网络工程	8	53.33
20	公共事业管理	11	73.33	47	物理学	8	53.33
21	社会工作	10	66.67	48	应用心理学	8	53.33
22	历史学	10	66.67	49	统计学	8	53.33
23	通信工程	10	66.67	50	音乐表演	8	53.33
24	信息管理与信息系统	10	66.67	51	土木工程	8	53.33
25	美术学	10	66.67	52	学前教育	8	53.33
26	经济学	10	66.67	53	物联网工程	8	53.33
27	化学工程与工艺	10	66.67				

3. 较集中在民族院校设置的本科专业

2013年度,民族院校中,专业布点占各类别高校中该专业布点总数的50%以上的专业只有马来语1种。

到2018年度,专业布点占各类别高校中该专业布点总数的50%以上的专业增加到3种,分别是尼泊尔语、毛利语和萨摩亚语。这表明,民族院校专业设置的不具有特殊性。

4. 增长的本科专业

(1) 专业布点增长数量。2013—2018年度,民族院校布点增加的本科专业有87种,共增加了131个布点。这期间,专业布点增加最多的前10种专业,分别是数据科学与大数据技术、物联网工程、环境工程、经济与金融、学前教育、汉语国际教育、秘书学、翻译、文物与博物馆学和软件工程,见表12.14所示。数据科学与大数据技术专业布点增加最多,该专业是这期间新设的本科专业。

表12.14　　2013—2018年度专业布点增加最多的前10种专业　　单位:个,%

专业	2013年度	2018年度	增加专业布点	增加比例
数据科学与大数据技术	0	6	6	—
物联网工程	4	8	4	100.00
环境工程	5	9	4	80.00
经济与金融	0	3	3	—
学前教育	5	8	3	60.00
汉语国际教育	7	10	3	42.86
秘书学	2	5	3	150.00
翻译	3	6	3	100.00
文物与博物馆学	3	6	3	100.00
软件工程	6	9	3	50.00

(2) 专业布点的增幅。2013—2018年度,专业布点增幅50%以上的专业有52种;增长100%以上的有45种。这期间专业增幅最大的前

15 种专业①，分别是武术与民族传统体育、数字媒体技术、秘书学、物联网工程、翻译、文物与博物馆学、商务英语、网络与新媒体、治安学、运动训练、印地语、水利水电工程、药物分析、土地资源管理、中国画，见表 12.15 所示。其中武术与民族传统体育和数字媒体技术专业的增加比例最高。这期间，各专业增长的比例较低。

表 12.15　　2013—2018 年度专业布点增幅最大的前 15 种专业　　单位：个，%

专业	2013 年度	2018 年度	增加专业布点	增加比例
武术与民族传统体育	1	3	2	200.00
数字媒体技术	1	3	2	200.00
秘书学	2	5	3	150.00
物联网工程	4	8	4	100.00
翻译	3	6	3	100.00
文物与博物馆学	3	6	3	100.00
商务英语	2	4	2	100.00
网络与新媒体	2	4	2	100.00
治安学	1	2	1	100.00
运动训练	1	2	1	100.00
印地语	1	2	1	100.00
水利水电工程	1	2	1	100.00
药物分析	1	2	1	100.00
土地资源管理	1	2	1	100.00
中国画	1	2	1	100.00

（3）新设的本科专业。2013—2018 年度，民族院校不断增设新专业，在这期间新设置的专业共 33 种，占 2018 年度民族院校本科专业总种数的 14.86%。

---

① 排在第 4 位的有十二种专业。

5. 布点减少或撤销的本科专业

2013—2018年度，民族院校中专业布点减少的专业有 5 种，分别是汉语言、应用统计学、市场营销、表演和影视摄影与制作，各减少 1 个专业布点。

参考文献

中华人民共和国教育部高等教育司：《普通高等学校本科专业目录和专业介绍》，高等教育出版社 2012 年版。

纪宝成：《中国大学学科专业设置研究》，中国人民大学出版社 1986 年版。

廖茂忠：《中国高校本科专业设置与发展研究（1952—2015）》，中国社会科学出版社 2017 年版。

廖茂忠：《中国本科专业设置与经济发展关系研究》，中国社会科学出版社 2012 年版。

中华人民共和国国家教育委员会高等教育司：《中国普通高等学校本科专业设置大全》，华东师范大学出版社 1994 年版。

中华人民共和国教育部高等教育司：《中国普通高等学校本科专业设置大全》（1999 年版），高等教育出版社 1999 年版。

中华人民共和国教育部高等教育司：《中国普通高等学校本科专业设置大全》（2003 年版），高等教育出版社 2003 年版。

中华人民共和国教育部高等教育司：《中国普通高等学校本科专业设置大全》（2005 年版），高等教育出版社 2006 年版。

中华人民共和国教育部高等教育司：《中国普通高等学校本科专业设置大全》（2009 年版），首都师范大学出版社 2009 年版。

《中国高等学校简介》编审委员会编：《中国高等学校简介》，教育科学出版社 1982 年版。

中华人民共和国国家教育委员会计划建设司、财务司编：《中国高等学校大全》，高等教育出版社 1989 年版。

中华人民共和国国家教育委员会计划建设司编：《中国高等学校大全》（第二版），高等教育出版社 1994 年版。

中华人民共和国教育部发展规划司编：《中国高等学校大全》（2003年版），高等教育出版社2003年版。

中华人民共和国教育部发展规划司编：《中国高等学校大全》（2004年版），新华出版社2004年版。

中华人民共和国教育部发展规划司编：《中国高等学校大全》（2005年版），新华出版社2005年版。

中华人民共和国教育部发展规划司编：《中国高等学校大全》（2007年版），新华出版社2007年版。

中华人民共和国教育部发展规划司编：《中国高等学校大全》（2009年版），北京大学出版社2009年版。

中华人民共和国教育部发展规划司编：《中国高等学校大全》（2012年版），北京大学出版社2012年版。

张健主编：《中国教育年鉴》（1949—1981），中国大百科全书出版社1984年版。

张健主编：《中国教育年鉴》（1949—1984），湖南教育出版社1986年版。

张健主编：《中国教育年鉴》（1982—1984），湖南教育出版社1986年版。

张健主编：《中国教育年鉴》（1985—1986），湖南教育出版社1986年版。

《中国教育年鉴》编辑部：《中国教育年鉴》（1988—2012），人民教育出版社1989年版。

《中国教育年鉴》编辑部：《中国教育年鉴》（1989），人民教育出版社1990年版。

《中国教育年鉴》编辑部：《中国教育年鉴》（1990），人民教育出版社1991年版。

《中国教育年鉴》编辑部：《中国教育年鉴》（1991），人民教育出版社1992年版。

《中国教育年鉴》编辑部：《中国教育年鉴》（1992），人民教育出版社1993年版。

《中国教育年鉴》编辑部：《中国教育年鉴》（1993），人民教育出版社1994年版。

《中国教育年鉴》编辑部：《中国教育年鉴》（1994），人民教育出版社1995年版。

《中国教育年鉴》编辑部：《中国教育年鉴》(1995)，人民教育出版社1996年版。

《中国教育年鉴》编辑部：《中国教育年鉴》(1997)，人民教育出版社1998年版。

《中国教育年鉴》编辑部：《中国教育年鉴》(1998)，人民教育出版社1999年版。

《中国教育年鉴》编辑部：《中国教育年鉴》(1999)，人民教育出版社2000年版。

《中国教育年鉴》编辑部：《中国教育年鉴》(2000)，人民教育出版社2001年版。

《中国教育年鉴》编辑部：《中国教育年鉴》(2001)，人民教育出版社2002年版。

《中国教育年鉴》编辑部：《中国教育年鉴》(2002)，人民教育出版社2003年版。

《中国教育年鉴》编辑部：《中国教育年鉴》(2003)，人民教育出版社2004年版。

《中国教育年鉴》编辑部：《中国教育年鉴》(2004)，人民教育出版社2005年版。

《中国教育年鉴》编辑部：《中国教育年鉴》(2005)，人民教育出版社2006年版。

《中国教育年鉴》编辑部：《中国教育年鉴》(2006)，人民教育出版社2007年版。

《中国教育年鉴》编辑部：《中国教育年鉴》(2007)，人民教育出版社2008年版。

《中国教育年鉴》编辑部：《中国教育年鉴》(2008)，人民教育出版社2009年版。

《中国教育年鉴》编辑部：《中国教育年鉴》(2010)，人民教育出版社2011年版。

《中国教育年鉴》编辑部：《中国教育年鉴》(2011)，人民教育出版社2012年版。

《中国教育年鉴》编辑部：《中国教育年鉴》(2012)，人民教育出版社2013

年版。

《中国教育年鉴》编辑部：《中国教育年鉴》（2013），人民教育出版社2014年版。

《中国教育年鉴》编辑部：《中国教育年鉴》（2014），人民教育出版社2015年版。

《中国教育年鉴》编辑部：《中国教育年鉴》（2015），人民教育出版社2016年版。